lelivrescolaire.fr

Éditeur de manuels scolaires collaboratifs et innovants

Français Tle

BAC PRO

Terminale BAC PRO - Programme limitatif 2021-2023

LE JEU : futilité, nécessité

GRATUIT

Tous les deux ans, nous mettons à jour un cahier de 50 pages sur le programme limitatif de Terminale.

Vous le retrouvez en téléchargement libre et gratuit sur notre site Internet LLS.fr/ThemeFrancaisPro.

Découvrez un extrait du cahier sur Le Jeu dans ce fascicule !

lelivrescolaire.fr
Éditeur de manuels scolaires collaboratifs et innovants
IMPRIMÉ EN FRANCE

2 séquences, renouvelées tous les 2 ans, en lien avec le programme limitatif !

Au **livrescolaire.fr**, notre but est de vous accompagner au mieux dans la mise en œuvre des programmes officiels, en vous proposant des ressources de qualité pour vous faciliter la vie et celle de vos élèves.

Entièrement rédigé par une communauté de plus de 50 professeurs de terrain, le manuel de Terminale sera complété par 2 séquences modulables didactisées en lien avec chaque nouveau thème du programme limitatif.

Ces séquences, réunies dans un cahier de 50 pages renouvelé tous les deux ans, sont téléchargeables gratuitement sur notre site Internet LLS.FR/ThemeFrancaisPro.

Articulez les séquences à votre façon !

Chaque séquence propose 3 modules, et chaque module constitue un corpus de 3 textes :

- un corpus qui propose une « définition » (mise en tension de la notion et des enjeux du thème) ;
- deux corpus qui peuvent fonctionner comme des modules complémentaires, venant « chatouiller » la notion ou la compléter.

Chaque professeur est libre d'adapter ces modules pour inventer sa propre trajectoire !

Les modules sont complétés par d'autres propositions vous permettant de personnaliser vos propres séquences autour du thème :

- des **textes** et des **images** questionnés ;
- des **ateliers d'expression** pour améliorer les compétences écrite et orale de vos élèves ;
- des **prolongements artistiques et culturels** pour approfondir la découverte du thème ;
- des points de **lexique** et des **définitions** pour cadrer la notion ;
- des **ateliers de co-intervention** en lien avec le sujet ;
- des **repères historiques** pour parcourir le thème à travers les époques ;
- une **synthèse** pour remobiliser les connaissances acquises ;
- des **points de méthode** pour acquérir des compétences et des sujets pour s'entraîner à l'examen du baccalauréat.

Le jeu : futilité, nécessité

Pour les années scolaires 2021-2022 et 2022-2023, le thème du programme limitatif est le suivant : « Le jeu : futilité, nécessité ».
Pour vous accompagner au mieux, voici les modules que nous vous proposons sur ce thème :

Séquence 1 : Le jeu, le joueur et le pouvoir

→ **Module 1 :** Qu'est-ce que jouer ?
→ **Module 2 :** De l'enfant au joueur compulsif : qui est le joueur ?
→ **Module 3 :** Quels liens peut-on établir entre jeu et pouvoir ?

Séquence 2 : Art du jeu et jeu des arts Numérique

→ **Module 4 :** Le jeu et la musique
→ **Module 5 :** Théâtre et jeu social
→ **Module 6 :** Entre stratégie et connivence

Disponible en intégralité dès le printemps
LLS.FR/ThemeFrancaisPro

Numérique

Des ressources numériques supplémentaires

Vous trouverez au fil des pages de nombreuses ressources complémentaires pour enrichir vos séquences. Extraits de films, interviews, podcasts, musique, visites virtuelles d'expositions ou de lieux, lecture des textes par des comédiens... Mais aussi des textes supplémentaires, des sujets type bac, des frises sur les repères historiques, des images interactives... Ainsi qu'un padlet collaboratif sur le thème du jeu : LLS.FR/PadletJeu

Les ressources sont infinies !

Le mot de la Directrice d'Ouvrage

Le manuel que nous vous proposons est le résultat d'une belle aventure : réaliser une anthologie couvrant un large spectre du programme de Terminale et un cahier complémentaire sur le programme limitatif en un temps contraint a été possible grâce au travail d'une équipe aux membres compétents, solidaires et enthousiastes. Le regard croisé d'enseignants, de formateurs, d'inspecteurs et de la chaleureuse équipe du **livrescolaire.fr** a permis d'aboutir à une offre riche et, nous l'espérons, féconde. C'est donc avec grand plaisir que je vous présente le résultat de ce travail !

Pour le fascicule que vous tenez entre les mains, nous nous sommes concentrés sur le groupement de textes qui vient compléter l'étude de l'œuvre intégrale. Pour davantage de souplesse pédagogique, nous proposons des modules assez courts composés de trois textes et d'une ou deux iconographies. Ils sont conçus à la manière d'un sujet d'examen afin de préparer au mieux les élèves aux épreuves du Bac.

L'élève aura donc un panorama complet de la notion de jeu, de ses implications, de ses limites, et les enseignants trouveront, dans les propositions, matière à adapter leur séquence à leur classe et à la singularité de chaque élève, car cette structure en modules permet de multiples combinaisons. Celles-ci sont au service de la créativité pédagogique et donnent l'opportunité de la différenciation. Chaque professeur est ainsi libre de « composer » et jouer lui-même avec ces modules pour inventer sa trajectoire, son mouvement... ses règles du jeu !

Stéphanie Lemarchand, directrice d'ouvrage du manuel, professeure de français au lycée Bréquigny (Rennes) et formatrice à l'INSPE de Bretagne.

1

Le jeu est-il toujours un plaisir ?

Le jeu, le joueur et le pouvoir

Qu'est-ce que jouer ?

De l'enfant au joueur compulsif : qui est le joueur ?

Quels liens peut-on établir entre jeu et pouvoir ?

Faire le point et aller plus loin

Jeu
Du latin *jocus* : « plaisanterie » ou « badinage ».

Pieter Brueghel l'Ancien, *Les Jeux d'enfants*, 1560, huile sur bois, 116 x 161 cm, musée d'Histoire de l'art de Vienne, Autriche.

Nécessité

Du latin médiéval *necesse* :
« inévitable », « obligatoire ».

Futilité

Du latin *futilitas* :
« frivolité ».

Plaisir

Du latin *placere* :
« plaire », « être agréable ».

Lire une image

Observez la peinture de Brueghel : les jeux du XVIe siècle sont-ils différents des jeux de notre époque ? Qu'en pensez-vous ?

Comment définir le jeu ? Qu'est-ce que jouer ?

Francine Ferland
Ergothérapeute et professeure émérite de l'Université de Montréal, elle mène ses recherches sur le jeu et le développement de l'enfant.

1/3 Jeu et plaisir

Dans son ouvrage, Francine Ferland s'intéresse au rôle du jeu dans le développement d'enfants en difficulté. Elle élabore un « modèle ludique » dans lequel le plaisir est moteur de l'apprentissage et de l'épanouissement.

Quand on pense « jeu », la première caractéristique qui nous vient à l'esprit est fort probablement l'aspect plaisant de cette activité. Avec raison d'ailleurs, puisque le plaisir est une composante essentielle du jeu. Sans le plaisir, le jeu n'existe pas. Cette caractéristique est l'une des seules qui fassent l'unanimité dans les différentes théories tentant de cerner le phénomène du jeu. Comme l'affirme Epstein-Zau (1996), le plaisir est le moteur de toute action ludique, alors que le déplaisir entraîne d'emblée une autocensure de l'exploration et freine l'activité de l'enfant. Parce que le plaisir est présent dans le jeu, l'enfant se trouve incité à poursuivre son activité et même à y mettre davantage d'effort. Selon Ellis (1973), ce plaisir associé au jeu tire sa source de certaines caractéristiques propres à la situation ludique : la nouveauté, l'incertitude et le défi, défi qui doit cependant être considéré comme surmontable par l'enfant. Attiré par la nouveauté, l'enfant découvre grâce au jeu le plaisir de braver l'incertitude et de relever le défi. Dans le jeu, tout peut arriver puisque rien n'est réglé à l'avance ; la curiosité est éveillée et entraîne l'enfant vers la découverte du plaisir intrinsèque du jeu.

Jeu et découverte

Le jeu permet à l'enfant de donner un sens à une situation et d'approfondir la compréhension qu'il en a. Cette découverte du monde par le jeu a des effets évidents sur l'évolution des habiletés de l'enfant. Comme le mentionne Reilly (1974), l'enfant y développe un savoir-faire expérientiel[1] qu'il pourra utiliser dans la vie quotidienne. Il y découvre quels sont les objets, les personnes, les événements qui l'entourent et quels rapports ils entretiennent entre eux. À partir de cette connaissance des règles qui régissent son monde environnant, il pourra développer des stratégies d'action — les siennes — lui permettant de composer avec l'inconnu et avec les diverses situations de la vie. Il apprend alors à interagir avec les objets et les personnes. Sanders, Sayer et Goodale (1999) ont aussi démontré qu'en jouant l'enfant acquiert des habiletés qui l'aideront à composer avec les situations qui se présentent, jetant ainsi les bases d'un comportement adaptatif qui lui sera utile sa vie durant. Ainsi, par le jeu, l'enfant découvre le monde dans le plaisir et il développe ses stratégies d'action et d'adaptation.

Francine Ferland, *Le Modèle ludique*, Presses de l'Université de Montréal, 2003.

1. Lié à l'expérience.

Textes numériques

- **Jeu d'enquête** : dans *Le Tableau du Maître flamand* d'Arturo Pérez-Reverte, un passionné d'échecs peut reconstituer une partie grâce à un tableau de maître LLS.FR/FTPFlamand
- Des légendes expliquent l'invention du jeu : LLS.FR/FTPLegendes

Questions

1. Selon Francine Ferland, d'où vient le plaisir du jeu ? Racontez une expérience de jeu au cours de laquelle vous avez éprouvé ce plaisir. Retrouvez-vous les mêmes caractéristiques ?
2. Selon cette chercheuse, en quoi le jeu est-il nécessaire à l'enfant ?

2/3 Entre illusion et réalité

Bernard Perron est un chercheur. Il analyse le travail d'un de ses collègues, Jacques Henriot, et applique les théories que celui-ci développe aux jeux vidéo.

La magie (irréalisme) est ce premier moment où le joueur est pris par le jeu et par l'illusion. « Dans le jeu s'opère une transmutation[1] magique de l'objet. Le monde devient autre. On perd le contact avec le réel, on pénètre dans l'univers féerique de la fiction » (Henriot, 1983, p. 93). Le joueur n'est par contre pas dupe. Il garde toute sa tête et sait qu'il joue. Il reste durant un second moment dans la lucidité (réalisme). Néanmoins, dans un troisième moment, l'illusion (surréalisme) crée une égalité entre ces deux forces. Un jeu dans lequel on n'entre pas, auquel on ne se laisse pas plus ou moins prendre n'est pas un jeu. Le jeu forme autour du joueur un cercle envoûtant : il faut être dedans pour jouer. Si l'on reste dehors, on ne joue pas – on risque de ne pas comprendre de quel jeu il s'agit, ni même s'il s'agit d'un jeu. Mais si l'on pénètre dans le jeu au point d'en venir à oublier qu'on joue, alors on se trouve aliéné : on ne joue plus. Qui n'entre pas ne joue pas ; qui se laisse prendre ne joue plus. Il y a un en deçà et un au-delà du jeu (Henriot, 1983, p. 94). Que l'on soit un joueur occasionnel (*casual gamer*) ou un joueur passionné (*hardcore gamer*), prendre en main une manette de jeu vidéo a toujours quelque chose de merveilleux parce que l'on s'en sert toujours dans un premier temps pour se projeter dans un autre monde. Tant que le joueur aura une attitude ludique, [...] on comprend que la magie ne disparaîtra pas. Les modalités intentionnelles font en sorte que « le jeu n'est pas dans la forme, mais dans l'usage qu'on en fait » (Henriot, 1983, p. 26).

Bernard Perron, « L'attitude ludique de Jacques Henriot », *Sciences du jeu* (en ligne), 2013.

1. Transformation.

Bernard Perron

Professeur au département d'histoire de l'art et d'études cinématographiques de l'Université de Montréal, il étudie la manière dont l'art provoque l'émotion et la pensée chez celui qui le reçoit. Ses recherches portent notamment sur le jeu vidéo.

Pawel Kuczynski, *Control*, illustration, 2016.

Questions

1. Quelles sont les étapes par lesquelles passe un joueur lorsqu'il est pris par le jeu ?
2. Citez des exemples qui illustrent les déviances possibles dans les jeux.
3. **Faites des liens.** À quel aspect du texte renvoie l'illustration ?

Aller plus loin

Rendez-vous dans le manuel p. 65

Player One d'Ernest Cline met en scène un monde dans lequel la réalité étant insupportable, un jeu planétaire est inventé pour lui échapper.

Comment définir le jeu ?
Qu'est-ce que jouer ?

Maylis de Kerangal

Née en 1967

Autrice française. Son roman *Corniche Kennedy*, publié en 2008, figure cette année-là dans la sélection de plusieurs prix littéraires, comme le Médicis ou le Femina. En 2016, le roman est adapté en film sous le même titre par Dominique Cabrera.

3/3 Les règles du jeu

Un groupe d'adolescents marseillais passe l'été à plonger depuis un promontoire pourtant interdit à la baignade. Les plus téméraires prennent tous les risques pour impressionner leurs camarades.

Il existe encore un troisième plongeoir. Celui-là est dangereux, tout le monde le sait. Ils l'appellent le Face To Face parce que, rigolent-ils, c'est le grand face à face : on y est face au monde (primo), face à soi (deuxio), et face à la mort (tertio), arghhhh la môôôrt ! ils hurlent, écarquillant les yeux et outrant leur squelette, gargouilles de chair, ils se marrent franchement, n'y croient pas une seconde, pour eux le Face To Face est le promontoire des duels, celui où cogne le soleil des westerns, celui de l'épate et du grand jeu. Situé à douze mètres, il est si exigu que seuls deux pieds peuvent s'y tenir assez espacés pour que le corps demeure en équilibre – le départ de saut est crucial, aucun faux mouvement ne se tolère, l'envol se doit d'être précis – , et se trouve sur le versant oriental, ce qui n'est pas bon : par vent d'est – vent de merde, brutal et glacé – les flots déchiquetés s'y précipitent, pointes dures en hameçon, si bien qu'après le saut, il faut encore savoir s'extirper du ressac puis contourner la pointe du Cap afin de retrouver le passage dans les rochers et grimper facilement. Ils y montent tous pourtant. Plus rares sont ceux qui plongent – Eddy, Rachid, Ptolémée et Mario. Et quand ils se précipitent de là-haut, c'est la même crue qui les traverse, une crue de l'espace et du temps, une amplification de la lumière, une saisie de la joie.

Ils défilent chacun leur tour, pas de bousculade. Eddy – encore lui – régule le flot des sauteurs, vérifie d'un coup d'œil que la zone de réception est vide avant de faire signe au plongeur suivant qui trépigne hé, j'y vais, pousse-toi, c'est à moi, c'est maintenant. Le truc qui les fait rire, c'est de hurler durant la chute une phrase entière avant le splash final, un slogan ou une déclaration – les trois et quatre syllabes, trop faciles : SPIDER-MAAAN ! ZIDANE REVIEEEENS ! ALLAH AKBAAAAAR ! Les longues, plus risquées : AÏCHA MA VIE SI TU M'AIM… ALLEZ TOUS VOUS FAIRE… J'AIME LES GROS SEINS D'ANGELINA JO… FOUTEZ LE FEU AUX BAUM… Le psaume du frimeur : REGARDEZ-MOI, REGARDEZ-MOI TOUS !

Il y en a une qui regarde, justement, qui n'en perd pas une miette, ramasse tout ce qui se passe sur la Plate, accroupie dans l'ombre bleutée d'un rocher à profil animal – crête de stégosaure – , et retient son souffle quand ses yeux grands ouverts scrutent, repèrent et enregistrent visages et déplacements, fixent voix et rires – puisque là-devant, à quelques mètres, ça discute sec, ça rigole, ça s'esclaffe et ça chantonne, ça mange des frites mayonnaise, des beignets, ça boit du Coca, ça commente les magazines, ça se crème le dos, ça se paluche, ça fume, ça prend ses aises, ça se croit chez soi.

Maylis de Kerangal, *Corniche Kennedy* © Éditions Verticales, 2008.

Niki de Saint Phalle, *Les Baigneurs*, 1984, polyester et fibre de verre, Fondation Gianadda, Martigny, Suisse.

Questions

1. Quelle expérience du jeu font les plongeurs ? Qu'en pensez-vous ?
2. Quelles hypothèses pouvez-vous faire sur la suite du texte ?

Questions sur le corpus

Analyser un texte littéraire

1. **Texte 3** • Relevez et analysez un champ lexical qui caractérise, selon vous, l'extrait. Expliquez votre choix : quel sens permet-il de donner au texte ?
2. **Texte 3** • Observez le dernier paragraphe. Que pensez-vous de la relation à l'autre qu'entretient ici celle dont on parle alors qu'elle est exclue du jeu ?

Mettre en lien des documents

3. À partir des données recueillies sur les textes 1 et 2, analysez la situation de jeu décrite dans le texte 3 : est-ce bien un jeu ?

Interpréter une image

4. Quel(s) aspect(s) nouveau(x) du jeu apparai(ssen)t dans cette image ?

Faire le point sur le corpus

5. À partir de ce corpus de textes et d'images, donnez une définition de ce qu'est le jeu, de ses fonctions, de son intérêt et de ses limites.

Aller plus loin

Rendez-vous dans le manuel p. 67

Pierre-Jean Benghozi explique comment le jeu vidéo devient une culture.

Peinture murale de la chambre funéraire de Néfertari, « La reine Néfertari joue au senet », 61 x 70 cm, Vallée des Reines.

ATELIER D'EXPRESSION Raconter une scène de jeu

Mission : Les jeux font partie de notre culture, ils façonnent notre rapport à l'autre. Vous allez partager avec la classe le souvenir d'un jeu qui vous semble révélateur de votre enfance : un jeu de famille, de votre région ou de votre pays d'origine.

ÉTAPE 1 Récolter les souvenirs

Listez les jeux de votre enfance : ceux auxquels vous jouiez petit ou bien les jeux dont vous avez été témoins et qui vous plaisaient, même si vous étiez trop petit pour participer.

Choisissez celui qui vous semble le plus intéressant à raconter.

ÉTAPE 2 Préparer le récit

Listez les éléments importants à préciser pour que les autres comprennent le jeu dont il est question (type de jeu, nombre de joueurs, objectifs, règles, etc.). Trouvez une illustration pour le mettre en image.

Choisissez un souvenir précis ou inventez une mise en situation pour raconter votre jeu.

Attention, il ne s'agit pas seulement de l'expliquer mais d'en faire un récit.

Notez, dans l'ordre de votre récit, des mots-clés qui vous aideront à raconter cette scène de jeu.

ÉTAPE 3 S'entraîner et se lancer

Vous pouvez vous entraîner en vous enregistrant autant de fois que nécessaire.

Quand vous êtes prêt à raconter, lancez-vous !

ÉTAPE 4 Faire le point

Avez-vous trouvé dans les récits des autres des expériences qui font écho à la vôtre ?

L'activité vous a-t-elle permis d'enrichir votre réflexion sur le jeu ?

Critères de réussite

- ☒ *J'ai respecté la consigne en racontant une scène de jeu*
- ☒ *J'ai écouté les récits des autres*
- ☒ *J'ai construit une réflexion sur le jeu*

→ Autoévaluez-vous sur LLS.FR/FTPJeu1P7

De l'enfant au joueur compulsif : qui est le joueur ?

Daniel Pennac

Né en 1944

Professeur de français pendant 25 ans, il se consacre aujourd'hui à la littérature. Il est un fervent partisan de la liberté du lecteur et du pouvoir de l'imaginaire.

Numérique

Isabelle Marrier raconte les jeux insouciants de Sandy et son refus d'obéir lorsqu'il s'agit d'arrêter de jouer LLS.fr/FTPMarrier

1/3 Inversion des rôles

Un sujet d'écriture du professeur de français oblige Igor et son ami Joseph à imaginer que leurs parents sont redevenus des enfants dont ils sont les parents. Un matin, ils s'aperçoivent que leur rédaction est devenue une réalité. Les parents (Pope, Moune et Tatiana), devenus enfants, jouent à la guerre. Le narrateur est le père d'Igor, décédé quelques années plus tôt. Il regarde et commente l'aventure.

Sur le front de l'enfance les guerres cessent comme elles commencent. Après le Stalingrad de la cuisine, les belligérants[1] décidèrent d'un commun accord que le salon ferait la meilleure des infirmeries. Pope, allongé sur le canapé, un torchon bourré de glace sur la tête, comme un vrai blessé de cinéma, était soigné par une Moune méticuleuse, pendant que Tatiana racontait l'histoire telle qu'elle avait décidé de vivre.

Tatiana – On dirait que ce serait comme ça, notre histoire. Moi je serais le méchant ; Pope, tu serais le héros ; et Moune, tu serais le plus grand docteur de la terre. Moune, t'es amoureuse de Pope et quand ce sera la paix tu vas te marier avec. Mais en attendant, tu vas avoir très peur que le héros se fera tuer par les méchants comme moi.

Moune (*lèvres tremblantes*) – I'va mourir ?

Tatiana – I peut pas mourir puisque t'es amoureuse et que tu vas le marier à la fin !

Moune – C'est quoi, amoureuse ?

Tatiana – Violente décharge d'adrénaline, brusque modification du rythme cardio-vasculaire ! (*Elle se frappe la poitrine*) Ça cogne là-dedans ! C'est délicieux à ce qu'il paraît !

Conversation à niveau sémantique et grammatical imprévisible, comme Igor et Joseph pouvaient le constater, l'un et l'autre affalés dans les deux uniques fauteuils du salon.

Igor (*l'air mauvais*) – Ils se foutent de notre gueule, ou quoi ?

Joseph – …

Je ne voudrais me réjouir du malheur de personne, mais le doute que je lis dans le regard de ces deux-là me venge de toutes ces heures où Tatiana et moi débattions à perte de vue pour savoir si Igor était bien un enfant de son âge avec des préoccupations de son âge, ou un adulte miniature infiltré en douce dans notre couple pour juger la maturité.

– Il comprend infiniment plus de choses que tu ne le crois, affirmait Tatiana.

– À partir de quand a-t-il commencé à les comprendre ? demandais-je, penché sur le berceau d'Igor qui, pour le moment, prenait son pied pour une cornemuse.

– Je le vois dans son regard, s'obstinait Tatiana. Il a par moment, dans le regard…

Jusqu'à quel point l'enfant est-il sujet à l'enfance ? c'était très exactement la question que se posaient Igor et Joseph…

Igor – Enfin, ils savent bien qu'ils ne sont pas de vrais enfants, qu'hier encore ils étaient adultes !

Joseph – Je ne sais pas.

Daniel Pennac, *Messieurs les enfants* © Éditions Gallimard, 1997.

1. Adversaires.

Questions

1. Analysez la forme particulière du dialogue au début de l'extrait. Quel effet produit ce jeu avec la forme ?
2. Comment, par son écriture, l'auteur réussit-il à recréer le monde de l'enfance ?

2/3 Défier le hasard

Dans cet article, le psychologue Robert Ladouceur tente de déterminer les mécanismes qui mènent à l'addiction aux jeux. Il décrit la manière dont les joueurs développent un sentiment de contrôle alors qu'ils jouent à des jeux de hasard.

Robert Ladouceur

Né en 1945

Psychologue et chercheur de l'Université Laval à Québec, il est spécialiste des jeux d'argent et de hasard.

L'observation indique que les joueurs entretiennent une perception de contrôle ou de maîtrise à l'égard des jeux de hasard et d'argent complètement illusoire. La plupart d'entre eux se comportent en effet comme si ces jeux nécessitaient des habiletés personnelles qui influent sur le résultat. Le joueur qui participe à un jeu de hasard tente naturellement de découvrir la façon d'accéder au gros lot. Dans la poursuite de cet objectif, il fait intervenir des éléments de logique, de superstition, d'observation ou de calcul. Rapidement, il met au point des stratégies personnelles (lire le journal et miser aux courses sur le premier numéro qui saute aux yeux), adopte des comportements ritualisés (avoir toujours sa chaîne d'argent au poignet), imagine des trucs ou échafaude des systèmes (étudier les derniers numéros gagnants pour déterminer sa combinaison) afin d'augmenter ses chances de gagner. Or, ce faisant, il oublie ou il ignore que c'est le hasard seul qui détermine l'issue de ces jeux que l'on ne peut ni maîtriser ni prédire.

James Henslin, un sociologue américain, a étudié il y a plus de trente-cinq ans le comportement des joueurs dans les casinos de Las Vegas. Il rapporte ce fait aussi cocasse que révélateur : au jeu de craps (un jeu de hasard qui repose sur le lancer de deux dés), lorsque les joueurs désirent obtenir un chiffre élevé, ils effectuent un lancer puissant et rapide alors qu'ils exécutent un lancer lent et doux si la valeur recherchée est peu élevée. L'illusion de contrôle se traduit donc ici jusque dans l'énergie transmise au poignet !

Divers facteurs personnels ou contextuels (compétition, pratique familière des jeux, participation active) entretiennent cette illusion de contrôle. Dans notre laboratoire de l'université de Laval au Québec, nous avons vérifié l'influence de la portée du rôle actif assumé par le joueur. Pour cela, nous avons invité deux groupes de personnes à participer à une séance de jeu de roulette. Les deux groupes étaient soumis aux mêmes conditions que celles d'un casino, à une exception près : les joueurs « actifs » du premier groupe lançaient eux-mêmes la boule, alors qu'un croupier exécutait cette tâche pour les sujets « passifs » du second groupe. Que le participant ou le croupier lance la boule ne changeait rien à l'issue du jeu. Pourtant les résultats de notre expérience ont révélé que les personnes qui lançaient elles-mêmes la boule plaçaient des mises beaucoup plus élevées que les joueurs du premier groupe et surestimaient davantage leurs probabilités de gagner.

Robert Ladouceur, « Les joueurs pris aux pièges du hasard et de l'argent », *Sciences Humaines*, N° 152, août-septembre 2004.

Guerriers grecs jouant aux dés sous le regard d'Athéna, amphore à figures noires, Athènes, dernier quart du VIe siècle av. J.-C.

Questions

1. Quelles réactions traduisent le sentiment de contrôle du joueur dans les expériences rapportées ?
2. Ce texte fait-il écho à des situations que vous connaissez, pour les avoir vécues, vues ou en avoir entendu parlé ? Si oui, faites le récit de cette situation. Qu'en pensez-vous ?

De l'enfant au joueur compulsif : qui est le joueur ?

Honoré de Balzac
1799-1850

Romancier, dramaturge, critique littéraire, critique d'art, essayiste, journaliste et imprimeur, il a laissé l'une des plus imposantes œuvres romanesques de la littérature française, avec plus de quatre-vingt-dix romans et nouvelles parus de 1829 à 1855, réunis sous le titre *La Comédie humaine*.

3/3 Jusqu'au bout du jeu

Nous sommes au début du roman. Le personnage principal, un jeune savant du nom de Raphaël, va jouer ses dernières pièces.

Mais une passion plus mortelle que la maladie, une maladie plus impitoyable que l'étude et le génie, altéraient cette jeune tête, contractaient ces muscles vivaces, tordaient ce cœur qu'avaient seulement effleuré les orgies, l'étude et la maladie. Comme, lorsqu'un célèbre criminel arrive au bagne, les condamnés l'accueillent avec respect, ainsi tous ces démons humains, experts en tortures, saluèrent une douleur inouïe, une blessure profonde que sondait leur regard, et reconnurent un de leurs princes à la majesté de sa muette ironie, à l'élégante misère de ses vêtements. Le jeune homme avait bien un frac[1] de bon goût, mais la jonction de son gilet et de sa cravate était trop savamment maintenue pour qu'on lui supposât du linge. Ses mains, jolies comme des mains de femme, étaient d'une douteuse propreté ; enfin depuis deux jours il ne portait plus de gants ! Si le tailleur et les garçons de salle eux-mêmes frissonnèrent, c'est que les enchantements de l'innocence florissaient par vestiges dans ses formes grêles et fines, dans ses cheveux blonds et rares, naturellement bouclés. Cette figure avait encore vingt-cinq ans, et le vice paraissait n'y être qu'un accident. La verte vie de la jeunesse y luttait encore avec les ravages d'une impuissante lubricité[2]. Les ténèbres et la lumière, le néant et l'existence s'y combattaient en produisant tout à la fois de la grâce et de l'horreur. Le jeune homme se présentait là comme un ange sans rayons, égaré dans sa route. Aussi tous ces professeurs émérites de vice et d'infamie, semblables à une vieille femme édentée, prise de pitié à l'aspect d'une belle fille qui s'offre à la corruption, furent-ils prêts à crier au novice : « Sortez ! » Celui-ci marcha droit à la table, s'y tint debout, jeta sans calcul sur le tapis une pièce d'or qu'il avait à la main, et qui roula sur Noir ; puis, comme les âmes fortes, abhorrant de chicanières incertitudes, il lança sur le tailleur un regard tout à la fois turbulent et calme. L'intérêt de ce coup était si grand que les vieillards ne firent pas de mise ; mais l'Italien saisit avec le fanatisme de la passion une idée qui vint lui sourire, et ponta sa masse d'or en opposition au jeu de l'inconnu. Le banquier oublia de dire ces phrases qui se sont à la longue converties en un cri rauque et inintelligible : « Faites le jeu ! – Le jeu est fait ! – Rien ne va plus. » Le tailleur étala les cartes, et sembla souhaiter bonne chance au dernier venu, indifférent qu'il était à la perte ou au gain fait par les entrepreneurs de ces sombres plaisirs. Chacun des spectateurs voulut voir un drame et la dernière scène d'une noble vie dans le sort de cette pièce d'or ; leurs yeux arrêtés sur les cartons fatidiques étincelèrent ; mais, malgré l'attention avec laquelle ils regardèrent alternativement et le jeune homme et les cartes, ils ne purent apercevoir aucun symptôme d'émotion sur sa figure froide et résignée. -- « Rouge, pair, passe », dit officiellement le tailleur. Une espèce de râle sourd sortit de la poitrine de l'Italien lorsqu'il vit tomber un à un les billets pliés que lui lança le banquier. Quant au jeune homme, il ne comprit sa ruine qu'au moment où le râteau s'allongea pour ramasser son dernier napoléon.

Honoré de Balzac, *La Peau de chagrin*, chapitre I « Le Talisman », 1831.

1. Vêtement. **2.** Immoralité.

Textes numériques

Stefan Zweig, dans *Vingt-quatre heures de la vie d'une femme*, décrit la tension du jeu à travers la description des mains du joueur LLS.FR/FTPZweig

Question

Réécrivez le passage en vous mettant à la place du jeune joueur. Vous commencerez votre récit par « J'entrais dans la salle de jeux... ». Vous ferez part des pensées du personnage.

Questions sur le corpus

Analyser un texte littéraire

1. Deux types de joueurs sont décrits par Balzac dans cet extrait (texte 3). Observez-les :
   - **Le jeune homme.** Analysez la description du personnage tout au long de l'extrait : étape de la description, lexique associé, métaphores et comparaisons. Comment toute la description prépare-t-elle la chute de l'extrait ?
   - **Les autres joueurs.** Analysez les métaphores et les comparaisons qui les caractérisent : que pouvez-vous en déduire de leur relation au jeu ?

Analyser un tableau

2. Analysez la composition du tableau ci-contre, l'éclairage et l'attitude des personnages (regards, gestes...). Comment interprétez-vous la scène ?

► **Méthode** Analyser une image LLS.FR/FTPMethode

Georges de La Tour, *Le Tricheur à l'as de carreau*, vers 1636, huile sur toile, 106 x 146 cm, musée du Louvre, Paris.

Mettre en lien des documents

3. Quels liens pouvez-vous établir entre le texte de Balzac et le tableau de Georges de La Tour ? Vous vous appuierez sur l'attitude et la situation des personnages que vous avez étudiés dans les questions précédentes.

Faire le point sur le corpus

4. Reprenez l'ensemble de vos réflexions sur les documents du corpus. Quels sont les différents types de joueurs que vous avez rencontrés ?

ATELIER D'EXPRESSION Réaliser le portrait d'un joueur

Mission : Vous allez réaliser le portrait d'un joueur ou d'une joueuse.

ÉTAPE 1 Choisir un sujet

Choisissez le joueur que vous allez décrire. Il peut être célèbre ou non, réel ou fictif. Il peut aussi représenter un type de joueur (le joueur compulsif, le tricheur, le mauvais joueur, etc.).

ÉTAPE 2 Préparer la rédaction

Listez les caractéristiques que vous souhaitez faire apparaître dans votre portrait.

Imaginez une situation dans laquelle vous pourriez placer votre joueur.

Choisissez un narrateur : d'où allez-vous regarder la scène ? Serez-vous un autre joueur qui observe votre personnage, ou serez-vous narrateur omniscient ?

Imaginez comment le regard peut se déplacer sur le personnage et listez les étapes par lesquelles passera votre description.

ÉTAPE 3 Rédiger

Rédigez votre portrait et relisez-le attentivement.

► **Méthode** Retravailler sa copie LLS.FR/FTPMethode

Lorsque vous êtes satisfait(e), partagez votre travail avec d'autres élèves. Donnez-vous des conseils pour améliorer encore votre texte.

ÉTAPE 4 Faire le point

Que pensez-vous de l'exercice ? Les échanges de textes et les portraits des autres élèves vous ont-ils apporté de nouvelles idées ou une nouvelle vision du joueur ?

Critères de réussite

- ☒ *J'ai réalisé la description d'un joueur*
- ☒ *J'ai travaillé l'écriture de mon portrait*
- ☒ *J'ai participé à une critique constructive*

→ Autoévaluez-vous sur LLS.FR/FTPJeu1P11

Quels liens peut-on établir entre jeu et pouvoir ?

Georges Vigarello

Né en 1941

Historien français spécialiste des représentations du corps et des pratiques corporelles. Il est amené à étudier la relation entre le sport et le spectacle.

Vidéo

Visionnez une vidéo sur les Jeux Olympiques de Berlin en 1936 sur LLS.FR/FTPJOBerlin

1/3 Le sport, un instrument de pouvoir ?

L'historien Georges Vigarello fait le point sur l'instrumentalisation du sport à certaines périodes de l'histoire, mais également sur la relation entre sport, spectacle et média.

On s'aperçoit au fil du temps que le sport est souvent instrumentalisé par la politique...

En 1936, on voit effectivement comment un régime totalitaire exerce une pression, voire un chantage sur le Comité international d'organisation des Jeux. Malgré les protestations de celui-ci, les Juifs sont exclus de fait des compétitions puisqu'en Allemagne ils ne peuvent appartenir à des clubs. C'est le Reich aussi qui choisit les correspondants (recrutés dans le parti nazi) pour la presse internationale. La fête prend des couleurs nazies, avec la présence massive des drapeaux à croix gammée, le défilé de milliers de membres des jeunesses nazies...

Rassemblement sportif pour le Congrès du parti nazi à Nuremberg, 1938.

Le sport est ambigu par cette ferveur quasi religieuse à laquelle la foule est appelée à participer. Parce qu'il devient de plus en plus visible avec le développement des moyens de communication - radio, télévision, etc. -, beaucoup sont tentés de s'en servir. Hitler est le premier à penser à l'exploitation cinématographique des Jeux en commandant à Leni Riefenstahl le film *Les Dieux du stade*, dans lequel on trouve un hymne à la beauté physique. Le sport est alors utilisé pour promouvoir cet idéal de beauté physique qui habitait l'idéologie nazie. La récupération du sport n'est pas d'ailleurs seulement le fait des régimes totalitaires... Tous ceux qui peuvent exploiter sa visibilité tentent de le faire : on se souvient de ces athlètes noirs brandissant le poing sur le podium à Mexico en 1968. Ou de Dennis Banks qui avait créé en 1972 la « Piste des traités violés », un marathon qui traversait tous les États de l'Union... Les terroristes s'en sont servis aussi, à Munich en 1972 ou à Atlanta en 1996...

De leur côté, les pays de l'Est utilisaient cette visibilité pour promouvoir leur régime, en dopant d'ailleurs massivement leurs athlètes. Le poids médiatique du sport attire le politique tout comme le publicitaire. D'autant qu'aujourd'hui, le « show sportif », séduit des foules entières.

Martine Fournier, « Le sport est-il encore un jeu ? Entretien avec Georges Vigarello », *Sciences Humaines*, N° 152, août-septembre 2004.

Aller plus loin

Rendez-vous dans le manuel p. 125

Sur l'île W, le sport est devenu le cœur de l'État totalitaire imaginé par Georges Perec.

Question

Selon l'historien, par quels moyens le sport est-il utilisé à des fins politiques ? Qu'en pensez-vous ?

2/3 Jeu et résistance

Le roman se passe à Kaboul, où les talibans imposent leurs règles et interdisent toutes les distractions, jusqu'au jour où ils décident de promouvoir le cricket. La jeune Rukhsana décide de former une équipe avec ses frères et ses cousins, même si mixité et sport féminin ne sont pas dans le programme des talibans.

– Comment as-tu appris à jouer ? demanda Qubad.
– Avec Shaheen. Vous ne vous en souvenez pas ? J'ai essayé ensuite de vous inciter à vous y mettre.
– Sauf qu'on n'avait jamais entendu parler de cricket à l'époque », fit observer Parwaaze.

C'était effectivement Shaheen qui m'a initiée au cricket. Il avait appris à jouer lors d'un séjour chez des amis à Lahore, pendant des vacances scolaires. Shaheen n'avait rien d'un athlète - il ne jouait ni au hockey, ni au football et refusait de lutter avec nous sous prétexte que cela pouvait salir ses habits –, mais le cricket avait quelque chose de distingué qui lui plaisait, et n'impliquait pas trop de contacts physiques. Il revint de Lahore avec une batte, des balles et des gants, et me recruta pour jouer avec lui.

« Ce sera notre secret, me dit-il en me montrant tous ces mystérieux objets. On jouera dans mon jardin, comme ça personne ne nous verra. Si tu en parles à qui que ce soit, je ne t'inviterai plus jamais. » Nous habitions dans la même rue, à six maisons de distance. J'avais huit ans, alors, et je ne jouais qu'en position de lanceur. Shaheen, lui, prenait un plaisir fou à frapper la balle dans les coins les plus éloignés du jardin pour que j'aille ensuite la chercher.

Au bout d'un moment, je finis par devenir excellente au *offspin*, un style de lancer à effet où on impulse un mouvement de rotation à la balle. Je lançai également assez vite, bien que jamais aussi vite que Shaheen. De retour chez moi, je m'entraînais à frapper dans une balle accrochée à la branche d'un arbre, et décidai de consacrer ma jeune vie à la maîtrise de ce sport.

Si Shaheen m'avait donné mes premières leçons de cricket, il n'appréciait guère en revanche que je sois aussi douée.

Timeri N. Murari, *Le Cricket Club des talibans*, traduit de l'anglais par Josette Chicheportiche © Éditions Gallimard, 2015.

Timeri N. Murari
Né en 1941

Journaliste, dramaturge et romancier indien.
Son roman *Le Cricket Club des talibans* est traduit en neuf langues.

Invictus, Clint Eastwood, 2009. En 1995, l'Afrique du Sud organise la coupe du monde de rugby. Nelson Mandela profite de cet événement pour mener un combat contre la persistance de l'apartheid, pourtant officiellement aboli. Le jeu sert la cohésion entre communautés.

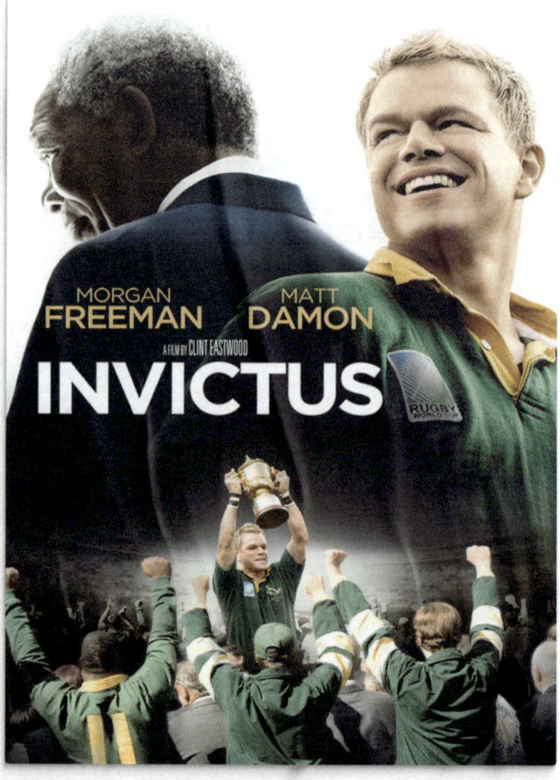

Questions

1. Comment l'écriture permet-elle de savoir que jouer au cricket est un acte de résistance pour la narratrice ?
2. Que pensez-vous de la relation entre Shaheen et la narratrice Rukhsana ? Quel rôle a le jeu dans cette relation ?

Aller plus loin

Rendez-vous dans le manuel p. 136
Amélie Nothomb raconte l'histoire d'une jeune femme qui se lève contre la cruauté d'un jeu de téléréalité.

Quels liens peut-on établir entre jeu et pouvoir ?

3/3 Un jeu d'enfant qui tourne mal

À la suite d'un crash d'avion, un groupe d'enfants se retrouve livré à lui-même sur une île du Pacifique. La petite société s'organise mais n'échappe pas aux luttes de pouvoir. Les garçons passent vite du jeu à l'apprentissage de la guerre. Nous sommes à la fin de l'aventure, lorsqu'un navire anglais débarque sur l'île. Un officier découvre les enfants.

L'officier considéra Ralph d'un air perplexe avant de lâcher son revolver.

– Bonjour.

Conscient de son état repoussant, Ralph répondit, tout gêné :

– Bonjour.

L'officier eut un signe de tête approbateur, comme s'il recevait la réponse à une question.

– Y a-t-il des adultes… des grandes personnes avec vous ?

Ralph secoua la tête sans mot dire. Il se détourna légèrement. En demi-cercle, des petits garçons au corps bariolé d'argile teintée, des bâtons aiguisés à la main, se tenaient en silence sur le sable.

– On s'amuse… dit l'officier.

Les flammes atteignirent les cocotiers proches de la plage et les engloutirent à grand bruit. Une langue de feu, détachée du reste, s'élança avec une audace acrobatique et s'abattit sur les palmiers du plateau. Le ciel était noir. L'officier eut un sourire encourageant.

– Nous avons vu votre fumée, dit-il à Ralph. Que faisiez-vous ? Vous jouiez à la guerre ?

Ralph fit oui de la tête.

Le regard de l'officier détaillait ce petit épouvantail. Le gosse avait besoin d'un bain, d'une coupe de cheveux, d'un mouchoir et de beaucoup de pommade sur tout le corps.

– Pas de victimes, j'espère ? Pas de cadavres ?

– Deux seulement. Mais ils ne sont plus là.

L'officier se pencha et plongea son regard dans celui de Ralph.

– Deux ? Tués ?

De nouveau, Ralph baissa la tête en silence. Derrière lui, l'île tout entière vibrait sous les flammes. L'officier ne s'y trompait pas en général ; ce garçon disait la vérité. Il eut un petit sifflement.

D'autres garçons arrivaient ; il y en avait de tout petits, bronzés, le ventre ballonné comme des jeunes sauvages. L'un d'eux s'approcha de l'officier et leva la tête vers lui.

– Je m'appelle… je m'appelle…

Mais le reste ne voulait pas venir… Percival Wemys Madison se creusait la tête, à la recherche de sa formule magique oubliée.

L'officier revint à Ralph.

– On va vous amener. Combien êtes-vous ?

Ralph secoua la tête en signe d'ignorance. Le regard de l'officier se dirigea par-dessus sa tête vers le groupe de garçons bariolés.

– Qui est le chef ?

– C'est moi, affirma Ralph à haute voix.

William Golding, *Sa Majesté des mouches*, 1954, traduit de l'anglais par Lola Tranec, © Éditions Gallimard, 1983.

William Golding
1911-1993

Écrivain britannique, il est mobilisé pendant la Seconde Guerre mondiale et participe au débarquement sur les côtes normandes.

Traumatisé par l'expérience de la guerre, il fait de la question de la cruauté des hommes le thème central de son œuvre.

Numérique

Hervé Bazin et Victor Hugo racontent à leur manière le rôle et le pouvoir des jeux d'enfants

LLS.FR/FTPEnfants

Questions

1. Comment imaginez-vous la scène ?
2. Que pensez-vous de l'attitude de Ralph ?

Questions sur le corpus

Analyser un texte littéraire

1. Relisez le **texte 3** (*Sa Majesté des mouches*) et analysez les verbes et les adjectifs qui se rapportent au décor : qu'en déduisez-vous sur ce qui est en train de se passer ?
2. Étudiez le contraste entre les événements sur l'île et l'attitude de Ralph. Que pensez-vous des jeux de ces enfants ?

Mettre en lien des documents

3. Observez le plateau de jeu. Avec quel(s) texte(s) du corpus peut-il être associé ? Justifiez votre ou vos choix.
4. En confrontant les documents, expliquez à quel moment le jeu s'arrête, à quel moment le jeu n'est plus un jeu.

Faire le point sur le corpus

5. À partir de l'étude de ce corpus, expliquez en quoi le jeu est à la fois nécessaire à la survie des hommes mais aussi une source de danger et de manipulation.

Jeu de la Victoire, fin de la Première Guerre mondiale, vers 1919.

ATELIER D'EXPRESSION Débattre

Mission : Organiser un débat dans la classe. Votre sujet : peut-on se passer de règles pour vivre en société ?

ÉTAPE 1 **Faire le point sur le sujet**

Reformulez le sujet.

Faites le point sur les textes du corpus qui peuvent servir pour répondre à cette problématique.

Faites le point sur les situations que vous connaissez qui illustrent une des deux réponses possibles dans ce sujet. Choisissez la thèse que vous allez défendre.

ÉTAPE 2 **Choisir la forme du débat**

Pour l'expérience, la classe peut se diviser en deux groupes dans lesquels les deux thèses seront représentées.

Le premier groupe n'aura pas de règles, et le débat se fera comme bon lui semblera. Ce groupe poursuit le travail de lecture de documents et de recherche d'arguments.

Le second groupe établit des règles pour le débat. Ce groupe s'interroge sur les conditions nécessaires au débat : comment distribuer la parole ? Comment organiser l'espace ? Etc.

ÉTAPE 3 **Débattre**

Chaque groupe procède ensuite au débat. Pendant qu'un groupe débat, l'autre observe et prend des notes sur la situation : qui est convaincant ? Pourquoi ? Chacun peut-il s'exprimer ?

ÉTAPE 4 **Faire le point**

Revenez sur les éléments du débat :

- Les règles établies ont-elles facilité le débat ou l'ont-elles entravé ?
- Sans règles, que se passe-t-il ?
- En quoi cette expérience répond-elle en partie au sujet ?
- Quels arguments vous ont semblé convaincants ?

Critères de réussite

- ☒ *J'ai fait le point sur le sujet*
- ☒ *J'ai participé activement au débat*
- ☒ *J'ai pris des notes pour faire le point*

→ Autoévaluez-vous sur LLS.FR/FTPJeu1P15

Doisneau et les jeux d'enfants

1. Qu'évoquent pour vous ces photographies ?
2. Choisissez-en une qui vous plaît particulièrement et étudiez-en la composition. En quoi cette photographie est-elle intéressante pour cet objet d'étude selon vous ?

▸ **Méthode** Analyser une image LLS.FR/FTPMethode

Robert Doisneau, *La Colonie de vacances*, vers 1950.

Robert Doisneau, *Le Bonhomme à la craie*, 1934.

Robert Doisneau, *Les Pieds au mur*, 1937.

Robert Doisneau (1912-1994)

Robert Doisneau est un des photographes français les plus célèbres. Il est considéré comme un des fondateurs du courant des photographes humanistes, courant né dans les années 30 et qui se déploie après la guerre. Ces photographes s'intéressent au quotidien des gens ordinaires. Cela les amène à photographier les ravages de la guerre sur les villes, les amoureux sur les bancs publics ou bien ici les jeux d'enfants.

Pour aller plus loin

Scott Frank, *Le jeu de la dame*, 2020

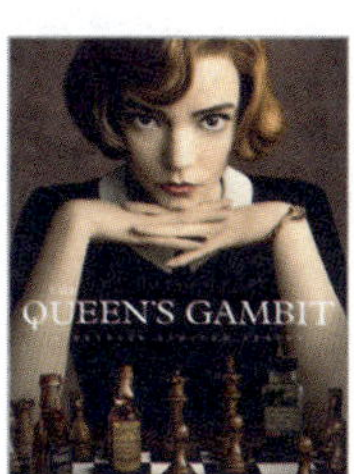

Elizabeth Harmon veut devenir la meilleure joueuse d'échecs du monde. Orpheline et malmenée par la vie, elle lutte contre des problèmes émotionnels et une dépendance aux drogues et à l'alcool. L'histoire commence au milieu des années 1950.

Jean Zeid, *Art et jeux vidéo*, Palette, 2018

Découvrez la richesse culturelle des jeux vidéo et leur influence de plus en plus importante sur la bande dessinée, l'architecture, la musique, la peinture ou encore le cinéma.

Yumi Hotta et Takeshi Obata, *Hikaru no go*, 2009

Le jeune Hikaru découvre dans le grenier de son grand-père un plateau de go. L'objet se révèle hanté par un fantôme nommé Saï, ancien professeur de go de l'empereur sous l'ère Heian. Saï se retrouve piégé dans l'esprit d'Hikaru et lui donne peu à peu le goût du go.

Jeu, joueurs et pouvoir

→ Le jeu est constitutif de l'humanité : il concerne toutes les époques, toutes les sociétés et tous les âges de la vie.
Inséparable de la notion de plaisir, le jeu stimule le joueur et attise sa curiosité.
On distingue souvent les jeux dont les règles sont dictées de l'extérieur (le *game*) des jeux que l'on invente et dont on définit soi-même les règles (le *playing*). Les premiers nous confrontent aux règles du jeu social et font appel à notre réflexion alors que les seconds fécondent notre imaginaire. Dans les deux cas, nous expérimentons les possibles, les règles et les transgressions, sans véritable risque.

→ Les jeux permettent aux enfants un apprentissage du monde qui les entoure. C'est pourquoi ils jouent à faire « comme si », comme s'ils étaient grands, comme si c'était la guerre, comme s'il y avait un monstre… Ces jeux de mimétisme et de transgression se retrouvent dans les jeux d'adultes par les déguisements ou dans les carnavals.

Plus généralement, en acceptant les règles, le joueur entre dans un monde inconnu et « fait mine d'y croire ». C'est lorsque le joueur refuse de « faire mine » ou croit à la réalité du jeu que celui-ci se termine : le joueur est alors hors-jeu.

→ Parce qu'il concerne tout le monde et est nécessaire à l'homme, le jeu constitue un espace privilégié du pouvoir. Il est investi par les pouvoirs totalitaires pour son aspect enthousiasmant qui peut aller jusqu'à galvaniser les foules. Mais il est aussi un moyen de résister à l'oppression. Parce qu'il faut être deux pour jouer, c'est un espace de solidarité et de rencontre. Il est donc aussi un moyen d'expérimenter notre pouvoir sur les autres. C'est alors la règle qui permet de rester dans le jeu. Sans elle, tous les coups sont permis et le jeu devient dangereux.

→ Finalement, le jeu est-il toujours un plaisir ?
Répondez à cette question en utilisant
▸ **Vers le bac** p. 21 et 22.

Manipuler la langue

1. Cherchez un maximum d'expressions faisant référence au jeu et partagez-les avec les autres élèves.
2. Parmi celles de vos camarades, choisissez-en quelques-unes que vous ne connaissez pas et tentez de les comprendre en examinant bien la manière dont est formée l'expression : la plupart d'entre elles sont des métaphores.

Si vous n'y arrivez pas, reportez-vous à l'encart ci-dessous pour expliquer les métaphores. Vérifiez ensuite avec un autre élève si vous avez la même explication.

cacher son jeu
se prêter au jeu **petit joueur**
jouer avec le feu **hors-jeu**
tirer son épingle du jeu
double jeu **jouer des tours**
c'est un jeu d'enfant
jouer sur les mots

Analyser une métaphore ou une comparaison

→ Métaphore et comparaison sont formées d'un **comparant** et d'un **comparé**. Mais dans la métaphore, il n'y a pas de **mot de comparaison**.

> Exemple : **Cet exercice** est **comme** **un jeu pour les enfants**.
> **Cet exercice** est **un jeu d'enfant**.

→ Ce sont des figures d'analogie, c'est-à-dire qu'elles mettent en lien deux éléments par association d'idées. Les deux éléments, comparé et comparant, ont donc des caractéristiques communes. C'est en observant ces dernières que l'on peut interpréter la métaphore.

Reprenons l'exemple : un jeu d'enfant est un jeu facile et agréable. L'exercice est donc simple et… agréable ?

→ Bien sûr, l'interprétation peut varier et la connotation de l'expression également. Ici, on peut penser que la métaphore sur l'exercice n'est pas liée au plaisir pour tout le monde !

Faites vos jeux !

Mission : Afin de travailler le vocabulaire des disciplines professionnelles, vous allez créer un jeu et en écrire les règles. Vous ferez partie d'une équipe au sein de la classe et votre objectif sera de gagner face à l'équipe adverse. Vous pourrez ainsi évaluer si on peut apprendre en jouant et utiliser cette expérience dans vos travaux de français.

Faites vos jeux !

ÉTAPE 1 Définir le cadre

Faites des groupes dans la classe.

Répertoriez le vocabulaire professionnel : toutes les disciplines professionnelles vous sont utiles. Recherchez dans vos cours et les référentiels les mots spécifiques à votre métier.

Choisissez les mots à faire deviner à l'autre équipe.

ÉTAPE 2 Mettre en place le jeu

Afin de faire deviner ces mots, vous allez pouvoir choisir entre plusieurs options : dessiner la situation dans laquelle ce mot intervient, écrire une définition sans utiliser ce mot, mimer le mot, ou tout autre moyen. ► Voir page ci-contre.

Fabriquez ensuite le ou les outil(s) pour défier vos adversaires : cartes, listes, plateau, etc.

Testez quelques mots entre vous et modifiez votre approche si besoin.

Vous pouvez travailler l'esthétique du jeu.

Laissez votre imagination prendre le pouvoir !

ÉTAPE 3 Écrire les règles du jeu

Il faut maintenant écrire précisément les règles du jeu.

Plusieurs éléments doivent absolument apparaître :

- Les objectifs à atteindre ;
- L'organisation du jeu (est-ce par équipes, seul, en face à face, par exemple ?) ;
- Le décompte des points ;
- Les étapes à suivre ;
- Les interdits ;
- ...

ÉTAPE 4 Jouer et améliorer le jeu

Défiez-vous selon vos propres règles : en groupes, en duel ou chacun pour soi.

Désignez deux observateurs qui notent tout ce qui ne fonctionne pas dans la règle énoncée : les définitions trop simples ou trop compliquées, les interdits qui n'avaient pas été énoncés, les variantes possibles, etc.

Faites le point en groupe et apportez les améliorations nécessaires au jeu.

ÉTAPE 5 Revenir sur l'expérience

Questionnez l'apprentissage par le jeu : ce jeu vous a-t-il permis d'améliorer vos connaissances ?

Est-ce le jeu en lui-même ou la conception du jeu qui vous a aidé ?

Pendant la séquence de français, vous avez identifié différentes caractéristiques du jeu. Retrouvez-les et confrontez-les à ce qui s'est passé pendant cette expérience. Ce travail est-il un jeu ?

Écrivez un paragraphe sur cette expérience qui pourrait vous servir lors de l'exercice d'écriture du baccalauréat.

Zoom sur l'étape 2 : Mettre en place le jeu

DOC. 1 Jeu de plateau
Scène de l'anime *Hikaru no go*, par Yumi Hotta et Studio Pierrot, 2001.

DOC. 2 Jeu de cartes

DOC. 3 Jeu de mime
M. Mime, Pokémon.

- Identifiez les différentes sortes de jeux et l'intérêt que chacune peut avoir pour relever votre défi.
- Peut-être avez-vous d'autres idées ? Répertoriez tous les jeux que vous connaissez, qui peuvent vous servir de modèles pour créer le vôtre.

DOC. 4 Jeu d'équipe
L'équipe Fnatic e-sports participe à la phase de groupes des championnats du monde du jeu *League of Legends*, 2019, Berlin, Allemagne.

Numérique

Retrouvez un sujet type Bac sur LLS.FR/FTPBacJeu

Compétences : L'objet d'étude de Terminale s'articule autour de trois grandes compétences :

- découvrir ce que la littérature et les arts apportent à la connaissance du monde contemporain ;
- construire un raisonnement personnel en organisant ses connaissances et en confrontant des points de vue ;
- formuler sa pensée et l'exprimer de manière appropriée pour prendre part à un débat d'idées.

Vous allez ici travailler ces compétences à partir d'un exercice d'écriture guidé pas à pas jusqu'à la rédaction finale. Ce sujet vous permet également de faire le point sur ce que vous avez appris pendant la séquence. Le sujet est le suivant :

Le jeu est-il toujours un plaisir ?

ÉTAPE 1 Analyser le sujet

Identifier les termes du débat pour y prendre part.

1. Définissez les mots-clés suivants :
   - jeu
   - toujours
   - plaisir
2. Y a-t-il des contradictions, des évidences, des tensions entre les définitions de ces mots-clés ?
3. Reformulez le sujet avec vos propres mots.

ÉTAPE 2 Faire le point sur ses connaissances

Découvrir ce que la littérature et les arts apportent à la connaissance du monde contemporain.

1. Afin de construire votre raisonnement, faites l'inventaire des textes que vous avez lus pendant la séquence et qui apportent des éléments à votre réflexion.

Exemple :

Texte 1. Francine Ferland, dans *Le Modèle ludique*, définit le jeu par le plaisir. Mais, surtout, elle donne les éléments précis pour définir à quoi tient ce plaisir.

Vous ne vous souvenez plus ? Retournez voir !

2. Reprenez votre cours et feuilletez le manuel : faites ainsi le point sur tous les documents qui peuvent vous servir.

ÉTAPE 3 Organiser ses idées, formuler une opinion

Construire un raisonnement personnel en organisant ses connaissances et en confrontant des points de vue.

Formuler sa pensée.

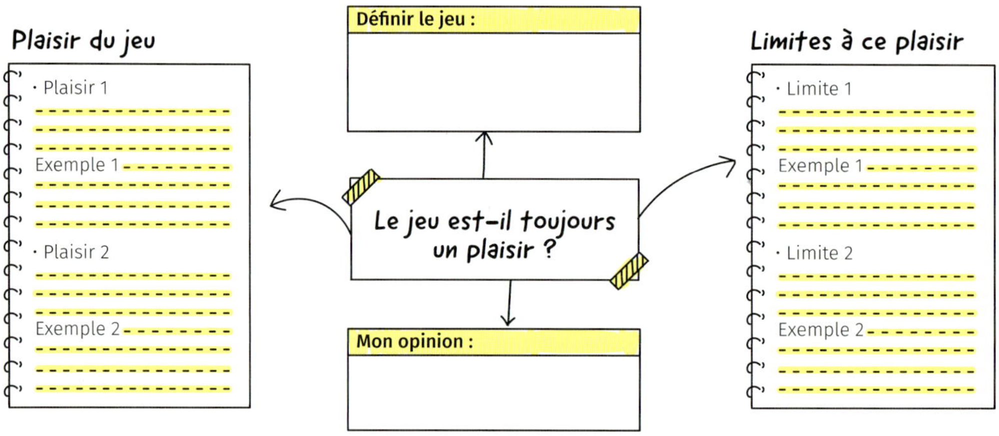

Vous pouvez travailler cette étape en même temps que la précédente.

Lorsque vous répertoriez les textes utiles, vous pouvez les classer directement dans un tableau ou un schéma tel que celui qui se trouve ci-dessus.

Il faut maintenant formuler clairement votre opinion, qu'elle soit tranchée ou nuancée.

ÉTAPE 4 Rédiger la réponse

Formuler sa pensée et l'exprimer de manière appropriée pour prendre part à un débat d'idées.

1. Rédigez au brouillon votre introduction et votre conclusion. Cette dernière énoncera clairement votre point de vue.
   ► **Méthode** Rédiger une introduction et une conclusion p. 154

2. Vous pouvez maintenant rédiger votre développement dans lequel vous justifiez votre thèse. Pour la méthode, reportez-vous à votre manuel :
   ► **Méthode** Rédiger un paragraphe p. 157

CRÉDITS

Couverture : Warner Bros./Christophel, Bibi Saint-Pol/Wikimedia, Charlie Gray - Netflix/Christophel, Bridgeman, Freepik
Intérieur : **2** Bridgeman **4** Maurice Ferland **5** Bernard Perron, Pawel Kuczynski **6** Garitan/Wikimedia, Whgler/Wikimedia **7** File Upload Bot/Wikimedia **8** Laddo/Wikimedia **9** Editions de l'homme, Bibliothèque nationale de France **10** Waterborough/Wikimedia **11** Bibi Saint-Pol/Wikimedia **12** Jerome Panconi/Opale/Bridgeman, Hugo Jaeger/Getty **13** Malpaso Productions/Liberty Pictures/Christophel **14** Materialscientist/Wikimedia **15** CCI/Bridgeman **16** Robert Doisneau/Gamma-rapho **18** Freepik **19** Dentsu/Pierrot TV TOKYO/Christophel, ne2pi/Shutterstock, 2021 Pokémon, 1995-2021 Nintendo/Creatures Inc./GAME FREAK inc, dpa picture alliance/Alamy **20** Bro/Freepik

LE JEU : futilité, nécessité

En complément du manuel, nous vous proposons deux séquences modulables et didactisées en lien avec le programme limitatif. Réunies dans un cahier de 50 pages renouvelé tous les deux ans, elles sont téléchargeables gratuitement sur notre site Internet.

Dans ces séquences, vous retrouverez :

- des **textes et des images questionnés** (3 corpus de 3 à 5 textes par séquence) ;
- des **ateliers d'expression** pour améliorer les compétences écrite et orale de vos élèves ;
- des **repères historiques** pour parcourir le thème à travers les époques ;
- des **prolongements artistiques et culturels** pour approfondir la découverte du thème ;
- des **ateliers de co-intervention** en lien avec le sujet ;
- une **synthèse active** pour remobiliser les connaissances ;
- des **points de méthode** pour acquérir des compétences et des **sujets** pour s'entraîner à l'examen du baccalauréat ;
- **plus de 400 exercices progressifs** pour progresser en Langue.

Découvrez dans ce fascicule l'une des deux séquences modulables en lien avec le programme limitatif pour les années 2021-2022 et 2022-2023 :

Le jeu : futilité, nécessité

Retrouvez l'intégralité des séquences à télécharger gratuitement dès ce printemps sur LLS.fr/ThemeFrancaisPro !

LA COMMUNAUTÉ D'AUTEURS

lelivrescolaire.fr

Sous la coordination de

Stéphanie Lemarchand, professeure de français au lycée Bréquigny (35) et formatrice à l'INSPE de Bretagne

Notre comité scientifique

Emmanuelle Kalonji, Inspectrice de l'Éducation Nationale Lettres-Histoire et Géographie, Académie de Grenoble

Claude-Michel Crépon, professeur à l'institution Robin (38) et formateur au CNFETP de Lyon

12 Auteurs **37** Coauteurs

7 Auteurs harmonisateurs

… ont participé à l'écriture de cette collection de Francais !

Académie d'Aix-Marseille

Laurent Dion, professeur au lycée professionnel Antonin Artaud (13)

Nora Latroch, professeure au lycée Pierre Mendès France (13)

Gwenhaëlle Marec, professeure au lycée professionnel Le Rocher (13)

Académie d'Amiens

Cécile Prévost, professeure au lycée agricole Thiéra'Natura (02)

Académie de Besançon

Isabelle Blavier, professeure au collège Paul Elie Dubois (25)

Jennifer Briault, professeure au lycée professionnel Raoul Follereau (90)

Frédérique Eme-Rabolt, professeure au lycée polyvalent Lumière (70)

Virginie Gardent, professeure au lycée professionnel Jules Ferry (90)

Carole Raffin, professeure au lycée professionnel Saint-Pierre Fourier (70)

Académie de Bordeaux

Fabienne Mangounda, professeure au lycée Victor Louis (33)

Académie de Clermont-Ferrand

Nadège Magne, professeure au lycée professionnel Albert Einstein (03)

Académie de Créteil

Mürvet Aydin, professeure au lycée polyvalent Jean Moulin (93)

Damien Drouillet, professeur au campus scolaire de Coulommiers (77)

Fadi El Hage, professeur au lycée François Rabelais (93)

Léa Maveyraud, professeure au lycée polyvalent Robert Schuman (94)

Marc Ledoux, professeur au lycée Marcel Cachin (93)

Laura Nony, professeure (94)

Pierre-Michel Sailhan, professeur au lycée Frédéric Mistral (94)

Académie de Dijon

Marion Petit, professeure au lycée Niepce-Balleure (71)

Académie de Grenoble

Alexandra Cadegiani, professeure au lycée polyvalent Pablo Neruda (38)

Sarah De Grandis, professeure au lycée professionnel Amblard (26)

Nadine Ouabdelessam, professeure (38)

Académie de Guadeloupe

Stéphane Gonet, professeur au lycée Gerty Archimède (971)

Académie de Lille

Lucas Delafosse, professeur au lycée professionnel des Monts de Flandre (59)

Académie de Limoges

Joëlle Monier-Baldinho, professeure au lycée polyvalent Simone Veil (19)

Académie de Lyon

Julia Donati, professeure au lycée professionnel André Cuzin (69)

Laurent Galopin, professeur au lycée professionnel Benoît Charvet (42)

Karima Mondon, professeure au lycée professionnel Danièle Casanova (69)

Académie de Montpellier

Chloé Disch-Muller, professeure au lycée CCI Gard (30)

Caroline Séjalon, professeure au lycée polyvalent Jules Fil (11)

Académie de Nancy-Metz

Armelle Charreyre, professeure au lycée Boutet de Monvel (54)

Alexandre Jastrzebski, professeur au lycée professionnel Alfred Mézières (54)

Bertrand Sécardin, professeur au lycée Louis Majorelle (54)

Académie de Nantes

Florence Ambroise, professeure (72)

Chloé Cormier, professeure au lycée professionnel Les Ardilliers (49)

Katia Souchu, professeure au lycée professionnel Nazareth (72)

Académie de Nice

Patricia Parisot, professeure à l'IPFM CFA régional campus La Seyne-sur-Mer URMA PACA (83)

Académie de Normandie

Cécile Deley, professeure au lycée polyvalent Leclerc Navarre (61)

Emmanuel Dubosq, professeur au lycée professionnel Clément Ader (27)

Christian Jardin, professeur au lycée Paul Cornu (14)

Barbara Lucas, professeure au lycée polyvalent Louise Michel (27)

Antoine Vaillant, professeur au lycée professionnel Clément Ader (27)

Samuel Verstraete, professeur au lycée Risle Seine (27)

Académie d'Orléans-Tours

Corinne Guitteaud, professeure au lycée hôtelier de l'Orléanais (45)

Aurélie Ternier, professeure au lycée professionnel Val de Cher (41)

Académie de Poitiers

Naziha Hadri, professeure au lycée polyvalent du Pays d'Aunis (17)

Académie de Reims

Damien Boulonnais, professeur au lycée professionnel Simone Veil (08)

Académie de Rennes

Annick Devaux, professeure au lycée La Fontaine des Eaux (22)

Françoise Riou, professeure au lycée professionnel Saint-Gabriel de Pont-l'Abbé (29)

Carine Urban, Inspectrice de l'Éducation Nationale, Académie de Rennes (35)

Académie de Strasbourg

Marie-Sophie Remy, professeure au lycée des Métiers Jean-Frédéric Oberlin (67)

Académie de Toulouse

Agnès Val Barbier, professeure au lycée polyvalent Pardailhan (32)

Académie de Versailles

Adrien Fromage, professeur au collège Alphonse Daudet (91)

Adeline Guillou, professeure au lycée polyvalent Marguerite Yourcenar (91)

Nicolas Khouri, professeur au lycée polyvalent Romain Rolland (95)

Françoise Tabtab-Gerbino, professeure au lycée professionnel Charles Baudelaire (91)

Un manuel collaboratif innovant !

4 grands thèmes et 15 sous-thèmes pour balayer l'Objet d'Étude du programme officiel en intégralité

- Au total, plus de 75 textes longs et questionnés.
- Plus de 60 iconographies originales.
- Des questions ciblées qui entrent au cœur des textes en laissant l'élève maitre de son interprétation.
- Des entrées par la langue pour aider l'élève à acquérir des réflexes de lecture analytique.

4 ateliers d'expression par grand thème pour travailler son oral et son écrit

- Débattre, partager, créer.
- Manipuler des idées.
- Faire des expériences.
- Aborder autrement les notions du programme et les compétences à acquérir.

Des pages d'Histoire des arts et de prolongements culturels pour aller plus loin à travers les livres, films, séries, etc.

Des œuvres patrimoniales côtoient des œuvres populaires pour un dialogue des cultures et pour donner envie à vos élèves d'approfondir les notions abordées.

Des synthèses disponibles à l'écrit, sous forme de cartes mentales, et à écouter pour faire appel à tous les types de mémoire

- Faire le point et donner du sens aux corpus.
- Étoffer les connaissances en les contextualisant.

Des pages de co-intervention pour dire, lire, écrire le métier

Des idées originales pour aider les élèves à acquérir les compétences du programme et approfondir les réflexions menées en cours de français.

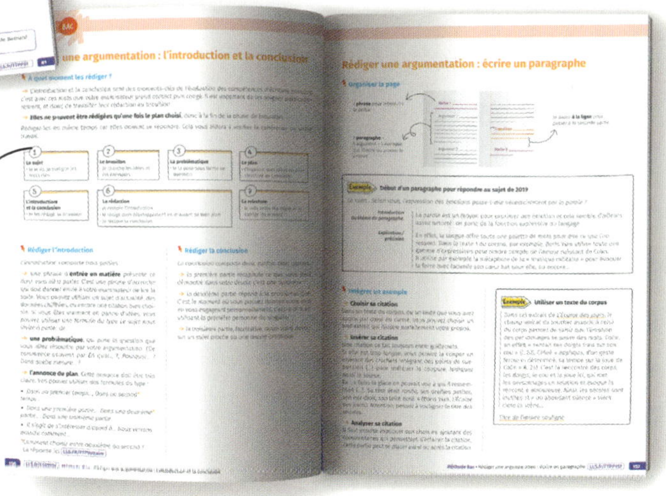

Des pages de langue et de méthode

Des entrées par l'observation et la manipulation pour donner du sens aux notions de langue et rendre la méthode opérante.

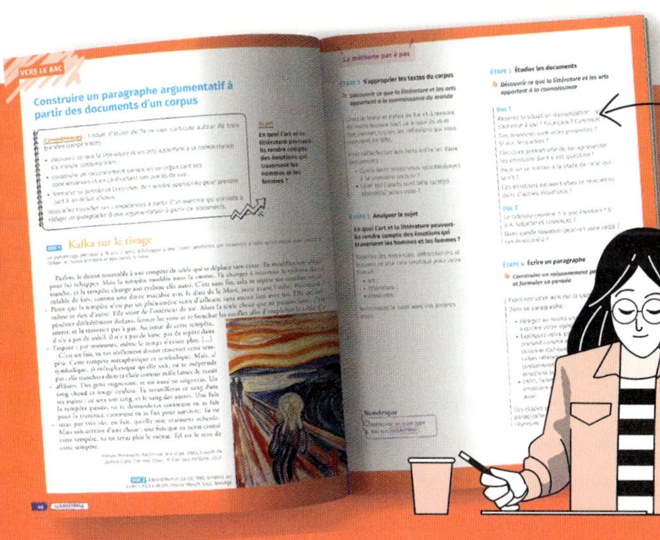

Un exercice complet par grand thème pour se préparer à l'épreuve du Bac

10 pages de méthode pour se préparer au Bac

- Présenter un corpus.
- Répondre à une question d'analyse.
- Établir des liens entre différents documents.
- Écrire et réécrire un texte argumentatif en choisissant judicieusement son plan.
- Trouver des idées sur tous les sujets.

MAITRISE DES COMPÉTENCES

BO n°1 du 06/02/20

Les tableaux suivants présentent les compétences à acquérir à l'issue du cycle terminal des filières professionnelles, telles qu'elles sont présentées dans le Bulletin Officiel. Celles-ci peuvent être distinguées en trois parties : les compétences transversales à travailler et à acquérir tout au long des trois années de lycée (2de, 1re, Tle), les compétences de maitrise de la langue, également communes aux trois années de lycée, et enfin les compétences propres à chaque objet d'étude (et donc à chaque niveau).

COMPÉTENCES TRANSVERSALES

2de 1re Tle

Maitriser l'échange oral : écouter, réagir, s'exprimer dans diverses situations de communication.

Maitriser l'échange écrit : lire, analyser, écrire et adapter son expression écrite selon les situations et les destinataires.

Devenir une lectrice ou un lecteur compétent et critique, adapter sa lecture à la diversité des textes.

Confronter des connaissances et des expériences pour se construire.

MAITRISE DE LA LANGUE

2de 1re Tle

Connaitre et mémoriser les catégories grammaticales

En particulier le nom, le déterminant, le pronom, le verbe, l'adjectif.

Connaitre et mémoriser le fonctionnement de la phrase

Pour s'approprier la syntaxe de l'écrit ou de l'oral soutenu :

- fonctionnement de la phrase simple (constituants obligatoires, groupes syntaxiques : leurs constituants et leurs fonctions) ;
- fonctionnement de la phrase complexe (à partir des constituants de la phrase simple, identification des constituants de la phrase complexe) ;
- juxtaposition / coordination / subordination ;
- propositions subordonnées relatives, complétives, circonstancielles.

Maitriser le verbe

- constructions et sens du verbe ;
- morphologie verbale (distinction entre radical, marque de temps et marque de la personne) ;
- valeurs des temps de l'indicatif ;
- conditionnel et mode subjonctif par rapport au mode indicatif ;
- consolidation des connaissances des formes verbales au programme du collège (cycle 4), apprentissage de nouveaux verbes en lien notamment avec les objets d'étude.

Comprendre et écrire des textes

Identification et utilisation :

- des marques d'organisation du texte (mise en page, ponctuation, typographie, connecteurs) ;
- des substituts nominaux et pronominaux ;
- des phrases active et passive : manipulation et reconnaissance de leurs formes et de leurs valeurs sémantiques.

Enrichir le lexique

En lien avec les notions-clés figurant dans les objets d'étude :

- la formation et la signification des mots (notamment pour formuler des hypothèses sur le sens d'un mot inconnu) ;
- la polysémie des termes usuels ;
- la travail des mots en réseaux (synonymes, antonymes, registres de langue...).

Améliorer l'orthographe

L'orthographe lexicale en relation avec le travail sur le vocabulaire.

L'orthographe grammaticale à partir d'une observation des erreurs les plus fréquentes : construire des diagnostics et des consignes de correction. Relire les écrits à l'aide d'outils et de stratégies personnelles.

OBJETS D'ÉTUDE

2de | 1re | **Tle**

Vivre aujourd'hui : l'humanité, le monde, les sciences et la technique

Découvrir ce que la littérature et les arts apportent à la connaissance du monde contemporain.

Construire un raisonnement personnel en organisant ses connaissances et en confrontant des points de vue.

Formuler sa pensée et l'exprimer de manière appropriée pour prendre part à un débat d'idées.

Numérique

Retrouvez sur LLS.FR/FTP7 les compétences liées aux Objets d'Étude de 2de et 1re.

Thème 1 La fiction au service d'une réflexion sur l'Homme

Utopies et dystopies

Mythes et légendes, le voyage

L'absurde

Humanité et condition humaine

Faire le point et aller plus loin

Thème 2 Science, technique et défis de société

Écologie

Science et rapport au savoir

Numérique et virtuel

Intelligence artificielle

Faire le point et aller plus loin

Thème 3 La littérature pour dire le monde

Thème 4 Littérature, sciences et éthique

Faire le point et aller plus loin

Méthode Bac

Langue

1

Objet d'étude • Vivre aujourd'hui : l'humanité, le monde, les sciences et la technique

La fiction au service d'une réflexion sur l'Homme

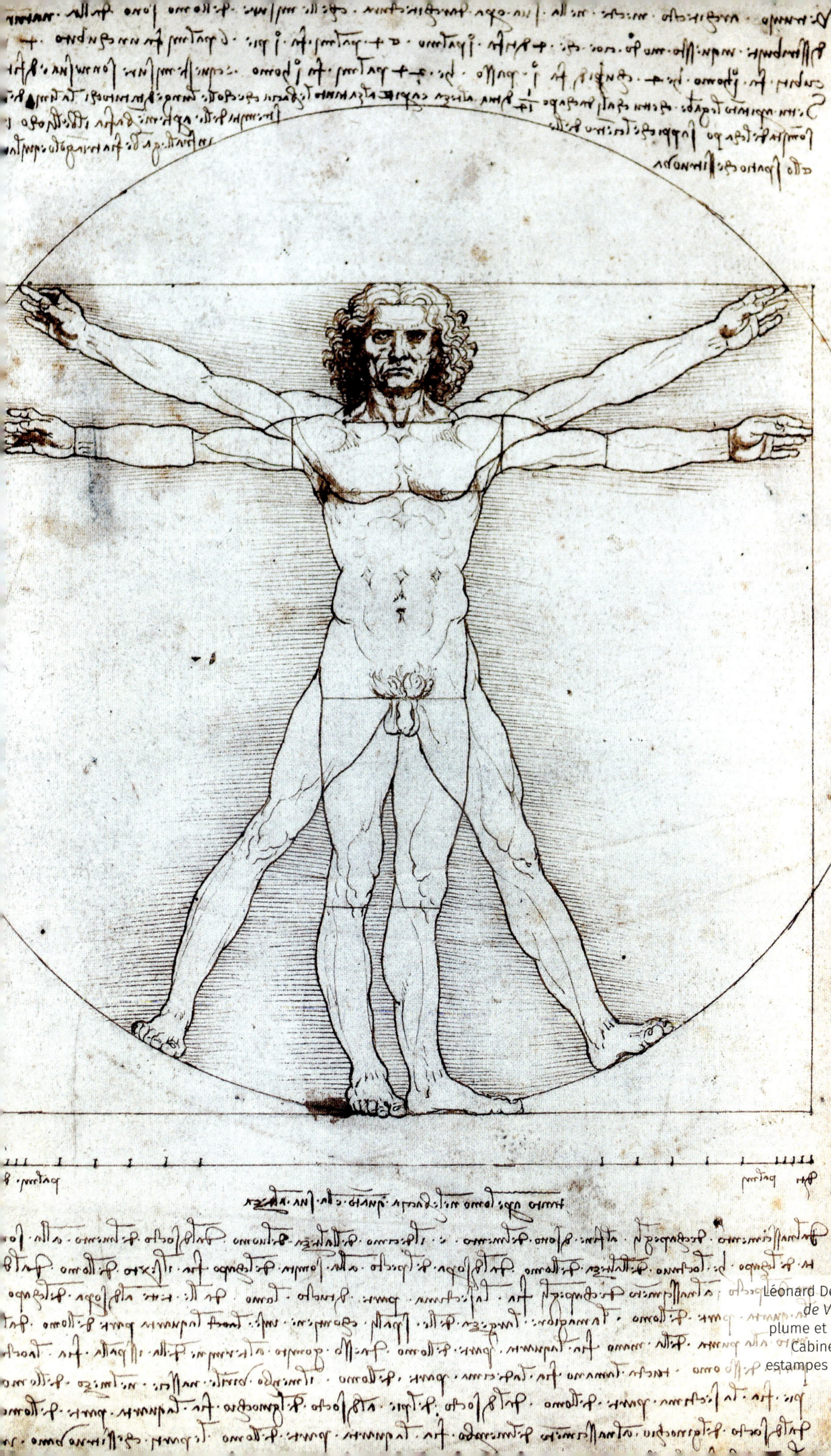

Léonard De Vinci, *L'Homme de Vitruve*, vers 1490, plume et lavis, 34 x 26 cm, Cabinet des dessins et estampes de Venise, Italie.

Utopie

Mot inventé à partir du grec *ou* (privatif) et *topos* (lieu) par Thomas More. Il signifie « en aucun lieu » et est utilisé pour décrire une société dont l'organisation politique est idéale.

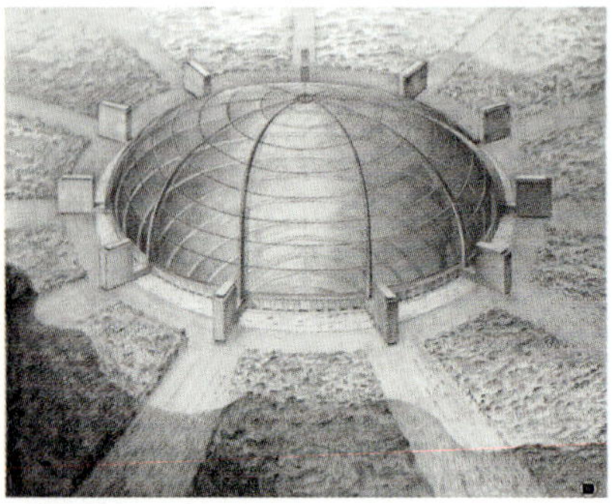

Hendrik Wijdeveld, *15 miles into the Earth*, 1944, dessin, Het Nieuwe Instituut, Rotterdam, Pays-Bas.

Dystopie

Du grec *dys* (indique une anomalie) et *topos* (lieu). Fiction qui présente une société, dans un futur plus ou moins proche, qui contrôle ses citoyens et les empêche d'atteindre le bonheur.

Illustration de Frédéric Guimont, *1984 Comics*, 2006.

Mythe

Du grec *muthos* (récit épique, fable). Récit mettant en scène des êtres dont les vies et les actions symbolisent les grandes questions liées à la condition humaine.

Ulysse et les sirènes (détail), mosaïque, IIe siècle, 3,8 x 1,3 m, musée national du Bardo, Tunis, Tunisie.

Identité

Du latin *idem* (même) Représentation de soi que se fait un individu, ce qui le rattache à un groupe donné. Elle peut être multiple.

« Les droits de l'enfant », exposition à la MJC d'Ambérieu, 2019.

Absurde

Du latin *absurdus* (dissonant). Courant littéraire et philosophique qui témoigne du désarroi de l'Homme face à un monde et à une existence dont il ne comprend plus le sens.

Franz von Stuck, *Sisyphe*, 1920, peinture à l'huile, 103 x 89 cm, galerie Ritthaler, Hambourg, Allemagne.

Humanité

Du latin *humanitas* (humanité en tant que nature humaine mais aussi comme culture). Ensemble des caractéristiques propres à l'Homme.

Nigel Binns, *La Mère de l'humanité*, 1996, statue, Los Angeles, États-Unis.

Entrer dans le thème

- *Pour vous, qu'est-ce que la fiction ?*
- *Proposez trois mots qui définissent ce qu'est « l'humanité ».*
- *Pensez-vous que la fiction a le pouvoir de changer le monde ?*

Les histoires sont la chose la plus importante au monde. Sans les histoires, nous ne serions pas humains.

Philip Pullman

Qui dit homme dit humanité. L'homme porte en lui l'humanité. L'homme n'existe pas indépendamment de l'humanité. Perfectionner l'homme, c'est perfectionner l'humanité. Perfectionner l'humanité, c'est se perfectionner soi-même.

Pierre Leroux, *De l'humanité, de son principe et de son avenir*, 1840.

Marta Minujín, *La Tour de Babel aux trente mille livres*, 25 m, Buenos Aires, Argentine.

Dans ce thème

En quoi la fiction permet-elle de s'interroger sur le monde et sur l'Homme ?

- *En quoi la création d'un monde nouveau interroge-t-elle le réel et les possibles ?* ► p. 16-21
- *En quoi les mythes parlent-ils de nous et de notre société ?* ► p. 22-27
- *Comment la littérature bouscule-t-elle le lecteur ?* ► p. 28-33
- *Qu'apportent la science et la technique à la compréhension de la condition humaine ?* ► p. 34-39

En quoi la création d'un monde nouveau interroge-t-elle le réel et les possibles ?

Thomas More
1478-1535

Historien, philosophe et homme politique anglais, il est l'un des représentants de l'humanisme. Il est l'inventeur du terme « utopie » en 1516, lorsqu'il publie son ouvrage *L'Utopie*.

1/5 Vers une société idéale ?

L'Utopie de Thomas More décrit un pays imaginaire du même nom dont le peuple a mis en œuvre une société parfaite. Le texte prend la forme d'un dialogue entre Raphaël Hythlodée, marin portugais, et Thomas More.

En Utopie, au contraire, où tout appartient à tous, personne ne peut manquer de rien, une fois que les greniers publics sont remplis. Car la fortune de l'État n'est jamais injustement distribuée en ce pays ; l'on n'y voit ni pauvre ni mendiant, et quoique personne n'ait rien à soi, cependant tout le monde est riche. Est-il, en effet, de plus belle richesse que de vivre joyeux et tranquille, sans inquiétude ni souci ? Est-il un sort plus heureux que celui de ne pas trembler pour son existence, de ne pas être fatigué des demandes et des plaintes continuelles d'une épouse, de ne pas craindre la pauvreté pour son fils, de ne pas s'inquiéter de la dot de sa fille ; mais d'être sûr et certain de l'existence et du bien-être pour soi et pour tous les siens, femme, enfants, petits-enfants, arrière-petits-enfants, jusqu'à la plus longue postérité dont un noble puisse s'enorgueillir ? [...]

La république utopienne garantit ces avantages à ceux qui, invalides aujourd'hui, ont travaillé autrefois, aussi bien qu'aux citoyens actifs capables de travailler encore.

Je voudrais que quelqu'un ici osât comparer avec cette justice la justice des autres nations. Pour moi, que je meure, si je vois chez les autres nations la moindre trace d'équité et de justice.

Est-il juste qu'un noble, un orfèvre, un usurier, un homme qui ne produit rien, ou qui ne produit que des objets de luxe inutiles à l'état, est-il juste que ceux-là mènent une vie délicate et splendide au sein de l'oisiveté ou d'occupations frivoles ? tandis que le manœuvre, le charretier, l'artisan, le laboureur, vivent dans une noire misère, se procurant à peine la plus chétive nourriture. Ces derniers, cependant, sont attachés à un travail si long et si pénible, que les bêtes de somme le supporteraient à peine, si nécessaire que pas une seule société ne pourrait subsister un an sans lui. En vérité, la condition d'une bête de somme paraît mille fois préférable ; celle-ci travaille moins longtemps, sa nourriture n'est guère plus mauvaise, elle est même plus conforme à ses goûts. Et puis l'animal ne craint pas l'avenir.

Mais l'ouvrier, quelle est sa destinée ? Un travail infructueux, stérile, l'écrase présentement, et l'attente d'une vieillesse misérable le tue ; car son salaire journalier ne suffit pas à tous ses besoins du jour ; comment donc pourrait-il augmenter sa fortune et mettre chaque jour de côté un peu de superflu pour les besoins de la vieillesse ?

Thomas More, « De la religion des Utopiens », *L'Utopie*, Livre II, titre 8, 1516, traduit du latin par Victor Stouvenel.

René Magritte, *L'Utopie*, 1945, huile sur toile, 60 x 80 cm, collection privée.

Questions

1. Comment trouvez-vous le monde inventé par Thomas More ? Après l'avoir caractérisé avec au moins trois éléments tirés du texte, vous donnerez votre point de vue en le justifiant.
2. Quel rôle les phrases interrogatives jouent-elles dans cet extrait ?
3. Que pensez-vous de la vision de l'utopie qu'offre René Magritte ? Expliquez votre point de vue.

2/5 Quand l'utopie est une révolution

Anarres, société utopique véritablement libre mais pauvre, et Urras, société riche mais tyrannique et où règne la corruption, sont ennemies. Shevek, le héros, a inventé un système révolutionnaire qu'il veut partager même avec Urras. Il s'adresse ici aux opprimés d'Urras.

– C'est notre souffrance qui nous réunit. Ce n'est pas l'amour. L'amour n'obéit pas à l'esprit, et se transforme en haine quand on le force. Le lien qui nous attache est au-delà du choix. Nous sommes frères. Nous sommes frères dans ce que nous partageons. Dans la douleur, que chacun d'entre nous doit supporter seul, dans la faim, dans la pauvreté, dans l'espoir, nous connaissons notre fraternité. Nous la connaissons, parce que nous avons dû l'apprendre. Nous savons qu'il n'y a pas d'autre aide pour nous que l'aide mutuelle, qu'aucune main ne nous sauvera si nous ne tendons pas la main nous-mêmes. Et la main que vous tendez est vide, comme la mienne. Vous n'avez rien. Vous ne possédez rien. Vous êtes libres. Vous n'avez que ce que vous êtes, et ce que vous donnez. Je suis ici parce que vous voyez en moi la promesse, la promesse que nous avons faite il y a deux cents ans dans cette ville – la promesse tenue. Car nous l'avons tenue, sur Anarres. Nous n'avons que notre liberté. Nous n'avons rien à vous donner que votre propre liberté. Nous n'avons comme loi que le principe de l'aide mutuelle entre les individus. Nous n'avons comme gouvernement que le principe de l'association libre. Nous n'avons pas d'États, pas de nations, pas de présidents, pas de dirigeants, pas de chefs, pas de généraux, pas de patrons, pas de banquiers, pas de seigneurs, pas de salaires, pas d'aumônes, pas de police, pas de soldats, pas de guerres. Et nous avons peu d'autres choses. Nous partageons, nous ne possédons pas. Nous ne sommes pas prospères. Aucun d'entre nous n'est riche. Aucun d'entre nous n'est puissant. Si c'est Anarres[1] que vous voulez, si c'est vers le futur que vous vous tournez, alors je vous dis qu'il faut aller vers lui les mains vides. Vous devez y aller seuls, et nus, comme l'enfant qui vient au monde, qui entre dans son propre futur, sans aucun passé, sans rien posséder, dont la vie dépend entièrement des autres gens. Vous ne pouvez pas prendre ce que vous n'avez pas donné, et c'est vous-même que vous devez donner. Vous ne pouvez pas acheter la Révolution. Vous pouvez seulement être la Révolution. Elle est dans votre esprit, ou bien elle n'est nulle part.

Ursula K. Le Guin, *Les Dépossédés*, 1974, traduit de l'anglais par Henry-Luc Planchat, © Éditions Robert Laffont, 1975.

1. Nom de la planète d'origine de Shevek et qui a institué une société libre, dépourvue de propriété.

Fernand Léger, illustration pour le poème « Liberté » de Paul Éluard, 1953.

Ursula K. Le Guin

1929-2018

Auteure américaine, elle est reconnue pour ses œuvres de science-fiction et de *fantasy* dont les thèmes sont novateurs. Elle est notamment l'auteure du *Cycle de Terremer* qui a été adapté en film d'animation par le studio japonais Ghibli.

Questions

1. Selon vous, Anarres est-elle une société utopique ? Vous vous appuierez sur des éléments précis du texte et en particulier du lexique pour justifier votre réponse.
2. Étudiez les pronoms personnels : que nous apprennent-ils sur la stratégie argumentative de Shevek ?

En quoi la création d'un monde nouveau interroge-t-elle le réel et les possibles ?

Philip K. Dick

1928-1982

Auteur américain de science-fiction, ses romans ont été adaptés au cinéma (*Blade Runner*, *Minority Report* ou encore *Total Recall*).

Son univers littéraire lui a permis d'explorer les frontières et les limites de la perception humaine.

3/5 Dans l'œil du crime

En 2050, une unité de prévention du crime a été mise en place. Elle permet d'arrêter les personnes avant qu'elles ne commettent un délit grâce à des mutants capables de prédire les actions. Anderton, créateur et chef de cette unité, va en devenir la cible.

« Voulez-vous me faire visiter ? J'aimerais me familiariser dès que possible avec le fonctionnement global de votre organisation. » Tandis qu'ils longeaient les enfilades de bureaux éclairés et résonnant d'activité, Anderton déclara : « Naturellement, le postulat fondamental de Précrime ne vous est pas inconnu ? Je présume que nous pouvons partir de ce principe.

– Je ne sais que ce qui est à la disposition du public, répondit Witwer[1]. Avec l'aide de vos mutants précogs[2], vous avez audacieusement et efficacement aboli le système punitif post-crime fondé sur l'emprisonnement et l'amende. Comme nous le savons tous, la perspective du châtiment n'a jamais été très dissuasive ; quant aux victimes, une fois mortes, elles n'en retiraient guère de réconfort. »

Ils étaient arrivés devant l'ascenseur. Tandis que la cabine les emportait à toute allure dans les profondeurs du bâtiment, Anderton reprit : « L'inconvénient fondamental, du point de vue juridique, inhérent à la méthodologie de Précrime ne vous a probablement pas échappé non plus. Nous arrêtons des individus qui n'ont nullement enfreint la loi.

– Mais qui vont le faire, affirma Witwer avec conviction.

– Justement, non, par bonheur… puisque nous les arrêtons avant qu'ils puissent commettre un quelconque acte de violence. Donc, l'acte criminel proprement dit ne relève strictement que de la métaphysique[3]. C'est nous qui proclamons ces gens coupables. Eux se prétendent éternellement innocents. Et en un sens, ils *sont* innocents. »

Quittant l'ascenseur, ils empruntèrent à nouveau un couloir éclairé par une lumière jaune. « Notre société ne connaît plus le crime grave, poursuivit Anderton, mais nous avons tout de même un camp de détention peuplé de criminels potentiels. »

Ils franchirent une série de portes et se retrouvèrent dans le bâtiment d'analyse. Devant eux se dressaient d'imposants entassements de machines – récepteurs de données et calculateurs chargés d'étudier puis de restructurer les informations qui leur parvenaient. Derrière elles se tenait les trois mutants qui disparaissaient presque dans un fouillis de câbles.

Philip K. Dick, *Rapport minoritaire et autres récits*, 1956, traduit de l'anglais par un collectif de traducteurs et révisé par Hélène Collon, © Éditions Denoël, 2006.

1. Inspecteur qui contrôle le fonctionnement de Précrime. 2. Nom donné aux humains modifiés capables de prédire si un crime va être commis et par qui. 3. Réflexion abstraite.

Enki Bilal, *Bug*, tome 1, Casterman, 2017, avec l'aimable atorisation de l'auteur et des Éditions Casterman.

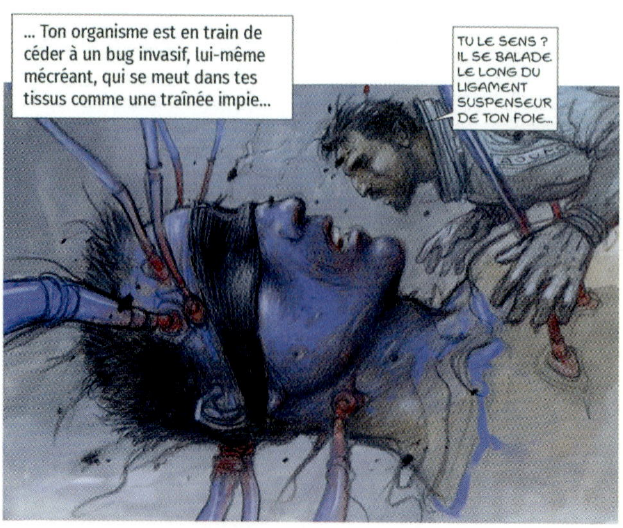

Questions

1. Étudiez les passages de description. Quelle perception vous donnent-ils de ce lieu ?
2. En vous appuyant sur l'analyse du champ lexical de la justice, expliquez sur quelle conception de la justice se construit l'unité Précrime.

4/5 Celle dont on ne peut pas dire le nom…

La république de Gilead, fondée par des fanatiques religieux, a réduit au rang d'esclaves sexuelles les femmes fertiles. Defred, « servante écarlate » parmi d'autres, est au service de son commandant et de son épouse, Serena Joy. Elle lutte pour ne pas oublier le temps d'avant.

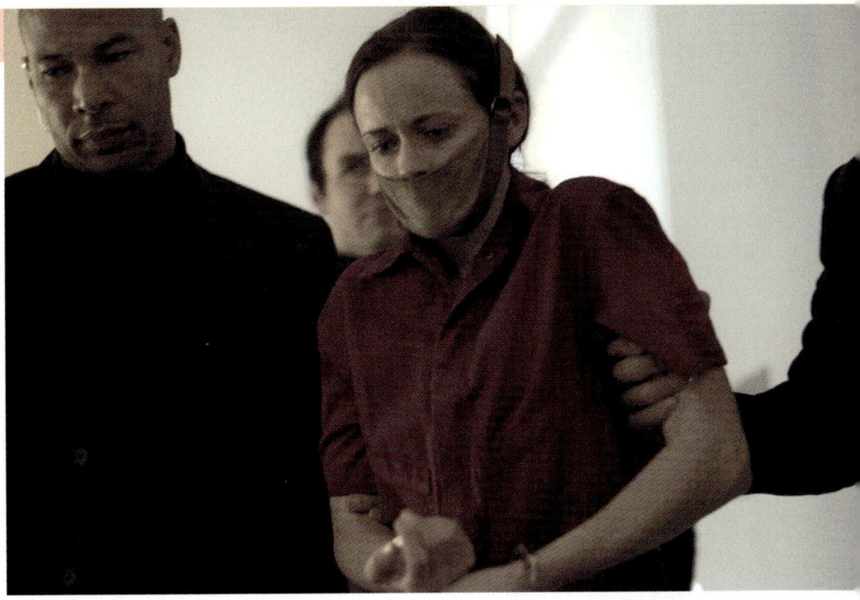

Photogramme de la saison 1 de la série *La servante écarlate*, 2017.

Serena Joy en a assez des informations. Avec impatience elle appuie sur le bouton pour changer de chaîne, tombe sur un baryton-basse[1] vieillissant, les joues pareilles à des pis vidés. Il chante *Murmures d'espoir*. Serena le coupe.

Nous attendons, la pendule du vestibule tictaque, Serena allume une autre cigarette, je monte dans la voiture. C'est un samedi matin, c'est septembre, nous avons encore une voiture. D'autres gens ont dû vendre la leur. Je ne m'appelle pas Defred, j'ai un autre nom, dont personne ne se sert maintenant parce que c'est interdit. Je me dis que ça n'a pas d'importance, un prénom, c'est comme son propre numéro de téléphone, cela ne sert qu'aux autres. Mais ce que je me dis est faux, cela a de l'importance. Je garde le savoir de ce nom comme quelque chose de caché, un trésor que je reviendrai déterrer, un jour. Je pense à ce nom comme à quelque chose qui serait enfoui. Ce nom a une aura, comme une amulette, un talisman qui a survécu à un passé si lointain qu'on ne peut l'imaginer. Je suis allongée dans mon lit à une place la nuit, les yeux fermés, et ce nom flotte derrière mes paupières, légèrement hors d'atteinte, resplendissant dans le noir.

C'est un samedi matin de septembre, je porte mon nom resplendissant. La petite fille qui est morte à présent est assise sur le siège arrière, avec ses deux plus belles poupées, et son lapin en peluche, galeux de vieillesse et d'amour. Je connais tous les détails. Ce sont des détails sentimentaux, mais je n'y peux rien. Pourtant, je ne peux pas trop penser au lapin, je ne peux pas me mettre à pleurer ici sur le tapis de Chine, en aspirant la fumée qui a passé par le corps de Serena. Pas ici, pas maintenant, je pourrai faire cela plus tard.

Margaret Atwood, *La servante écarlate*, 1987, traduit de l'anglais par Sylviane Rué, © Éditions Robert Laffont, 2019.

1. Type de voix masculine.

Vidéo

Retrouvez la bande-annonce de *La servante écarlate* sur LLS.fr/FTPServante

Margaret Atwood

Née en 1939

Auteure canadienne, ces livres les plus connus sont des romans d'anticipation, comme *La servante écarlate* dans lequel elle dénonce les méfaits du patriarcat et met en garde contre un possible retour en arrière des droits des femmes.

Questions

1. Relevez et analysez le champ lexical associé au nom de la narratrice. Qu'en déduisez-vous sur sa situation ?
2. Étudiez l'expression du temps (indices de temps, valeurs des temps, compléments circonstanciels de temps…) dans cet extrait. Quel est l'effet produit ?
3. Quel(s) lien(s) pouvez-vous faire entre cet extrait et l'image de la série ?

En quoi la création d'un monde nouveau interroge-t-elle le réel et les possibles ?

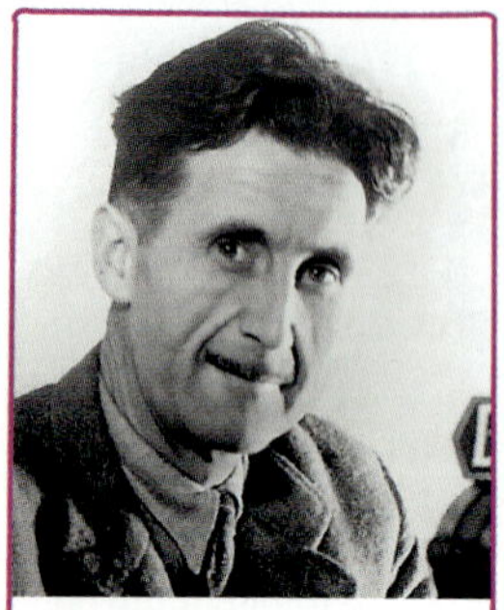

George Orwell

1903-1950

Journaliste, écrivain et militant engagé, il est un témoin de son époque luttant à la fois contre l'impérialisme, le fascisme et le capitalisme. Son roman le plus célèbre est *1984*, fable glaçante sur le totalitarisme.

5/5 Quand les mots manquent

1984 est une dystopie. Le roman décrit une société totalitaire qui a pris le contrôle de tout, y compris du langage. Pour mieux contrôler les populations, un nouveau système de langage est imposé : la « novlangue » dont voici quelques principes.

Des noms des organisations, des groupes de gens, des doctrines, des pays, des institutions, des édifices publics, étaient toujours abrégés en une forme familière, c'est-à-dire en un seul mot qui pouvait facilement se prononcer et dans lequel l'étymologie était gardée par un minimum de syllabes. Ces abréviations n'avaient pas seulement pour but d'économiser le temps. Même dans les premières décennies du XXe siècle, les mots et phrases télescopés avaient été l'un des traits caractéristiques de la langue politique, et l'on avait remarqué que, bien qu'universelle, la tendance à employer de telles abréviations était plus marquée dans les organisations et dans les pays totalitaires. Ainsi les mots : Gestapo, Comintern, Imprecorr, Agitprop. Mais cette habitude, au début, avait été adoptée telle qu'elle se présentait, instinctivement. En novlangue, on l'adoptait dans un dessein conscient.

On remarqua qu'en abrégeant ainsi un mot, on restreignait et changeait subtilement sa signification, car on lui enlevait les associations qui, autrement, y étaient attachées. Les mots « communisme international », par exemple, évoquaient une image composite : Universelle fraternité humaine, drapeaux rouges, barricades, Karl Marx, Commune de Paris, tandis que le mot « Comintern » suggérait simplement une organisation étroite et un corps de doctrine bien défini. Il se référait à un objet presque aussi reconnaissable et limité dans son usage qu'une chaise ou une table. *Comintern* est un mot qui peut être prononcé presque sans réfléchir tandis que *Communisme International* est une phrase sur laquelle on est obligé de s'attarder, au moins momentanément. […]

Mis à part la précision du sens, l'euphonie, en novlangue, dominait toute autre considération. Les règles de grammaire lui étaient toujours sacrifiées quand c'était nécessaire. Et c'était à juste titre, puisque ce que l'on voulait obtenir, surtout pour des fins politiques, c'étaient des mots abrégés et courts, d'un sens précis, qui pouvaient être rapidement prononcés et éveillaient le minimum d'écho dans l'esprit de celui qui parlait.

George Orwell, *1984*, 1949, traduit de l'anglais par Josée Kamoun, © Éditions Gallimard, 2020.

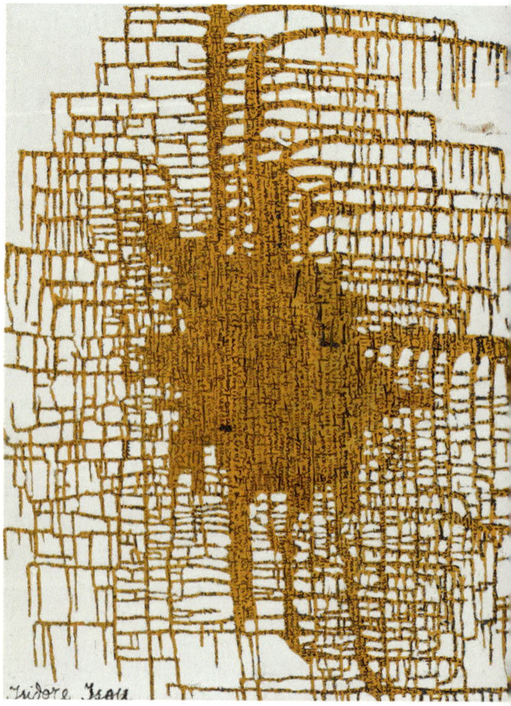

Isidore Isou, *Réseau centré M67*, 1961, huile sur toile, 73 x 60 cm, Centre national d'art et de culture Georges Pompidou, Paris.

Questions

1. Analysez les actions des dirigeants sur la langue. Qu'en pensez-vous ?
2. Pourquoi peut-on dire que la novlangue traduit la manière dont les dirigeants de la société décrite pensent le monde ?

Écrire une utopie ou une dystopie

Mission : Vous allez rédiger une nouvelle utopique ou dystopique de façon collaborative. Votre récit devra respecter les conventions du genre.
À vos plumes, jeunes talents !
Lundi matin, vous entrez au lycée, il règne une ambiance étrange. Vous comprenez que pendant la nuit, une distorsion temporelle vous a transporté dans une autre dimension. Racontez.

Couverture du n° 270 de *Fiction*, juin 1976.

La méthode pas à pas

ÉTAPE 1 Travailler le sujet

Individuellement, choisissez entre utopie et dystopie.

Faites le plein d'idées : les locaux ont-ils changé ? Les vêtements des lycéens sont-ils étranges ? Etc.

Définissez les conditions et les contraintes nécessaires à l'invention d'une dystopie ou d'une utopie. Pour cela, reprenez les textes du corpus et faites la liste des éléments qui font de ces textes des utopies ou des dystopies.

Choisissez ce qui vous semble intéressant pour votre sujet.

ÉTAPE 2 Planifier l'écriture

En groupe, échangez sur vos trouvailles. Déterminez qui est le narrateur et qui sont les personnages.

Établissez le plan de votre nouvelle : quelle est la situation initiale ? Combien d'aventures ou de découvertes contiendra-t-elle ? Comment l'histoire se termine-t-elle ?

Répartissez-vous l'écriture des différentes étapes ou des différentes séquences.

ÉTAPE 3 Écrire le premier jet

Individuellement, écrivez votre partie.

ÉTAPE 4 Mettre en commun et corriger

Faites une lecture à haute voix de la nouvelle ainsi obtenue et harmonisez les différents textes entre eux.

Corrigez la nouvelle.

Vous pouvez maintenant partager votre nouvelle avec la classe !

Boite à outils

- Revoyez les définitions utopies / dystopies ► p. 14
- **Rappel.** Un cadre futuriste, une thèse défendue et l'appui sur une technologie sont attendus.
- Revoir les temps du récit sur LLS.fr/FTPRecit

Critères de réussite

Travailler en groupe
☒ *Je fais des propositions dans le groupe pour améliorer le texte.*

Prendre en compte les caractéristiques du genre
☒ *J'inclus des éléments caractéristiques d'une utopie ou d'une dystopie.*

Cohérence textuelle
☒ *J'harmonise les différentes parties entre elles.*
☒ *Je respecte les règles d'orthographe.*

→ Autoévaluez-vous sur LLS.fr/FTPP21

En quoi les mythes parlent-ils de nous et de notre société ?

Paul Ricœur

1913-2005

Philosophe engagé, il enseigne au collège, puis à l'université. Ses œuvres présentent une réflexion sur le temps, un questionnement sur le « sujet », sur l'Histoire, sur la mémoire et l'oubli.

1/5 De quoi le mythe est-il le nom ?

Dans ses différents ouvrages, Paul Ricœur interroge la notion de mythe. Il y observe les différents aspects contenus dans les mythes et la façon dont ils sont traités par différentes écoles de pensée. Voici le fruit de ses réflexions.

D'hier à aujourd'hui

On entendra ici par mythe ce que l'histoire des religions y discerne aujourd'hui : non point une fausse explication par le moyen d'images et de fables, mais un récit traditionnel, portant sur des événements arrivés à l'origine des temps et destiné à fonder l'action rituelle des hommes d'aujourd'hui et de manière générale à instituer toutes les formes d'action et de pensée par lesquelles l'homme se comprend lui-même dans son monde. Pour nous, modernes, le mythe est seulement mythe parce que nous ne pouvons plus relier ce temps à celui de l'histoire telle que nous l'écrivons selon la méthode critique, ni non plus rattacher les lieux du mythe à l'espace de notre géographie : c'est pourquoi le mythe ne peut plus être explication ; exclure son intention étiologique[1], c'est le thème de toute nécessaire démythologisation.

Mais en perdant ses prétentions explicatives le mythe révèle sa portée exploratoire et compréhensive, ce que nous appellerons plus loin sa fonction symbolique, c'est-à-dire son pouvoir de découvrir, de dévoiler le lien de l'homme à son sacré. Aussi paradoxal qu'il paraisse, le mythe, ainsi démythologisé au contact de l'histoire scientifique et élevé à la dignité de symbole, est une dimension de la pensée moderne.

Paul Ricoeur, *Philosophie de la volonté, Le volontaire et l'involontaire*, tome 1, 1949, © Éditions du Seuil, 2017.

Mythe et sagesse

En ce sens, ont peut dire que les mythes d'origine ont eux-mêmes une dimension sapientale[2], car comprendre comment les choses ont commencé, c'est savoir ce qu'elles signifient maintenant et quel futur elles continuent d'ouvrir [...] Aussi la sagesse introduit-elle au cœur du mythe la puissance de la question : pourquoi la vie n'est-elle pas seulement bénédiction mais également malédiction. Pourquoi n'y a-t-il pas le jardin mais la steppe ? Pourquoi pas le loisir, mais le travail ? Pourquoi pas une nature amicale, mais des animaux sauvages ? Pourquoi pas seulement l'amour mais aussi la douleur de l'enfantement ? Pourquoi pas la beauté du corps sans vêtement, mais la honte et la pudeur ? Pourquoi pas des lois qui donnent la vie, mais des lois qui engendrent la transgression ? Pourquoi pas la joie de vivre, mais la marche vers la poussière ? En répondant à ces questions, en offrant un monde signifiant de l'expérience humaine, le mythe développe une sagesse pour la vie.

Paul Ricoeur, *Anthropologie philosophique, Écrits et conférences*, tome 3, 1939, © Éditions du Seuil, 2013.

1. Relatif à la recherche des causes 2. Relatif à la sagesse.

Vidéo

Retrouvez une interview de Claude Lévi-Strauss définissant les mythes sur LLS.fr/FTPMythes

Questions

1. Résumez avec vos propres mots les textes de Ricœur. ► Méthode p. 159
2. Pour conclure, qu'est-ce qu'un mythe selon vous ?

2/5 Homo narratus

Dans cet essai, Nancy Huston fait la démonstration que tous les humains sont des êtres de fiction. L'Homme a besoin de donner du sens à sa vie. Insérer ses ressentis dans un récit, en faire une histoire, c'est donner du sens, c'est inventer le monde dans lequel nous vivons.

Jef Aérosol, *La Petite Liseuse*, 2014, pochoir, spray et acrylique.

Jef Aérosol est un graffeur français que l'on reconnait à une petite flèche rouge qui vient interroger le passant sur chacune de ses œuvres… Trouvez-la !

Où est le réel humain ? Dans les fictions qui le constituent.

Personne n'est responsable de ces fictions ; elles ne sont pas l'effet d'un complot des puissants contre les impuissants ; personne n'a pris la décision de les élaborer. Elles imprègnent notre monde de part en part. […]

Quand je dis fictions, je dis réalités humaines, donc construites.

J'en vis aussi, comme tout le monde.

Les Huns, les Mongols, les nazis, les membres du NKVD[1] – barbares du Nord et du Sud, d'hier et d'aujourd'hui – étaient fermement convaincus de vivre dans le réel, alors que leur tête bourdonnait de mythes (historiques, biologiques, scientifiques) pour rationaliser, justifier et glorifier leurs déprédations, leurs massacres, leurs spoliations, leurs bains de sang.

Les gens qui se croient dans le réel sont les plus ignorants, et cette ignorance est potentiellement meurtrière.

Pour nous autres humains, la fiction est aussi réelle que le sol sur lequel nous marchons. Elle *est* ce sol. Notre soutien dans le monde.

Aucun groupement humain n'a jamais été découvert circulant tranquillement dans le réel à la manière des autres animaux : sans religion, sans tabou, sans rituel, sans généalogie, sans contes, sans magie, sans histoires, sans recours à l'imaginaire, c'est-à-dire sans fictions.

Élaborées au long des siècles, ces fictions deviennent, par la foi que nous mettons en elles, notre réalité la plus précieuse et la plus irrécusable[2]. Bien que toutes tissées d'imaginaire, elles engendrent un *deuxième niveau de réalité*, la réalité humaine, universelle sous ses avatars si dissemblables dans l'espace et dans le temps.

Entée[3] sur ces fictions, constituée par elles, la conscience humaine est une machine fabuleuse… et *intrinsèquement fabulatrice*.

Nous sommes l'espèce fabulatrice.

Nancy Huston, *L'Espèce fabulatrice*, © Éditions Actes Sud, 2008.

1. Organisme de contrôle de la population en URSS. 2. Qui ne peut être contestée. 3. Greffée à quelque chose.

Nancy Huston

Née en 1953

Romancière et essayiste canadienne vivant depuis de nombreuses années en France.
Elle est connue pour ses prises de position féministes.

Questions

1. D'après l'auteure, pourquoi sommes-nous « l'espèce fabulatrice » ? Partagez-vous son point de vue ? Appuyez-vous sur les arguments avancés par l'auteure pour justifier votre réponse.
2. Repérez les accumulations. Quel effet produisent-elles ?
3. Quels liens faites-vous entre cet extrait et le graff de Jef Aérosol ?

En quoi les mythes parlent-ils de nous et de notre société ?

3/5 Ulysse comme un miroir

Dans une tribune pour *Le Monde*, Romain Graziani défend l'étude des lettres classiques qui, selon lui, nous aident à comprendre la société dans laquelle nous vivons : il y a beaucoup à apprendre de l'*Odyssée* en matière d'accueil des étrangers et des réfugiés.

Romain Graziani

Né en 1971

Professeur en études chinoises à l'École normale supérieure (ENS) de Lyon. Il écrit ici une tribune pour le journal *Le Monde*.

Qui se souvient de l'infortune et de la longue errance de cet homme qui a survécu à dix années de guerre, d'un homme qui a vu périr tous ses compagnons, qui a tout perdu, jusqu'à ses habits, et n'aspire qu'à la paix du foyer parmi les siens ? Malheureux qui comme Ulysse… car ce fut tout pour lui sauf un « *beau voyage* ». Au cinquième chant de l'*Odyssée*, Ulysse vient d'échouer sur les rivages des Phéaciens. Il est nu, épuisé, sale, aphone, meurtri par la mer et les rochers qui lui ont arraché la peau des mains. Il s'endort accablé d'épuisement sous un amas de feuilles tout en craignant de finir « *en proie et en pâture des bêtes sauvages* ». Le matin venu il n'ose se signaler que de loin aux jeunes filles qu'il rencontre sur le rivage, tant il a honte de son apparence, « *tuméfié, raviné par le sel de la* mer ». Mais la belle Nausicaa aux bras blancs, qu'il implore à distance en contant son infortune, se fait fort de le conduire au palais de son père, le roi Alcinoos, malgré l'apparence hideuse, hirsute et menaçante que présente cet étranger.

Ulysse lui demandait simplement : « *Montrez-moi le chemin de la ville, et donnez-moi quelques lambeaux pour me couvrir* ». Et Nausicaa de lui répondre : « *ce que Zeus vous envoie, il vous faut le supporter ; mais aujourd'hui, puisque vous abordez dans notre patrie, vous ne manquerez point de vêtements, ni de tous les secours que l'on doit au suppliant qui se présente à nous.* » Puis de tancer ses servantes : « *Arrêtez, ô mes compagnes, pourquoi détalez-vous à la vue de cet étranger ?* […] *Après avoir longtemps erré sur les flots, cet infortuné touche enfin à ce rivage, et maintenant nous devons en prendre soin* […] *mes compagnes, offrez donc à cet étranger de quoi se nourrir et se désaltérer.* » Lavé, parfumé, paré de beaux habits, le réfugié sale et hideux rayonne, répand un charme inattendu. Il a recouvré sa prestance, mais avant tout son humanité (avec, force est de reconnaître, un sacré coup de pouce d'Athéna, la déesse qui le protège, qui le fait paraître plus beau et plus grand).

Ce qui fait passer Ulysse de l'état d'épave humaine, de débris repoussant, honteux de son corps, à ce splendide individu abordant à nouveau ses semblables avec confiance et dignité, ce n'est pas tant la magie d'une déesse bienveillante que la vertu de ces « lois sacrées de l'hospitalité ».

Romain Graziani, « Migrants : écoutons la leçon d'Ulysse », article publié dans *Le Monde*, le 09 septembre 2015.

Ulysse et les Sirènes (détail), vase attique à figures rouges, vers 480-470 av. J.-C.

Numérique

Retrouvez une exposition de la BnF sur Ulysse sur **LLS.fr/FTPUlysse**

Vidéo

Retrouvez le court métrage *Laszlo* sur la question des migrants sur **LLS.fr/FTPLaszlo**

Question

En quoi Ulysse est-il un symbole pour l'auteur ? Qu'en pensez-vous ?

4/5 Traduire, est-ce trahir ?

Richard Molteni rêve de devenir écrivain mais accepte d'écrire des scénarios de films à succès pour Battista, un réalisateur, et Rheingold, un producteur. Il s'interroge sur les difficultés d'adaptation d'un texte au cinéma.

Ulysse 31 est une série télévisée d'animation franco-japonaise diffusée au début des années 1980. Le mythe est transposé au XXXIe siècle.

Déprimé, énervé, perplexe, j'allai dans le salon et cherchai machinalement sur les rayons de la bibliothèque la traduction de l'*Odyssée* par Pindemonte[1]. Puis je m'assis devant mon bureau, plaçai une feuille de papier sur la machine à écrire et, après avoir allumé une cigarette, m'apprêtai à commencer mon résumé. Je pensais que le travail calmerait mon anxiété ou tout au moins me la ferait momentanément oublier ; j'avais d'autres fois expérimenté ce remède. J'ouvris donc le volume et lus lentement tout le premier chant. Puis, en haut de la page, je tapai le titre : *Épitomé*[2] *de l'Odyssée* et un espace en dessous je commençai : « Depuis quelque temps déjà la guerre de Troie est finie. Tous les héros grecs qui y ont participé sont désormais retournés chez eux. Tous sauf Ulysse qui est demeuré loin de son île et des siens. » Parvenu à ce point, un doute me vint sur l'opportunité d'introduire dans mon abrégé le conseil des dieux durant lequel se discute justement le retour d'Ulysse à Ithaque ; pour y réfléchir, je laissai mon travail en suspens. Cette assemblée des dieux était importante, car elle introduisait dans le poème la notion de fatalité et de la vanité en même temps que de la noblesse et de l'héroïsme des efforts humains. Supprimer cette assemblée signifiait annuler le côté surnaturel du poème, éliminer toute intervention divine, supprimer la présence si aimable et poétique des diverses divinités. [...] Puis tout à coup, comme une bulle d'air vient à affleurer la surface immobile d'un étang, cette pensée me vint à l'esprit : « Maintenant il va falloir que j'estropie l'*Odyssée* à la manière habituelle des réductions cinématographiques... et une fois le manuscrit terminé, ce volume ira dans ma bibliothèque retrouver tous ceux qui m'ont déjà servi pour d'autres scénarios... et dans quelques années, en recherchant un autre livre à massacrer pour un autre film, je reverrai celui-ci et me dirai : tiens, je faisais alors le scénario de l'*Odyssée* avec Rheingold... et ce travail a été fait en pure perte... Après avoir parlé chaque jour, matin et soir, pendant des mois, d'Ulysse et de Pénélope, des Cyclopes, de Circé, des Sirènes, le film ne fut pas fait, faute... faute d'argent. »

Alberto Moravia, *Le Mépris*, 1954, traduit de l'italien par Claude Poncet, © Éditions Flammarion, 2002.

1. Traducteur italien. 2. Résumé.

Alberto Moravia

1907-1990

Alberto Moravia est le pseudonyme d'Alberto Pincherle, romancier italien.

Nombre de ses œuvres ont été adaptées au cinéma. C'est le cas du roman *Le Mépris* qui fut adapté en 1964 par le réalisateur français Jean-Luc Godard.

Questions

1. Selon vous, comment le narrateur perçoit-il la réécriture de l'*Odyssée* ? Vous expliquerez votre réponse en vous appuyant deux procédés d'écriture de votre choix.
2. Étudiez l'emploi des guillemets dans cet extrait. Comment éclaire-t-il le sens du texte ?

En quoi les mythes parlent-ils de nous et de notre société ?

Derek Walcott

1930-2017

Poète et dramaturge anglophone, né et décédé à Sainte-Lucie (Antilles). Voyageur et amoureux de la littérature, son œuvre est marquée par le multiculturalisme : il y fait se rencontrer l'héritage littéraire européen et la culture antillaise.

Vidéo

Retrouvez une vidéo sur le glossaire glissantien sur LLS.fr/FTPGlissant

5/5 Le Schooner *Flight*

Derek Walcott a transposé les poèmes antiques, notamment l'*Odyssée*, en les métissant à sa propre culture. Son poème, le Schooner *Flight*, reprend le découpage des voyages d'Ulysse pour mieux nous parler de l'identité caribéenne.

Adios carenage

Si l'amour de ces îles doit être mon lot
loin de la corruption mon âme s'envole.
Mais ils avaient commencé à m'empoisonner l'âme
avec leur grosse maison, grosse bagnole et bohbohl,
couli[1], négro, Syrien et Français créole,
alors je le leur laisse, à eux et leur carnaval –
je m'fais un plongeon dans la mer, et puis en route.
Je connais ces îles de Monos à Nassau,
matelot au crâne rouille et aux yeux glauques
on m'appelle Chabin[2], le surnom en patois
de tous les nègres rouges, et moi, Chabin, j'ai vu
ces taudis de l'empire quand ils étaient un paradis.
Je ne suis qu'un nègre rouge qui aime la mer,
j'ai reçu une solide éducation coloniale,
j'ai du Hollandais en moi, du nègre, et de l'Anglais,
et soit je ne suis personne, soit je suis une nation [...]

Pendant mon travail, regardant les vagues pourrissantes
s'écarter à la proue qui découpe la mer comme soie,
je vous jure à tous, par le lait de ma mère,
par les étoiles qui jailliront du fourneau de la nuit,
que je les aimais mes enfants, ma femme, mon foyer ;
je les aimais, comme les poètes aiment la poésie
qui les tue, comme aiment la mer les marins noyés.

Avez-vous jamais, levant les yeux d'une grève isolée,
aperçu un schooner[3] au loin ? Eh bien, quand j'écrirai
ce poème, chaque phrase sera trempée de sel ;
je tirerai et nouerai chaque vers aussi serré
que les cordes de ce gréement ; en discours simple
mon langage ordinaire sera le vent,
mes pages les voiles du schooner *Flight*.
Mais laissez-moi vous conter le commencement.

Derek Walcott, « Le Schooner Flight » in *Le Royaume du fruit étoile*, 1979, traduit de l'anglais par Claire Malroux, © Éditions Circé, 1992.

1. Mot créole pour désigner les Indiens 2. Mot créole pour désigner un métis à la peau claire. 3. Goélette.

Questions

1. À quoi reconnaissez-vous l'histoire d'Ulysse dans ce poème ? Quel sens prend le mythe ici ?
2. Repérez une comparaison et une métaphore. Expliquez-les et commentez les effets qu'elles produisent.

Boxe avec les mots !

Les mythes : une histoire du passé ou une leçon pour aujourd'hui ?

Mission : Voici la question sur laquelle vous allez vous affronter ! Que la force soit avec vous.

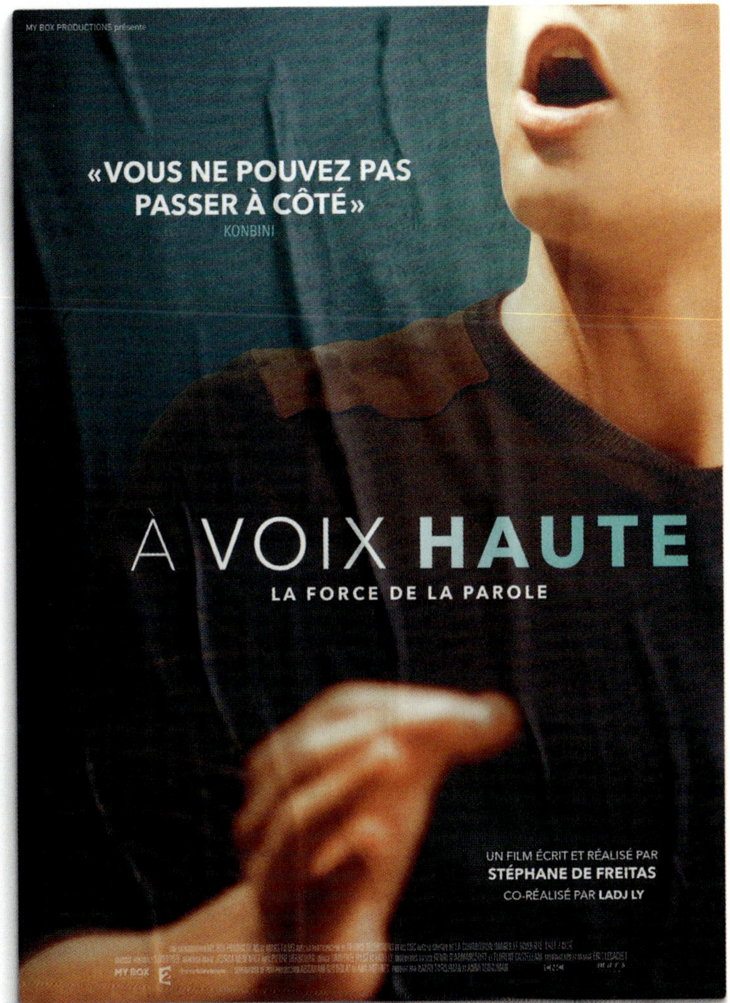

Affiche du film de Stéphane de Freitas, *À voix haute*, 2016.

La méthode pas à pas

ÉTAPE 1 Se répartir le travail

Constituez une équipe de six. À l'intérieur de cette équipe, répartissez-vous la tâche : trois équipiers travaillent sur les mythes comme leçon pour aujourd'hui (thèse), les autres sur l'idée que les mythes appartiennent au passé (antithèse).

ÉTAPE 2 Chercher des arguments et des exemples

En trinôme, reprenez votre cours et feuilletez votre manuel pour trouver des éléments de réponse.

Faites le point sur vos connaissances : avez-vous d'autres exemples ?

ÉTAPE 3 Organiser l'oral

Choisissez la manière de présenter votre débat et répartissez-vous les rôles : prenez-vous la parole chacun votre tour ? Avez-vous un arbitre pour distribuer la parole ?

Vous pouvez présenter votre travail à la classe !

Boite à outils

- Retrouvez un concours d'éloquence sur LLS.fr/FTPEloquence
- Visionnez une battle de rap sur LLS.fr/FTPBattle

Critères de réussite

Travailler en groupe

☒ *Je participe au travail du groupe.*

Utiliser les outils de l'argumentation

☒ *Je trouve des arguments et des exemples.*

Être capable de rendre compte d'un travail à l'oral

☒ *Je participe au débat.*

→ Autoévaluez-vous sur LLS.fr/FTPP27

Comment la littérature bouscule-t-elle le lecteur ?

Albert Camus

1913-1960

Écrivain français engagé, né en Algérie. Il intègre la Résistance en 1940. Il est un auteur majeur de la philosophie de l'absurde, à travers des œuvres qui constituent le « Cycle de l'absurde » (*Le Mythe de Sisyphe*, *L'Étranger* et *Caligula*).

1/5 Le rocher de l'Homme

Pour avoir osé défier les dieux, Sisyphe est condamné à faire rouler un rocher vers le haut d'une colline pour l'éternité. Dans cet essai philosophique, Albert Camus utilise la figure mythologique de Sisyphe pour définir l'absurde.

Si ce mythe est tragique, c'est que son héros est conscient. Où serait en effet sa peine, si à chaque pas l'espoir de réussir le soutenait ? L'ouvrier d'aujourd'hui travaille, tous les jours de sa vie, aux mêmes tâches et ce destin n'est pas moins absurde. Mais il n'est tragique qu'aux rares moments où il devient conscient. Sisyphe, prolétaire des dieux, impuissant et révolté, connaît toute l'étendue de sa misérable condition : c'est à elle qu'il pense pendant sa descente. La clairvoyance qui devait faire son tourment consomme du même coup sa victoire. Il n'est pas de destin qui ne se surmonte par le mépris. [...]

On ne découvre pas l'absurde sans être tenté d'écrire quelque manuel du bonheur. « Eh ! quoi, par des voies si étroites... ? » Mais il n'y a qu'un monde. Le bonheur et l'absurde sont deux fils de la même terre. Ils sont inséparables. L'erreur serait de dire que le bonheur naît forcément de la découverte absurde. Il arrive aussi bien que le sentiment de l'absurde naisse du bonheur. « Je juge que tout est bien », dit Œdipe, et cette parole est sacrée. Elle retentit dans l'univers farouche et limité de l'homme. Elle enseigne que tout n'est pas, n'a pas été épuisé. Elle chasse de ce monde un dieu qui y était entré avec l'insatisfaction et le goût des douleurs inutiles. Elle fait du destin une affaire d'homme, qui doit être réglée entre les hommes. Toute la joie silencieuse de Sisyphe est là. Son destin lui appartient. Son rocher est sa chose. De même, l'homme absurde, quand il contemple son tourment, fait taire toutes les idoles. Dans l'univers soudain rendu à son silence, les mille petites voix émerveillées de la terre s'élèvent. Appels inconscients et secrets, invitations de tous les visages, ils sont l'envers nécessaire et le prix de la victoire. Il n'y a pas de soleil sans ombre, et il faut connaître la nuit. L'homme absurde dit oui et son effort n'aura plus de cesse. S'il y a un destin personnel, il n'y a point de destinée supérieure ou du moins il n'en est qu'une dont il juge qu'elle est fatale et méprisable. Pour le reste, il se sait le maître de ses jours. À cet instant subtil où l'homme se retourne sur sa vie, Sisyphe, revenant vers son rocher, contemple cette suite d'actions sans lien qui devient son destin, créé par lui, uni sous le regard de sa mémoire et bientôt scellé par sa mort. Ainsi, persuadé de l'origine tout humaine de tout ce qui est humain, aveugle qui désire voir et qui sait que la nuit n'a pas de fin, il est toujours en marche. Le rocher roule encore.

Albert Camus, *Le Mythe de Sisyphe*, 1942, © Éditions Gallimard, 1990.

Franz von Stuck, *Sisyphe*, 1920, peinture à l'huile, 103 x 89 cm, galerie Ritthaler, Hambourg, Allemagne.

Questions

1. Relevez et analysez ce qui relève de la conscience (champ lexical, expressions, métaphores). Quel sens cela donne-t-il à cet extrait ?
2. Quel lien Camus établit-il entre l'absurde et le bonheur ?
3. À partir des réponses précédentes, formulez une définition de l'absurde.

2/5 Un procès absurde

Pour Camus, la vie des hommes n'a pas de sens rationnel. Cette « absurdité » est le thème du roman *L'Étranger*. Meursault, le personnage principal, expérimente lors de son procès pour meurtre la volonté de la société de donner du sens à ce qui n'en a pas.

Extrait de la bande dessinée de Jacques Ferrandez, *L'Étranger*, d'après l'œuvre de Camus., © Éditions Gallimard, 2013

Même sur un banc d'accusé, il est toujours intéressant d'entendre parler de soi. Pendant les plaidoiries du procureur et de mon avocat, je peux dire qu'on a beaucoup parlé de moi et peut-être plus de moi que de mon crime. Étaient-elles si différentes, d'ailleurs, ces plaidoiries ? L'avocat levait les bras et plaidait coupable, mais avec excuses. Le procureur tendait les mains et dénonçait la culpabilité, mais sans excuses. Une chose pourtant me gênait vaguement. Malgré mes préoccupations, j'étais parfois tenté d'intervenir et mon avocat me disait alors : « Taisez-vous, cela vaut mieux pour votre affaire. » En quelque sorte, on avait l'air de traiter cette affaire en dehors de moi. Tout se déroulait sans mon intervention. Mon sort se déroulait sans qu'on prenne mon avis. De temps en temps, j'avais envie d'interrompre tout le monde et de dire : « Mais tout de même, qui est l'accusé ? C'est important d'être l'accusé. Et j'ai quelque chose à dire. » Mais réflexion faite, je n'avais rien à dire. D'ailleurs, je dois reconnaître que l'intérêt qu'on trouve à occuper les gens ne dure pas longtemps. Par exemple, la plaidoirie du procureur m'a très vite lassé. Ce sont seulement des fragments, des gestes ou des tirades entières, mais détachées de l'ensemble, qui m'ont frappé ou ont éveillé mon intérêt. Le fond de sa pensée, si j'ai bien compris, c'est que j'avais prémédité mon crime. Du moins, il a essayé de le démontrer. Comme il le disait lui-même : « J'en ferai la preuve, messieurs, et je la ferai doublement. Sous l'aveuglante clarté des faits d'abord et ensuite dans l'éclairage sombre que me fournira la psychologie de cette âme criminelle. » Il a résumé les faits à partir de la mort de maman. [...] « Et voilà, messieurs, a dit l'avocat général. J'ai retracé devant vous le fil d'événements qui a conduit cet homme à tuer en pleine connaissance de cause. Car il ne s'agit pas d'un assassinat ordinaire, d'un acte irréfléchi que vous pourriez estimer atténué par les circonstances. Cet homme, messieurs, cet homme est intelligent. » Moi j'écoutais et je comprenais que l'on me jugeait intelligent. Mais je ne comprenais pas bien comment les qualités d'un homme ordinaire pouvaient devenir des charges écrasantes contre un coupable.

Albert Camus, *L'Étranger*, 1942, © Éditions Gallimard, 2005.

Questions

4. Quelle est la focalisation de cet extrait ? Comment éclaire-t-elle le sens du texte ?
5. Dans quel état d'esprit se trouve Meursault, le narrateur ? Justifiez votre réponse en étudiant, par exemple, la modalisation et les marqueurs du temps. ► **Langue** p. 164
6. Selon vous, les vignettes de bande dessinée rendent-elles compte de l'extrait ? Pourquoi ?

Comment la littérature bouscule-t-elle le lecteur ?

3/5 Face à la mort

Caligula est un empereur romain qui régna de 37 à 41 après J.-C.. Il est connu pour sa cruauté et sa folie. Dans la pièce d'Albert Camus, il tente de se substituer au destin en tuant tout le monde autour de lui, provoquant ainsi une révolte. Dans ce monologue, qui est aussi le dénouement de la pièce, il comprend son échec.

Egon Schiele, *Autoportrait en veste orange* (détail), 1913, musée Albertina, Vienne, Autriche.

Il tourne sur lui-même, hagard, va vers le miroir.

CALIGULA[1], *des bruits d'armes* [...] – C'est l'innocence qui prépare son triomphe. Que ne suis-je à leur place ! J'ai peur. Quel dégoût, après avoir méprisé les autres, de se sentir la même lâcheté dans l'âme. Mais cela ne fait rien. La peur non plus ne dure plus. Je vais retrouver ce grand vide où le cœur s'apaise.

Il recule un peu, revient vers le miroir. Il semble plus calme. Il recommence à parler, mais d'une voix plus basse et plus concentrée.

Tout a l'air si compliqué. Tout est si simple pourtant. Si j'avais eu la lune, si l'amour suffisait, tout serait changé. Mais où étancher cette soif ? Quel cœur, quel dieu aurait pour moi la profondeur d'un lac ? (*S'agenouillant et pleurant.*) Rien dans ce monde, ni dans l'autre, qui soit à ma mesure. Je sais pourtant, et tu le sais aussi (*il tend les mains vers le miroir en pleurant*), qu'il suffirait que l'impossible soit. L'impossible ! Je l'ai cherché aux limites du monde, aux confins de moi-même. J'ai tendu mes mains, (*criant* :) je tends mes mains et c'est toi que je rencontre, toujours toi en face de moi, et je suis pour toi plein de haine. Je n'ai pas pris la voie qu'il fallait, je n'aboutis à rien. Ma liberté n'est pas la bonne. Hélicon[2] ! Hélicon ! Rien ! Rien encore. Oh ! Cette nuit est lourde ! Hélicon ne viendra pas : nous serons coupables à jamais ! Cette nuit est lourde comme la douleur humaine.

Des bruits d'armes et des chuchotements s'entendent en coulisse. [...] *Le miroir se brise et, dans le même moment, par toutes les issues, entrent les conjurés en armes. Caligula leur fait face avec un rire fou. Le vieux patricien le frappe dans le dos, Chéréa en pleine figure. Le rire de Caligula se transforme en hoquets. Tous frappent. Dans un dernier hoquet, Caligula, riant et râlant hurle :*

CALIGULA – Je suis encore vivant !

Albert Camus, *Caligula*, Acte IV, scène 14, 1944, © Éditions Gallimard, 1993.

1. Empereur romain qui régna de 37 à 41 après J.-C. 2. Esclave affranchi par Caligula.

Questions

1. Selon vous, comment ce monologue permet-il de comprendre le combat de l'Homme face à son destin ?
2. Étudiez les pronoms personnels dans cet extrait : que vous apprennent-ils sur le personnage de Caligula ?
3. Pensez-vous que l'autoportrait d'Egon Schiele est adapté pour illustrer cet extrait ? Pourquoi ?

4/5 Dire n'est pas penser

Dans cette pièce en deux actes, deux personnages attendent Godot, qui ne vient pas. Durant cette attente, ils croisent Pozzo et Lucky. Pozzo est le maitre de Lucky, qu'il maltraite. Il lui ordonne de penser.

Mise en scène d'Otomar Krejca, Festival d'Avignon, *1978*, avec Rufus (Estragon) et Georges Wilson (Vladimir).

LUCKY (*débit monotone*) – Étant donné l'existence telle qu'elle jaillit des récents travaux publics de Poinçon et Wattmann d'un Dieu personnel quaquaquaqua à barbe blanche quaqua hors du temps de l'étendue qui du haut de sa divine apathie sa divine athambie sa divine aphasie nous aime bien à quelques exceptions près on ne sait pourquoi mais ça viendra et souffre à l'instar de la divine Miranda avec ceux qui sont on ne sait pourquoi mais on a le temps dans le tourment dans les feux dont les feux les flammes pour peu que ça dure encore un peu et qui peut en douter mettront à la fin le feu aux poutres assavoir porteront l'enfer aux nues si bleues par moments encore aujourd'hui et calmes si calmes d'un calme qui pour être intermittent n'en est pas moins le bienvenu mais n'anticipons pas et attendu d'autre part qu'à la suite des recherches inachevées n'anticipons pas des recherches inachevées mais néanmoins couronnées par l'Acacacacadémie d'Anthropopopométrie de Berne-en-Bresse de Testu et Conard il est établi sans autre possibilité d'erreur que celle afférente aux calculs humains qu'à la suite des recherches inachevées inachevées de Testu et Conard il est établi tabli tabli ce qui suit qui suit qui suit assavoir mais n'anticipons pas on ne sait pourquoi à la suite des travaux de Poinçon et Wattmann il apparaît aussi clairement si clairement qu'en vue des labeurs de Fartov et Belcher inachevés inachevés on ne sait pourquoi de Testu et Conard inachevés inachevés il apparaît que l'homme contrairement à l'opinion contraire que l'homme en Bresse de Testu et Conard que l'homme enfin bref [...]. On ne sait pourquoi je reprends au suivant bref enfin hélas au suivant pour les pierres qui peut en douter je reprends mais n'anticipons pas je reprends la tête en même temps parallèlement on ne sait pourquoi malgré le tennis au suivant la barbe les flammes les pleurs les pierres si bleues si calmes hélas la tête la tête la tête la tête en Normandie malgré le tennis les labeurs abandonnés inachevés plus grave les pierres bref je reprends hélas hélas abandonnés inachevés la tête la tête en Normandie malgré le tennis la tête hélas les pierres Conard Conard... (*Mêlée. Lucky pousse encore quelques vociférations.*) Tennis !... Les pierres !... Si calmes !... Conard !... Inachevés !

Samuel Beckett, *En attendant Godot*, © Éditions de Minuit, 1952.

Samuel Beckett

1906-1989

Écrivain irlandais, il écrit en anglais puis en français. Il s'installe à Paris en 1938 jusqu'à sa mort. Son œuvre est imprégnée de l'angoisse de l'Homme face à l'absurdité de son existence.

Questions

1. Selon vous, peut-on considérer cette tirade comme un discours sensé ? Vous vous appuierez notamment sur la syntaxe et l'étude du vocabulaire pour répondre à cette question.
2. Observez la ponctuation : quel aspect du personnage met-elle en valeur ?

Comment la littérature bouscule-t-elle le lecteur ?

Alfred Jarry

1863-1907

Écrivain français.
Au lycée, l'un de ses professeurs lui inspire Ubu, personnage principal de ses pièces de théâtre.
Il influencera plusieurs auteurs du théâtre d'avant-garde du XXe siècle.

5/5 Le roi d'un seul sujet

Poussé par sa femme, la mère Ubu, le père Ubu prend le pouvoir en Pologne après avoir assassiné le roi Venceslas et deux de ses fils. Assis sur le trône, il met en place son programme qui vise son enrichissement personnel…

PÈRE UBU – J'ai l'honneur de vous annoncer que pour enrichir le royaume je vais faire périr tous les Nobles et prendre leurs biens.
NOBLES – Horreur ! à nous, peuple et soldats !
PÈRE UBU – Amenez le premier Noble et passez-moi le crochet à Nobles. Ceux qui seront condamnés à mort, je les passerai dans la trappe, ils tomberont dans les sous-sols du Pince-Porc et de la Chambre-à-sous, où on les décervèlera. (*Au Noble*) Qui es-tu, bouffre ?
LE NOBLE – Comte de Vitepsk.
PÈRE UBU – De combien sont tes revenus ?
LE NOBLE – Trois millions de rixdales.
PÈRE UBU – Condamné ! (*Il le prend avec le crochet et le passe dans le trou.*)
MERE UBU – Quelle basse férocité ! […]
PÈRE UBU – Eh ! je m'enrichis. Je vais faire lire MA liste de MES biens. Greffier, lisez MA liste de MES biens.
LE GREFFIER – Comté de Sandomir.
PÈRE UBU – Commence par les principautés, stupide bougre !
LE GREFFIER – Principauté de Podolie, grand-duché de Posen, duché de Courlande, comté de Sandomir, comté de Vitepsk, palatinat de Polock, margraviat de Thorn.
PÈRE UBU – Et puis après ?
LE GREFFIER – C'est tout.
PÈRE UBU – Comment, c'est tout ! Oh bien alors, en avant les Nobles, et comme je ne finirai pas de m'enrichir je vais faire exécuter tous les Nobles, et ainsi j'aurai tous les biens vacants. Allez, passez les Nobles dans la trappe. (*On empile les Nobles dans la trappe.*) Dépêchez-vous plus vite, je veux faire des lois maintenant.

Alfred Jarry, *Ubu roi*, Acte III, 1896.

Véritable portrait du père Ubu, par Alfred Jarry, 1896.

Question

D'après vous, comment le comique est-il au service de l'absurde dans cet extrait ? Vous vous appuierez notamment sur l'étude du lexique (dénomination des lieux, expressions, etc.).

À vos bavardages !

Mission : Vous allez réaliser et enregistrer un *pecha kucha* (littéralement « bruit du bavardage » en japonais) pour présenter le thème de ce corpus : l'absurde. Faites entendre vos voix !

无 ん	和 わ	良 ら	也 や	末 ま	波 は	奈 な	太 た	左 さ	加 か	安 あ
	爲 ゐ	利 り		美 み	比 ひ	仁 に	知 ち	之 し	機 き	以 い
		留 る	由 ゆ	武 む	不 ふ	奴 ぬ	川 つ	寸 す	久 く	宇 う
	恵 ゑ	礼 れ		女 め	部 へ	祢 ね	天 て	世 せ	計 け	衣 え
	遠 を	呂 ろ	与 よ	毛 も	保 ほ	乃 の	止 と	曽 そ	己 こ	於 お

Hiragana, l'un des « alphabets » japonais.

La méthode pas à pas

ÉTAPE 1 Faire le point sur l'absurde

Récapitulez ce que vous avez appris : que faut-il retenir des textes étudiés ? Qu'est-ce qui vous semble important à mettre en évidence ?

Partagez vos éléments en groupe.

ÉTAPE 2 Planifier le travail

En groupe, répartissez-vous les points à traiter pour obtenir huit diapositives auxquelles vous ajouterez la diapositive de titre et une diapositive de conclusion dans laquelle vous donnerez votre avis sur l'absurde.

ÉTAPE 3 Réaliser le diaporama

Individuellement, créez votre diapositive et le texte qui l'accompagne.

ÉTAPE 4 S'entrainer

En groupe, vous ne pouvez pas dépasser 20 secondes par diapo pour un total de 3 minutes de présentation.

Boite à outils

- Qu'est-ce qu'un *pecha kucha* ? Allez voir sur LLS.fr/FTPPecha
- Ce que doit contenir votre travail :
  - 1 diapositive de titre et 1 de conclusion
  - 3 diapositives comportant uniquement une citation (n'oubliez pas les guillemets !)
  - 3 diapositives comportant uniquement une image (photo, tableau…)
  - 2 diapositives type portrait chinois (ex. « si l'absurde était un animal, ce serait… »)

Critères de réussite

Synthétiser les connaissances
- ☒ *Je fais le point sur l'absurde.*
- ☒ *Je réduis les éléments importants à huit.*

Rendre compte
- ☒ *Je crée une diapositive par idée.*

S'exprimer à l'oral
- ☒ *Je m'exprime avec fluidité.*

→ Autoévaluez-vous sur LLS.fr/FTPP33

Qu'apportent la science et la technique à la compréhension de la condition humaine ?

Hannah Arendt

1906-1975

Issue d'une famille juive, elle quitte l'Allemagne nazie en 1933 pour s'installer en France jusqu'en 1940, puis elle émigre aux États-Unis. Dans son œuvre, sa réflexion porte sur la condition humaine, la culture et le concept de totalitarisme.

1/5 La mécanique humaine

Dans cet essai, Hannah Arendt réfléchit à la condition humaine à la lumière de la modernité. Elle s'interroge ici sur les avancées technologiques et plus particulièrement sur la relation entre l'Homme et la machine.

La différence décisive entre les outils et les machines trouve peut-être sa meilleure illustration dans la discussion apparemment sans fin sur le point de savoir si l'homme doit « s'adapter » à la machine ou la machine s'adapter à la « nature » de l'homme. […]

Pareille discussion ne peut être que stérile : si la condition humaine consiste en ce que l'homme est un être conditionné pour qui toute chose, donnée ou fabriquée, devient immédiatement condition de son existence ultérieure, l'homme s'est « adapté » à un milieu de machines dès le moment où il les a inventées.

Elles sont certainement devenues une condition de notre existence aussi inaliénable que les outils aux époques précédentes.

L'intérêt de la discussion à notre point de vue tient donc plutôt au fait que cette question d'adaptation puisse même se poser. On ne s'était jamais demandé si l'homme était adapté ou avait besoin de s'adapter aux outils dont il se servait : autant vouloir l'adapter à ses mains.

Le cas des machines est différent. Tandis que les outils d'artisanat, à toutes les phases du processus de l'œuvre, restent les serviteurs de la main, les machines exigent que le travailleur les serve et qu'il adapte le rythme naturel de son corps à leur mouvement mécanique.

Cela ne veut pas dire que les hommes, en tant que tels, s'adaptent ou s'asservissent à leurs machines ; mais cela signifie bien que, pendant toute la durée du travail à la machine, le processus mécanique remplace le rythme du corps humain. L'outil le plus raffiné reste au service de la main qu'il ne peut ni guider ni remplacer. La machine la plus primitive guide le travail corporel et éventuellement le remplace tout à fait.

Hannah Arendt, *Condition de l'homme moderne*, 1958, traduit de l'anglais par George Fradier, © Éditions Calmann-Lévy, 2018.

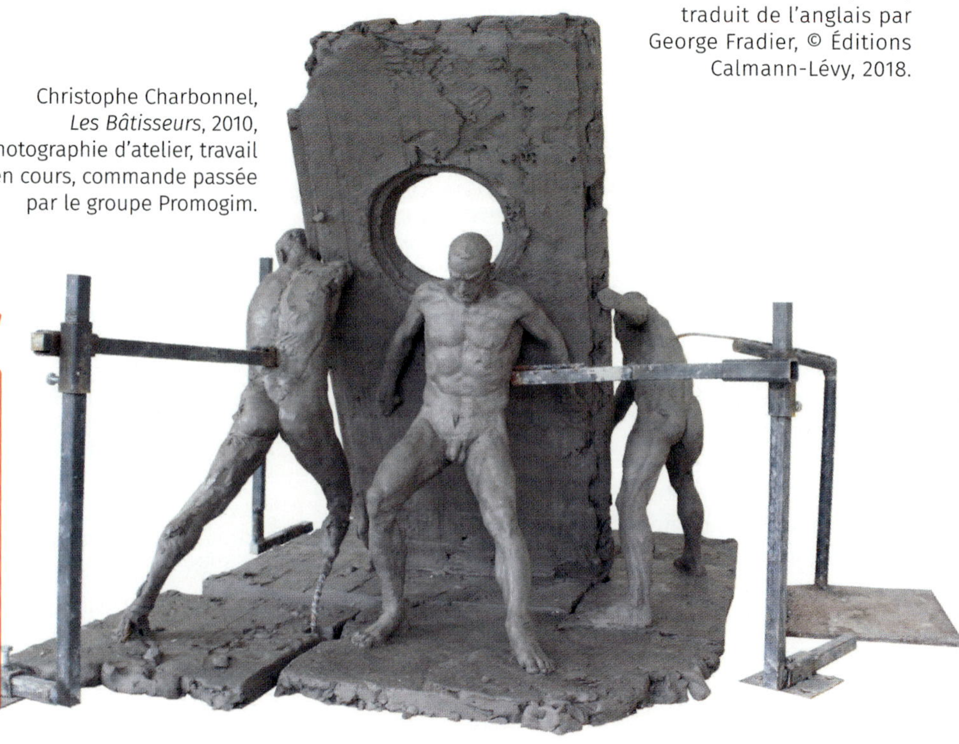

Christophe Charbonnel, *Les Bâtisseurs*, 2010, photographie d'atelier, travail en cours, commande passée par le groupe Promogim.

Questions

1. Ce texte vous semble-t-il convaincant ? Répondez à cette question en étudiant la structure argumentative de l'extrait.
2. Comment les machines modifient-elles la perception que l'Homme a de lui-même ?

2/5 Le droit d'être malheureux

Dans un état totalitaire mondial, les progrès technologiques sont utilisés pour soumettre l'humanité à un « bonheur obligatoire » fondé sur l'absence d'émotions et d'imprévu. Nous assistons ici à une rencontre entre John, le Sauvage, venu d'une « réserve » et Mustapha Meunier, Administrateur de l'état totalitaire.

Man Ray, *Les Larmes*, 1933, photographie gélatino-argentique.

– Ce qu'il vous faut, reprit le Sauvage, c'est quelque chose qui comporte des larmes, au contraire, en guise de changement. [...] Exposer ce qui est mortel, fût-ce pour une coquille d'œuf, au hasard, au danger, à la mort. N'est-ce pas quelque chose, cela ? demanda-t-il, levant le regard sur Mustapha Menier. Même en faisant totalement abstraction de Dieu, et pourtant Dieu en constituerait, bien entendu, une raison. N'est-ce pas quelque chose, que de vivre dangereusement ?

– Je crois bien, que c'est quelque chose ! répondit l'Administrateur. Les hommes et les femmes ont besoin qu'on leur stimule de temps en temps les capsules surrénales.

– Comment ? interrogea le Sauvage, qui ne comprenait pas.

– C'est l'une des conditions de la santé parfaite. C'est pourquoi nous avons rendu obligatoires les traitements de S.P.V.

– S.P.V. ?

– Succédané de Passion Violente. Régulièrement, une fois par mois, nous irriguons tout l'organisme avec un flot d'adrénaline. C'est l'équivalent physiologique complet de la peur et de la colère. Tous les effets toniques que produit le meurtre de Desdémone et le fait d'être tuée par Othello, sans aucun des désagréments.

– Mais cela me plaît, les désagréments.

– Pas à nous, dit l'Administrateur - Nous préférons faire les choses en plein confort.

– Mais je n'en veux pas, du confort. Je veux Dieu, je veux de la poésie, je veux du danger véritable, je veux de la liberté, je veux de la bonté. Je veux du péché.

– En somme, dit Mustapha Menier, vous réclamez le droit d'être malheureux.

– Eh bien, soit, dit le Sauvage d'un ton de défi, je réclame le droit d'être malheureux.

– Sans parler du droit de vieillir, de devenir laid et impotent ; du droit d'avoir la syphilis et le cancer ; du droit d'avoir trop peu à manger ; du droit d'avoir des poux ; du droit de vivre dans l'appréhension constante de ce qui pourra se produire demain ; du droit d'attraper la typhoïde ; du droit d'être torturé par des douleurs indicibles de toutes sortes.

Il y eut un long silence.

– Je les réclame tous, dit enfin le Sauvage.

Mustapha Menier haussa les épaules.

– On vous les offre de grand cœur, dit-il.

Aldous Huxley, *Le Meilleur des mondes*, 1932, traduit par Jules Castier, © Éditions Plon, 2013.

Aldous Huxley

1894-1963

Écrivain, romancier et philosophe britannique, il est surtout connu pour ses romans d'anticipation dans lesquels il défend la paix et l'utilisation raisonnée des progrès scientifiques et techniques.

Numérique

Plus d'informations sur la photographie de Man Ray sur LLS.fr/FTPManRay

Questions

1. Sur quoi s'appuie le bonheur dans la société que défend l'Administrateur ?
2. Analysez la manière dont le Sauvage défend sa conception du bonheur. Que révèle-t-elle de son état d'esprit ?
3. Observez les connecteurs logiques ainsi que les types et formes de phrases. Comment progresse le débat entre les deux personnages ?

Qu'apportent la science et la technique à la compréhension de la condition humaine ?

Jean-Christophe Rufin

Né en 1952

Médecin, écrivain français et diplomate, il est connu pour ses romans, notamment *Globalia* (2004).

3/5 Vivre vieux, mourir jeune

« Liberté, sécurité, prospérité », telle est la devise de Globalia, sorte d'État mondial. La jeunesse, parce qu'elle est prompte à contester les règles, y est mal vue. La vieillesse est devenue le nouveau graal.

Nguyen Vu Phuoc, photographie représentant M. Le Van Se (96 ans) et son épouse, Nguyen Thi Loi (88 ans), dans un petit village à la périphérie de Hoi An, au Vietnam.

Martha avait rejoint Kate. Elle s'accouda à son tour à la balustrade, se tourna vers elle et ôta les grosses lunettes de soleil qui lui mangeaient le visage.

– Ma chérie, tu n'as pas dit un mot depuis ton arrivée ! fit Martha en regardant son amie bien en face. C'est moi le problème, hein ?

Depuis son arrivée à L.A.[1], Kate avait en effet vécu un cauchemar : une personne s'était jetée sur elle dans l'aérogare, l'avait embrassée, lui avait parlé du bon vieux temps. Mais à aucun moment, elle n'avait reconnu son ancienne condisciple d'Anchorage[2] dans cette femme de grand avenir aux cheveux lisses, châtains, coiffés en un chignon compliqué, parée de lourds bijoux aux oreilles et autour du cou. Et à l'instant, en retirant ses lunettes, Martha n'avait pas seulement dévoilé ses yeux : sur son visage étaient apparues de minuscules cicatrices, pour certaines encore roses et fraîches, qui accentuaient encore le malaise de Kate.

– Douze opérations en trois ans, qu'est-ce que tu en dis ?

Maintenant qu'elle pouvait détailler les lèvres cerclées, le nez rétréci, les yeux remodelés, les pommettes rehaussées, les dents réalignées, Kate faisait l'insupportable expérience de contempler deux êtres en un. De la Martha qu'elle avait connue subsistaient des souvenirs communs, une certaine insolence gouailleuse, quelques mimiques peut-être. Mais une autre femme avait tout envahi, comme une armée chasse le vaincu et s'installe dans ses forts.

– Le plus réussi, ce sont mes seins. Regarde.

Martha avait soulevé son bustier et tenait à pleines mains sa poitrine encore tendue de prothèses. En Globalia[3], une telle exhibition n'était ni choquante ni rare.

– Tu n'étais pas mal non plus avant, dit Kate en se redressant.

Vexée, Martha remis sa poitrine à sa place dans le petit justaucorps et haussa les épaules.

– M'étonne pas que tu dises cela, marmonna-t-elle. Tu n'as pas changé, toi. Toujours une foutue intello.

Elle lui faisait déjà à Anchorage le même reproche amical. C'était désormais par ce passé qu'elles étaient proches. [...]

– Pour la comédie, la concurrence est rude. Et le gros point noir, c'est la mode : on veut des femmes de grand avenir maintenant. La plupart des gens aiment la beauté construite. C'est comme ça qu'on appelle les vieilles.

Jean-Christophe Rufin, *Globalia*, 2004, © Éditions Gallimard, 2005.

1. Los Angeles 2. Ville d'Alaska. 3. Nom du système politique dans lequel vivent les protagonistes.

Questions

1. Analysez tous les éléments de la description de Martha (progression du regard, adjectifs, etc.). Quelle image vous faites-vous de ce personnage ?
2. Étudiez les euphémismes employés dans ce texte : que vous apprennent-ils sur la société de Globalia ?

4/5 Dans la peau d'un autre…

Dans un monde futuriste, la mort n'est plus définitive : on peut sauvegarder la conscience et les souvenirs sur une pile pour les réimplanter dans un nouveau corps. Takeshi Kovacs, héros du roman, est habitué à cette implantation car il fait partie des forces spéciales.

Pendant la douche, j'ai évacué le stress en sifflant un air atonal et j'ai promené le savon et les mains sur mon nouveau corps. Mon enveloppe avait dans les quarante ans, un corps standard du Protectorat, taillé comme un nageur, avec un système nerveux amélioré de classe militaire. Un neurachem[1], sans doute. J'en avais déjà eu un. Une certaine gêne au niveau des poumons indiquait une accoutumance à la nicotine et j'avais de belles cicatrices sur l'avant-bras mais, à part ça, je n'avais pas à me plaindre. Les petits dérèglements vous rattrapent plus tard et, si vous êtes sage, vous apprenez à vivre avec. Chaque enveloppe a son histoire. Si elle vous dérange, faites la queue chez Syntheta ou Fabrkon.

J'ai porté ma part d'enveloppes synthétiques ; on s'en sert souvent pour les audiences de conditionnelle. Pas cher, mais elles donnent l'impression de vivre seul dans une maison pleine de courants d'air. En plus, les circuits du goût ne sont jamais réglés correctement. Tout ce que vous mangez a un goût de curry à la sciure.

Dans la cabine, j'ai trouvé un costume d'été plié sur la banquette, ainsi qu'un miroir accroché au mur. Sous la pile de vêtements se trouvait une simple montre en acier et sous la montre une enveloppe avec mon nom écrit dessus. J'ai retenu mon souffle et je me suis tourné vers le miroir.

C'est toujours le plus dur. Vingt ans que je fais ça et, pourtant, lever les yeux vers un miroir et voir un total inconnu me regarder en retour est toujours un sacré choc. C'est comme visualiser un autostéréogramme[2]. Durant les premières secondes, on ne voit qu'un étranger qui vous dévisage derrière la fenêtre. Puis, en faisant le point, on se sent flotter derrière le masque et y adhérer avec un choc presque physique…

C'est comme si quelqu'un coupait un cordon ombilical mais, au lieu de vous séparer, c'est l'autre qui se fait éliminer et vous finissez seul devant votre reflet.

Richard Morgan, *Carbone modifié*, 2002, traduit de l'anglais par Ange (Anne et Gérard Guéro), © Éditions Bragelonne, 2003.

1. Nom donné aux enveloppes corporelles améliorées dans le roman. 2. Sorte d'illusion d'optique.

Questions

1. Analysez la relation que le narrateur entretient avec son nouveau corps. Qu'en pensez-vous ?
2. Étudiez la construction des phrases : identifiez en particulier l'alternance des phrases courtes, des juxtapositions et des coordinations. Quel rythme ces constructions donnent-elles à l'extrait ? Vous pouvez passer par une lecture oralisée pour vous aider.
3. Quels liens pouvez-vous faire entre cet extrait et le tableau de Magritte ?

Richard Morgan
Né en 1965

Écrivain britannique de science-fiction et de *fantasy*. Son roman *Carbone modifié* est le premier d'une série dont Takeshis Kovac est le personnage principal.

René Magritte, *La Reproduction interdite*, 1937, huile sur toile, 81 x 65 cm, musée des Beaux-Arts de Rotterdam, Pays-Bas.

Qu'apportent la science et la technique à la compréhension de la condition humaine ?

Isaac Asimov

1920-1992

Grand auteur de science-fiction russe, il émigre avec ses parents aux États-Unis. Il y fait des études de sciences (chimie, biochimie), puis il enseigne à l'université de Boston. Il crée la robotique, thème privilégié de la plupart de ses romans et nouvelles.

Numérique

Retrouvez un podcast sur Isaac Asimov sur LLS.fr/FTPHistoires

5/5 L'Homme créa la machine

Tous les personnages de la nouvelle sont différents et vivent dans des époques différentes, mais tous interrogent l'ordinateur : l'homme pourra-t-il un jour inverser l'entropie[1] ? L'ordinateur (AC) a finalement la réponse...

Trou noir créé après une supernova, illustration 3D.

L'Homme demanda :

– AC[2] est-ce la fin ? Ce chaos ne peut-il être inversé une fois de plus en un univers ? Est-ce que cela ne peut être fait ?

L'AC répondit :

– IL N'Y A PAS ENCORE DE DONNÉES SUFFISANTES POUR UNE RÉPONSE SIGNIFICATIVE.

Le dernier esprit de l'Homme fusionna et seul l'AC exista... et cela dans l'hyperespace. La matière et l'énergie avaient pris fin et, avec elles, l'espace et le temps. Même l'AC n'existait plus que pour la toute dernière question qui n'avait pas obtenu de réponse depuis qu'un technicien à moitié ivre l'avait posée, dix trillions d'années plus tôt, à un ordinateur qui était à l'AC infiniment moins que ce qu'était un homme pour l'Homme. Toutes les autres questions avaient obtenu des réponses et, tant qu'il n'y en aurait pas à cette dernière question, l'AC ne pourrait libérer son conscient. Toutes les données avaient été récoltées. Il ne restait rien à être absorbé. Mais toutes les données récoltées avaient encore à être collationnées et complètement rassemblées, selon tous les rapports possibles. Un intervalle hors du temps y fut consacré. Et il advint que l'AC apprit comment inverser la direction de l'entropie. Mais il n'y avait plus d'homme à qui l'AC pouvait donner la réponse à la dernière question. Peu importait. La réponse y pourvoirait, par démonstration.

Pendant une autre période hors du temps, l'AC réfléchit au meilleur moyen de s'y prendre. Avec soin, l'AC organisa le programme. Le conscient de l'AC embrassa tout ce qui avait été un univers et réfléchit sombrement à ce qui était maintenant le Chaos. Pas à pas, cela devait être fait.

Et l'AC dit :

– QUE LA LUMIÈRE SOIT !

Et la lumière fut...

Isaac Asimov, *La Dernière Question*, 1956, in *Le Robot qui rêvait*, traduit de l'anglais par France-Marie Watkins, © Éditions J'ai Lu, 2002.

1. Dégradation de l'Univers par la disparition de l'énergie 2. Pour *Analog* (*Computer*), nom donné à l'intelligence artificielle qui règle les problèmes de l'Homme.

Questions

1. À partir d'une étude du lexique, expliquez la manière dont Asimov décrit le chaos. Qu'en pensez-vous ?
2. Comment les deux dernières phrases permettent-elles d'interpréter cet extrait et la place qu'y occupe l'ordinateur ?

Créez votre magazine

Faut-il avoir peur du transhumanisme ?

Mission : C'est le sujet du magazine que vous allez réaliser en classe ! À vos claviers et surtout à vos idées !

Couverture du mensuel Books, n° 100, septembre 2019.

La méthode pas à pas

ÉTAPE 1 Constituer un comité de rédaction

En groupe, interrogez-vous : que faut-il savoir et savoir faire pour réaliser un magazine ?

Voici les différentes pages nécessaires à votre journal :

- la couverture ;
- un éditorial qui présente le magazine ;
- un article en faveur du transhumanisme ;
- un article contre le transhumanisme.

Vous pouvez ajouter des rubriques si vous le souhaitez.

Répartissez-vous les tâches afin que toutes les pages soient réalisées : chacun prend en charge une page du magazine.

ÉTAPE 2 Faire des recherches

Selon votre tâche :

- observez différentes unes de magazines, explorez des mises en page ;
- consultez la ressource sur l'éditorial ;
- reprenez votre cours et feuilletez votre manuel pour réunir des renseignements sur votre sujet.

Tous les groupes doivent trouver des illustrations pour rendre le magazine attractif.

ÉTAPE 3 Rédiger, créer, commenter

Organisez vos idées puis rédigez votre partie.

Vous devez citer vos sources et répondre aux contraintes du genre journalistique.

Trouvez un titre percutant et soignez le chapô.

ÉTAPE 4 Finaliser le magazine

Relisez les productions des autres membres du groupe et faites une critique des propositions de chacun.

Échangez ensuite vos remarques et faites des propositions pour améliorer les différentes productions.

Assemblez les pages du journal et réalisez la mise en pages.

Boite à outils

- Lien vers des matrices de magazines sur madmagz.com canva.com
- Retrouvez ce qu'est un editorial sur LLS.fr/FTPEdito
- Nourissez votre réflexion avec LLS.fr/HGTPP139

Critères de réussite

Récolter des informations

☒ *Je cherche les informations dont j'ai besoin.*

Collaborer

☒ *Je participe activement à la réalisation du magazine.*

Finaliser un projet

☒ *Je tiens compte de l'ensemble des productions pour proposer des améliorations.*

→ Autoévaluez-vous sur LLS.fr/FTPP39

La fiction au service de l'homme

→ La fiction permet de dépasser les limites imposées par la matérialité du monde. Elle ouvre l'horizon des possibles et permet à l'homme d'interroger sa condition et le monde qui l'entoure. La fiction donne corps à nos rêves, mais aussi à nos cauchemars.

En quoi la fiction permet-elle à l'Homme de s'interroger sur le monde et sur lui-même ?

Créer des mondes (utopies / dystopies)

→ La fiction permet à l'Homme de fabriquer le monde comme il souhaiterait le voir. C'est le cas des utopies (► **textes 1 et 2**), ces lieux de « nulle part » qui présentent des sociétés idéales dont les hommes pourraient s'inspirer. Les utopies disent qu'un autre monde est possible et apportent, par l'imaginaire et la réflexion, des matériaux pour le bâtir.

→ Mais la fiction peut aussi donner à voir le pire : ce sont les dystopies (► **textes 3, 4 et 5**). Les dystopies vont mettre en lumière des dangers qui guettent nos sociétés (le contrôle, la manipulation, le totalitarisme, etc.). Ces autres mondes, souvent mis à distance grâce à un cadre spatio-temporel futuriste, sont en fait des projections des possibles poussées à l'extrême. Cela permet de mesurer ce qui peut advenir et donc de pouvoir l'empêcher.

Explorer le monde (les mythes)

→ La fiction ne permet pas seulement de bâtir des mondes, elle peut également explorer le monde. Plus accessible qu'un essai, l'œuvre de fiction permet au lecteur de se reconnaitre dans les histoires qui s'y déploient. Les mythes sont emblématiques de ce rôle de la fiction. En effet, les mythes peuvent donner une explication au monde et nous permettent de nous interroger sur notre condition (► **textes 1 et 2**). Ils peuvent aussi, à travers les figures qui incarnent les mythes, servir de support à l'expression de soi (► **textes 4 et 5**). Enfin, ils apportent une dimension universelle aux questions que nous nous posons (► **textes 3 et 5**).

→ Les mythes servent de matrice à de nombreuses œuvres de fiction grâce aux principes de l'intertextualité.

Questionner l'homme (l'absurde)

→ La fiction permet d'incarner des concepts philosophiques qui explorent d'autres chemins pour définir la condition d'homme, comme l'absurde (► **textes 2 et 3**). C'est par le détour de la fiction que l'on peut mieux comprendre les paradoxes de l'âme humaine. C'est bien une fiction qui sert de support à la réflexion camusienne avec la figure de Sisyphe (► **texte 1**). La fiction permet de faire varier les émotions pour mieux nous faire comprendre cette condition humaine : du tragique Caligula (► **texte 3**) au comique père Ubu (► **texte 5**).

Transformer l'Homme (science, technique, conscience et condition humaine)

La fiction permet aussi de s'intéresser aux rapports entre l'Homme et la science et de définir les contours de ce qui fonde notre humanité. La fiction, grâce à l'identification, va permettre au lecteur d'adhérer à la conception du monde des personnages, de mieux ressentir ce qui fait leur humanité (► **textes 2 et 3**). La fiction va ouvrir la perspective d'un homme transformé et des conséquences sur ce dernier (► **textes 4 et 5**).

Numérique

Retrouvez la synthèse en version audio sur **LLS.fr/FTPP40**

Je fais le Bilan

La fiction au service de l'Homme

En quoi la fiction permet-elle de s'interroger sur le monde et sur l'Homme ?

Les mythes

Au service de :
- l'explication du monde
- l'expression de soi

L'absurde

L'Homme face à un monde qui n'a plus de sens

L'utopie

Créer une société idéale :
- égalitaire
- heureuse
- libre

La dystopie

Créer un monde sous contrôle :
- totalitaire
- réduction des libertés
- dans un cadre souvent futuriste

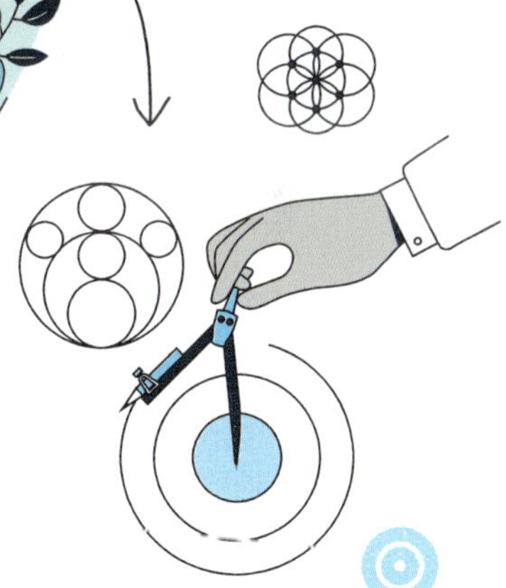

La science et les techniques qui transforment l'homme

Créer un monde dans lequel :
- la science est au service de la fiction
- la fiction est au service de la science et de la réflexion sur l'humanité

Banksy défend les migrants à Calais

Banksy, *Steve Jobs*, 2015, peinture murale, Calais.

Banksy est un street artiste mondialement connu, même si personne ne sait exactement qui il est. Le street art est né dans les années 1970 et se pratique, comme son nom l'indique, dans la rue. Les murs, le mobilier urbain, mais aussi les trains servent de toiles aux artistes de rue.
Banksy utilise souvent la technique du pochoir pour réaliser ses œuvres.
Engagé, il croit au pouvoir de l'art. Ici, il dénonce le sort réservé aux migrants à Calais. Il reprend des icônes du monde contemporain comme Steve Jobs et rappelle ainsi qu'une des plus grandes fortunes au monde est elle-même issue d'une migration. Il réinvente également le tableau de Géricault, *Le Radeau de la Méduse*.

1. Choisissez une des deux œuvres et expliquez votre choix. Quel sens lui donnez-vous ?
2. Pensez-vous que l'art permet de s'interroger sur le monde ? Développez votre point de vue en vous appuyant sur les œuvres et sur vos connaissances personnelles.

▸ **Méthode** Analyser une image LLS.fr/FTPImage

Banksy, *Le Radeau de la Méduse*, 2015, peinture murale, Calais.

Vidéo

Retrouvez un court documentaire sur Banksy sur LLS.fr/FTPBanksy

À vos carnets !

Choisissez une œuvre parmi les propositions ci-dessous ou bien parmi les œuvres que vous avez découvertes dans la séquence.

Dans votre carnet, expliquez vos impressions et illustrez votre découverte par des collages, des images, des dessins. Belle découverte !

LLS.fr/CarnetDeLecture

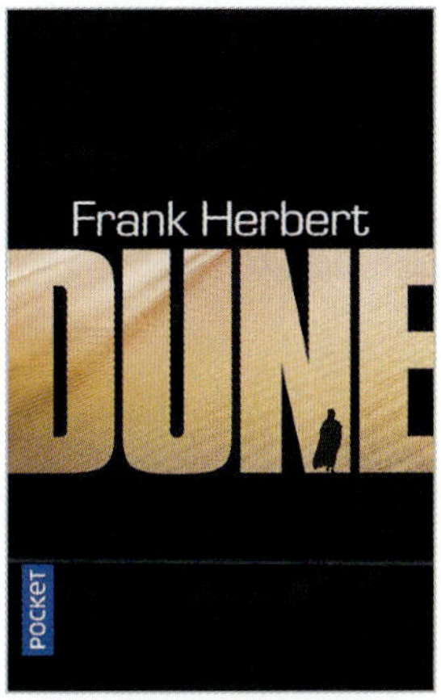

Frank Herbert, *Dune*, 1965

Il n'y a pas, dans tout l'Empire, de planète plus inhospitalière que Dune. Partout des sables à perte de vue. Une seule richesse : l'épice de longue vie, née du désert, et que tout l'univers est prêt à acheter à n'importe quel prix.

Pierre Ducrozet, *L'invention des corps*, 2017

Álvaro, qui n'a plus rien à perdre, fuit le Mexique dans une course poursuite avec le destin pour finir dans la gueule d'un grand fauve de la Silicon Valley versé dans le transhumanisme. L'invention des corps prend le réel en filature pour mieux nous forcer à le regarder en face.

Black Mirror*, Charlie Brooker, 2016*

La série envisage un futur proche, voire immédiat. Elle interroge les conséquences inattendues que pourraient avoir les nouvelles technologies et la façon dont ces dernières influent sur la nature humaine de ses utilisateurs et inversement.

Yukito Kishirao, *Gunnm*, 1999

Qu'est-ce qui fait que l'on est humain ou qu'on ne l'est pas ? À travers la quête d'identité de Gally la cyborg, Yukito Kishiro tente de répondre à cette question et mélange l'action, les trois moteurs de la science-fiction : l'action, la philosophie et l'imagination.

***Hunger Games*, Suzanne Collins, 2008**

Dans chaque district de Panem, deux adolescents sont choisis pour participer aux Hunger Games. La règle est simple : tuer ou se faire tuer. Le dernier survivant qui remporte l'épreuve assure la prospérité à son district pendant un an.

***L'Odyssée de PI*, Ang Lee, 2012**

Après le naufrage du bateau sur lequel ils se trouvaient, un adolescent et un tigre du Bengale se retrouvent sur un petit canot de sauvetage et doivent apprendre à se faire confiance pour survivre.

Mytho !

Mission : Connaissez-vous le plombier le plus célèbre du monde ? Mario, bien sûr !
Et le super-héros de votre métier, vous le connaissez ? Non ? Cela ne fait rien, parce que c'est vous qui allez l'inventer !
Vous allez créer un super-héros ou une super-héroïne qui caractérise votre métier. Vous raconterez sa naissance, sa vocation ou un épisode de sa vie sous la forme d'une bande dessinée.
À vos bulles ! Prêts ? Créez !

Les Travaux d'Hercule, IIIe siècle ap. J.-C., mosaïque romaine, musée archéologique national, Madrid, Espagne.

ÉTAPE 1 Définir le héros

Visionnez la capsule vidéo pour définir les caractéristiques du héros sur LLS.fr/FTPHeros

Observez les documents ci-contre : quels sont les métiers des super-héros ?

ÉTAPE 2 Se représenter son métier

Recherchez des documents iconographiques représentant votre métier : choisissez quelques images et réalisez une carte mentale des connotations liées au métier.

À l'aide du référentiel de votre métier :

- sélectionnez trois tâches correspondant à l'exercice de votre métier et faites correspondre chacune à un verbe de votre choix ;
- sélectionnez trois compétences liées à votre métier et faites-les correspondre chacune à un adjectif de votre choix.

ÉTAPE 3 Préparer le projet

À l'aide des étapes 1 et 2, imaginez votre personnage :

- À quoi ressemble-t-il physiquement ?
- Quels sont ses super-pouvoirs ?
- À quoi lui servent-ils ?

Que peut-il faire ? Imaginez une scène ou quelques situations dans lesquelles votre héros pourrait agir.

ÉTAPE 4 Préparer la planche

Reportez-vous à l'Histoire des Arts sur la bande dessinée (► p. 144) pour observer comment fonctionne une planche.

Faites un croquis de la ou des planche(s) que vous souhaitez réaliser :

- choisissez les plans et les cadrages ;
- imaginez les dialogues ou les textes qui accompagneront les vignettes.

ÉTAPE 5 Créer la bande dessinée

- Rendez-vous sur l'application Bdbnf.
- Créez votre personnage et les dialogues Bdnf.Bnf.fr

Conseils : BDBNF dispose de corpus thématiques (*fantasy*, mythologie grecque…) qui regroupent des illustrations afin de gagner du temps.

Quels liens pouvez-vous établir entre les documents : quels sont les métiers présentés ici ? Quelles sont les caractéristiques des héros ?

DOC 1 Et si les super-héros devaient travailler ?
Superheroes in the workforce, illustrations créées par Huemor Designs.

Connaissez-vous Stakhanov ? Peut être l'avez-vous déjà croisé au détour de votre manuel d'histoire. Alekseï Stakhanov est un mineur russe qui devient célèbre en 1935 pour avoir pulvérisé le record du monde d'extraction de charbon. Rendez-vous compte : les mineurs devaient extraire sept tonnes de charbon par jour et lui en avait extrait 102 tonnes dans le même temps ! Bien sûr l'établissement de ce record ne doit évidemment pas tout à la force et à la valeur de Stakhanov. Poussées par Staline, les autorités russes ont aidé Stakhanov à réaliser cet exploit. En inventant la légende de « l'ouvrier-héros » qui se sacrifie pour le bien commun, le régime stalinien a fait entrer Stakhanov dans l'Histoire et… dans la langue. En effet, le mot « stakhanovisme » s'emploie pour parler de tout ce qui est fait pour accroître la productivité du travailleur au-delà de la moyenne et l'inciter à adhérer aux objectifs d'augmentation de la production, voire à s'identifier à son travail ou à son employeur. L'adjectif qui en dérive, « stakhanoviste », désigne une personne zélée, qui pratique une activité de façon excessive, bien au-delà de l'univers du travail (stakhanoviste des réseaux sociaux, par exemple).

DOC 2 La gloire des travailleurs

Les Radium Girls sont des ouvrières américaines ayant été exposées pendant de longues périodes à du radium contenu dans une peinture utilisée pour marquer des cadrans lumineux. Elles ont reçu de fortes doses de rayonnement dans leur usine, dans le New Jersey, aux États-Unis, vers 1917. Cinq d'entre elles se firent connaître par leurs efforts visant à assigner leur employeur en justice. Quelques-unes sont décédées au cours de la procédure judiciaire des suites de leur exposition antérieure au rayonnement. Leur vie a été mise en bande dessinée.

Wikipedia.

DOC 3 Tous les super-héros ne portent pas des capes

Kate Moore, Cy, *Radium Girls*, Éditions Glénat, 2020.

Construire un paragraphe argumentatif à partir des documents d'un corpus

Compétences : L'objet d'étude de Terminale s'articule autour de trois grandes compétences :

- découvrir ce que la littérature et les arts apportent à la connaissance du monde contemporain ;
- construire un raisonnement personnel en organisant ses connaissances et en confrontant des points de vue ;
- formuler sa pensée et l'exprimer de manière appropriée pour prendre part à un débat d'idées.

Vous allez travailler ces compétences à partir d'un exercice qui consiste à rédiger un paragraphe d'une argumentation à partir de documents.

Sujet :

En quoi l'art et la littérature peuvent-ils rendre compte des émotions qui traversent les hommes et les femmes ?

DOC 1 Kafka sur le rivage

Le personnage principal a 15 ans. Il tente d'échapper à une lourde prédiction qui ressemble à celle qu'un oracle avait prédit à Œdipe : tu tueras ton père et épouseras ta mère.

Parfois, le destin ressemble à une tempête de sable qui se déplace sans cesse. Tu modifies ton allure pour lui échapper. Mais la tempête modifie aussi la sienne. Tu changes à nouveau le rythme de ta marche, et la tempête change son rythme elle aussi. C'est sans fin, cela se répète un nombre incalculable de fois, comme une danse macabre avec le dieu de la Mort, juste avant l'aube. Pourquoi ? Parce que la tempête n'est pas un phénomène venu d'ailleurs, sans aucun lien avec toi. Elle est toi-même et rien d'autre. Elle vient de l'intérieur de toi. Alors la seule chose que tu puisses faire, c'est pénétrer délibérément dedans, fermer les yeux et te boucher les oreilles afin d'empêcher le sable d'y entrer, et la traverser pas à pas. Au cœur de cette tempête, il n'y a pas de soleil, il n'y a pas de lune, pas de repère dans l'espace ; par moments, même le temps n'existe plus. [...]

C'est un fait, tu vas réellement devoir traverser cette tempête. Cette tempête métaphysique et symbolique. Mais, si symbolique, si métaphysique qu'elle soit, ne te méprends pas : elle tranchera dans ta chair comme mille lames de rasoir affûtées. Des gens saigneront, et toi aussi tu saigneras. Un sang chaud et rouge coulera. Tu recueilleras ce sang dans tes mains : ce sera ton sang, et le sang des autres. Une fois la tempête passée, tu te demanderas comment tu as fait pour la traverser, comment tu as fait pour survivre. Tu ne seras pas très sûr, en fait, qu'elle soit vraiment achevée. Mais sois certain d'une chose : une fois que tu auras essuyé cette tempête, tu ne seras plus le même. Tel est le sens de cette tempête.

Haruki Murakami, *Kafka sur le rivage*, 2003, traduit du japonais par Corinne Atlan, © Éditions Belfond, 2007.

DOC 2 Edvard Munch, *Le Cri*, 1893, tempera sur carton, 83,5 x 66 cm, musée Munch, Oslo, Norvège.

La méthode pas à pas

ÉTAPE 1 S'approprier les textes du corpus

Découvrir ce que la littérature et les arts apportent à la connaissance du monde

Lisez le texte et notez au fur et à mesure de votre lecture tout ce à quoi ils vous fait penser, toutes les réflexions qui vous viennent en tête.

Puis réfléchissez aux liens entre les deux documents :

- Quels liens voyez-vous spontanément à la première lecture ?
- Quel est / quels sont le(s) sujet(s) abordé(s) selon vous ?

ÉTAPE 2 Analyser le sujet

En quoi l'art et la littérature peuvent-ils rendre compte des émotions qui traversent les hommes et les femmes ?

Repérez les mots-clés, définissez-les et trouvez ce que cela implique pour votre travail :

- art ;
- littérature ;
- émotions.

Reformulez le sujet avec vos propres mots.

Numérique

Retrouvez un sujet type Bac sur LLS.fr/FTP47

ÉTAPE 3 Étudier les documents

Découvrir ce que la littérature et les arts apportent à la connaissance

Doc 1

Repérez la situation d'énonciation : qui s'adresse à qui ? Pourquoi ? Comment ?

Des émotions sont-elles présentes ? Si oui, lesquelles ?

L'écriture permet-elle de se représenter les émotions dont il est question ?

Peut-on se mettre à la place de celui qui la vit ?

Ces émotions peuvent-elles se rencontrer dans d'autres situations ?

Doc 2

Ce tableau exprime-t-il une émotion ? Si oui, laquelle et comment ?

Dans quelle situation peut-on vivre cette / ces émotion(s) ?

ÉTAPE 4 Écrire un paragraphe

Construire un raisonnement personnel et formuler sa pensée

Exprimez votre avis sur la question.

Dans ce paragraphe :

- Rédigez au moins une phrase qui exprime votre opinion.
- Expliquez votre point de vue en prenant comme exemple le / les document(s) que vous venez d'étudier. Faites référence aux émotions qu'ils contiennent et à la manière dont ces émotions sont exprimées.
- Enfin, faites le lien avec vos propres émotions et celles que chacun peut avoir.

Ces étapes permettent de rédiger un paragraphe conforme aux attendus de l'épreuve.

Objet d'étude • Vivre aujourd'hui : l'humanité, le monde, les sciences et la technique

2 Science, technique et défis de société

Écologie

Science et rapport au savoir

Numérique et virtuel

Intelligence artificielle

Faire le point et aller plus loin

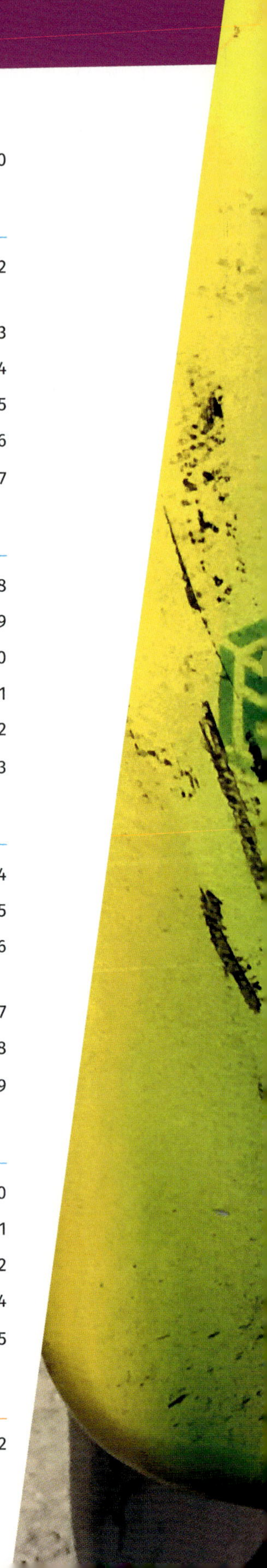

Vidéo

Apprenez-en plus sur Maryse Bastié
LLS.fr/FTPBastie

Numérique

En savoir plus sur l'artiste C215
LLS.fr/FTPC215

Christian Guémy alias C215, *Maryse Bastié*. Cette dernière détient un record de vitesse de la traversée de l'Atlantique Sud en 1936. Résistante, pilote de chasse et pilote d'essai, elle mourra dans un accident en 1952 sur le Noratlas, un avion de transport militaire.

Couverture du magazine *Marvel Science Stories*, avril-mai 1939.

Science

Du latin *scientia* (savoir). Somme de connaissances vérifiées par les méthodes expérimentales.

Illustration de *Newcast* dans le magazine *Marvel Science Stories*, avril-mai 1939.

Technique

Du grec « technè » (art manuel). Désigne une production ou une fabrication matérielle et le savoir-faire qu'elle implique.

« Globe élevé à Dijon », estampe, 33 x 24 cm, musée du Louvre, Paris.

Progrès

Du latin *progredi* (avancer). Évolution, transformation positive.

Intelligence artificielle

Du latin *intelligentia*, de *intelligere* (connaitre) et de *artificialis* (fait avec art). Ensemble des théories et techniques ayant pour objectif de réaliser des machines intelligentes.

Savoir

Du latin populaire *sapere* (avoir du discernement). Ensemble des connaissances acquises par l'étude ou l'expérience.

Auguste Rodin, *Le Penseur*, 1881-1882, sculpture en bronze, Musée Rodin, Paris.

Conscience

Du latin *conscientia* (savoir). Représentation mentale de l'existence, de la réalité de telle ou telle chose.

Entrer dans le thème

- *Selon vous, quels sont les grands défis que notre société doit relever aujourd'hui ? Faites-en la liste et échangez vos opinions au sein de la classe.*
- *Parmi vos réponses, certaines constituent-elles des urgences dans le monde actuel ?*

On peut concevoir encore que dans des mains criminelles le radium puisse devenir très dangereux, et ici on peut se demander si l'humanité a avantage à connaître les secrets de la nature, si elle est mûre pour en profiter ou si cette connaissance ne lui sera pas nuisible. L'exemple des découvertes de Nobel est caractéristique, les explosifs puissants ont permis aux hommes de faire des travaux admirables. Ils sont aussi un moyen terrible de destruction entre les mains des grands criminels qui entraînent les peuples vers la guerre. Je suis de ceux qui pensent, avec Nobel, que l'humanité tirera plus de bien que de mal des découvertes nouvelles.

Discours de Pierre Curie à l'occasion de la remise du Prix Nobel de physique, Académie des Sciences de Suède, prononcé le 6 juin 1905.

Cette science libératrice apporte en même temps des possibilités terrifiantes d'asservissement.

Edgard Morin, *Science avec conscience*, 1982.

Dans ce thème

Comment la science et la technique permettent-elles de répondre aux problèmes de société qu'elles ont parfois elles-mêmes produits ?

- *La fiction est-elle aussi efficace qu'une véritable information pour comprendre la situation écologique ?* ► p. 52-57
- *Comment peut-on saisir les transformations de notre rapport au savoir ?* ► p. 58-63
- *Inventer et questionner des mondes virtuels permet-il de percevoir la réalité ?* ► p. 64-69
- *Intelligence artificielle : la réalité dépasse-t-elle la fiction ?* ► p. 70-75

Marie Curie dans son laboratoire, 1925, photographie colorisée.

La fiction est-elle aussi efficace qu'une véritable information pour comprendre la situation écologique ?

René Barjavel

1911-1985

Auteur français connu pour ses romans d'anticipation ou de science-fiction dans lesquels il s'interroge sur la technologie et le progrès.

1/5 Les temps nouveaux

En 2052, François Deschamps, fils de paysans, se trouve à Paris pour passer un concours dans une grande école de chimie agricole. En attendant les résultats, il découvre la ville et ses habitudes.

L'humanité ne cultivait presque plus rien en terre. Légumes, céréales, fleurs, tout cela poussait à l'usine, dans des bacs.

Les végétaux trouvaient là, dans de l'eau additionnée, des produits chimiques nécessaires, une nourriture bien plus riche et plus facile à assimiler que celle dispensée chichement[1] par la marâtre[2] Nature. Des ondes et des lumières de couleurs et d'intensité calculées, des atmosphères conditionnées accéléraient la croissance des plantes et permettaient d'obtenir, à l'abri des intempéries saisonnières, des récoltes continues, du premier janvier au trente et un décembre.

L'élevage, cette horreur, avait également disparu. Élever, chérir des bêtes pour les livrer ensuite au couteau du boucher, c'étaient bien là des mœurs dignes des barbares du XXe siècle. Le « bétail » n'existait plus. La viande était « cultivée » sous la direction de chimistes spécialistes et selon les méthodes, mises au point et industrialisées, du génial précurseur Carrel, dont l'immortel cœur de poulet vivait encore au Musée de la Société protectrice des animaux. Le produit de cette fabrication était une viande parfaite, tendre, sans tendons, ni peaux ni graisses, et d'une grande variété de goûts. Non seulement l'industrie offrait au consommateur des viandes au goût de bœuf, de veau, de chevreuil, de faisan, de pigeon, de chardonneret, d'antilope, de girafe, de pied d'éléphant, d'ours, de chamois, de lapin, d'oie, de poulet, de lion et de mille autres variétés, servies en tranches épaisses et saignantes à souhait, mais encore des firmes spécialisées, à l'avant-garde de la gastronomie, produisaient des viandes extraordinaires qui, cuites à l'eau ou grillées, sans autre addition qu'une pincée de sel, rappelaient par leur saveur et leur fumet les préparations les plus fameuses de la cuisine traditionnelle, depuis le simple bœuf miroton jusqu'au civet de lièvre à la royale.

René Barjavel, *Ravage*, 1943, © Éditions Denoël, 1972.

1. Peu, avec avarice.
2. Mauvaise mère.

Questions

1. Comment l'auteur insiste-t-il sur les bénéfices de la « culture » de la viande ?
2. Relevez, classez et analysez les lexiques péjoratif et mélioratif. Qu'apportent-ils à l'interprétation du passage ?
3. Confrontez le texte et l'image : le XXe siècle est-il celui que peint Barjavel ?

2/5 Quand la viande artificielle s'invite à table

Dans son article, le journaliste Stéphane Barge évoque le développement de la viande de culture.

Kill Taupe est un illustrateur et graffeur américain.

Des dizaines de start-up fleurissent sur le créneau très porteur de la viande cellulaire, surfant sur la vague du bien-être animal.

Bonne nouvelle pour les poulets. Cet été, la chaîne de restauration KFC a annoncé qu'elle allait mitonner des nuggets in vitro. Sa recette consiste à faire croître dans un bioréacteur un échantillon de cellules prélevées sur une volaille. Au bout de quelques semaines, le géant du fast-food récupère la bidoche artificielle pour l'enrober d'une chapelure maison, agrémentée de diverses épices. Le début de la fin pour les abattoirs ?

Alors que nos éleveurs sont tout à la fois accusés de polluer la planète et de se comporter comme d'implacables tortionnaires envers les bestiaux, cette alternative compte déjà ses supporters chez les défenseurs des causes animale et écolo. La viande cultivée préserverait les terres agricoles, consommerait moins d'eau et produirait moins de gaz à effet de serre.

Les pionniers de la barbaque[1] aseptisée[2] devront d'abord réduire leurs coûts. Le prix de revient du kilo de viande cellulaire serait aujourd'hui de l'ordre du millier d'euros. Le déploiement des premières usines pilotes de Mosa Meat et Memphis Meats laisse penser qu'une production de masse pourrait bientôt démarrer, et faire rapidement baisser ces tarifs.

Cette nouvelle industrie sera-t-elle vraiment moins nocive pour l'environnement que l'élevage ? Surtout, cette viande 3.0 sera-t-elle bonne pour notre santé ? "Il reste beaucoup d'inconnues, résume Marie-Pierre Ellies-Oury, chercheuse associée à l'Institut national de recherche pour l'agriculture, l'alimentation et l'environnement (Inrae). Si les producteurs parviennent à maîtriser la composition nutritionnelle de leur viande, par exemple en privilégiant de bons acides gras, cela pourrait s'avérer bénéfique. Mais on ne connaît même pas notre capacité à digérer cette nourriture."

En attendant, les gardiens de la gastronomie française ont déjà déterré le hachoir de guerre. "Non à la viande de laboratoire issue de cellules souches !" clament dans leur pétition les chefs cuisiniers de l'association Euro-Toques, remontés au point de porter le dossier à la Commission européenne. Les prochains débats risquent d'être saignants.

Stéphane Barge, « Nuggets in vitro, foie gras sans gavage... Quand la viande artificielle s'invite à table », *L'Express* (en ligne), 7 novembre 2020.

1. Terme familier pour désigner la viande. 2. Débarrassée de tout élément dangereux mais aussi sans relief.

Stéphane Barge
Diplômé de l'École supérieure de Journalisme de Lille, il est un auteur récurrent du magazine *L'Express*.

Vidéo
Regardez la vidéo « Que mangerons-nous demain ? » sur LLS.fr/FTPDemain

Questions

1. Comment et pourquoi le journaliste joue-t-il avec le langage ?
2. Repérez les avantages de cette viande artificielle et ses inconvénients. Qu'en pensez-vous ?

La fiction est-elle aussi efficace qu'une véritable information pour comprendre la situation écologique ?

Pierre Rabhi

Né en 1938

Paysan, pionnier de l'agroécologie en France, Pierre Rabhi est aussi poète, romancier, conférencier et expert pour l'ONU sur les questions de sécurité alimentaire.

Numérique

Ecoutez 2 min. de philosophie sur LLS.fr/FTPPollution

Questions

1. Analysez la manière dont Pierre Rabhi met en tension les termes des questions du journaliste. Que pensez-vous de ses propos ?
2. Analysez les types de phrases. Comment servent-ils le propos de Pierre Rabhi ?
3. En quoi peut-on dire que cette illustration répond au propos de Pierre Rabhi ?

3/5 Progrès ?

Dans un entretien avec le journaliste Olivier Le Naire, Pierre Rabhi aborde sa vie, ses choix et de nombreux thèmes tels que l'écologie.

Pawel Kuczynski, *EU parlement*, 2011, 21 x 29,7 cm, collection privée.

Pawel Kuczynski est un artiste polonais qui questionne la place de la technologie dans nos sociétés.

Dites-moi si, selon vous, il est encore temps d'agir ou si l'on se réveille décidément trop tard.

Les deux ! Il est trop tard et, en même temps, il n'est jamais trop tard. Pour l'enfant qui est mort de faim, oui, il est trop tard. En revanche, il n'est pas trop tard pour que d'autres enfants puissent survivre si nous le voulons de tout notre cœur. Les choix décisifs et radicaux des humains doivent être éclairés. Sous le prétexte que le monde est en train de se détruire, faut-il se croiser les bras et ne plus rien faire ? Évidemment non ! Face à un incendie, les pompiers tentent d'éteindre le feu jusqu'à la dernière flammèche, même si le bâtiment a entièrement brûlé. D'où la métaphore du colibri qui me tient tant à cœur, et qui a inspiré la création du mouvement du même nom, invitant chacune et chacun d'entre nous à faire sa part pour construire un monde plus satisfaisant pour la raison, le cœur et l'esprit. Cette légende amérindienne raconte ceci : alors qu'un immense feu ravage la forêt, et tandis que tous les animaux assistent impuissants à ce désastre, un petit oiseau va recueillir dans son bec quelques gouttes d'eau et les verse au dessus des flammes. Un tatou lui demande alors : « Mais pourquoi fais-tu cela ? Tu vois bien que ça ne sert à rien ! » Et le colibri lui répond : « Peut-être, mais je fais ma part. » Moi aussi, je veux faire ma petite part, je refuse de renoncer parce que je me dis qu'il n'est jamais trop tard. Le non-renoncement est l'expression de la liberté. [...]

Les écologistes sont souvent accusés d'être hostiles au progrès. Est-ce le cas ?

Nous sommes toujours dans les mêmes malentendus. Qu'est-ce que le progrès ? Le progrès vers quoi ? Aucun concept suffisamment clair ne définit ce vocable qui occupe un espace important dans l'imaginaire collectif. Le progrès est, pour moi, l'étalon universel qui permet d'évaluer l'état d'avancement des nations dans leur évolution vers un idéal. Alors suis-je hostile au fait qu'il y ait de plus en plus de voitures ? Oui, je suis hostile à ce prétendu progrès, car c'est la prolifération[1] du négatif. Je suis aussi hostile à la fabrication d'armes. Le vrai progrès exalte la vie et nous donne du bonheur, un vrai bonheur d'exister. Un véritable progrès – j'en reviens à mon obsession – consisterait à ce que chaque enfant, à la naissance, ait de quoi manger et être soigné.

Olivier Le Naire, *Pierre Rabhi semeur d'espoirs : Entretiens*, © Éditions Actes Sud, 2013.

1. Multiplication importante.

4/5 Sauvée du naufrage

Véra, une exploratrice, parvient à survivre en atteignant ce qui constitue désormais le septième continent. Un espace construit avec du plastique et autres déchets par un groupe de pacifistes.

Philippe Curval

Né en 1929

Illustrateur, romancier et auteur français de science fiction.

Ne pas céder au désespoir. Verra surnagea, veillant à ne pas se laisser entraîner vers le maelstrom mou dont elle venait de triompher. Ses forces récupérées, elle adopta une brasse lente et profonde pour se diriger vers le rivage. Une première bouteille de plastique lui chatouilla le menton. à mesure qu'elle avançait, des déchets de toutes sortes, flottant à quelques centimètres au-dessous de la surface, s'amassèrent autour de son corps. Fragments de bois, sacs méduses, papiers poulpes, cadavres de tortues, de poissons, épaves innombrables de la consommation formaient un conglomérat[1] hétéroclite, coagulé par des morceaux de plastique déchiquetés si menu qu'ils ressemblaient à du plancton. Cet ignoble magma opposait une résistance obstinée à ses mouvements. Malgré cette difficulté, elle persévéra, progressant avec lenteur. Jusqu'au moment où la couche de détritus devint si épaisse qu'elle décida de s'y poser. De s'y reposer.

Jamais, avec ses compagnons d'infortune, elle n'avait imaginé que les abords de Dump Island se reconstituaient si rapidement dans l'océan Pacifique. Bien longtemps après que les promoteurs du Paquebot immobile l'eurent revendiquée afin d'obtenir le statut de continent indépendant. Après une guerre juridique interminable, l'ONU avait fini par la leur concéder sous l'influence de lobbies extrêmement opaques. Véra pensait qu'après l'avoir terraformée, ses constructeurs auraient conçu le moyen de détourner des déchets du monde entier qui s'y accumulaient. Mais ces rejets d'une consommation effrénée, attirés par un tropisme[2] inexplicable, persistaient à se concentrer en ce point particulier. Pour former une résurrection dérisoire de la Pangée[3].

Remise de sa fatigue, elle s'essaya à marcher comme Jésus à la surface des eaux, sauf qu'elle était portée par l'épaisse couche de détritus. Ce qui lui redonna l'espoir d'arriver à ses fins. Bien que parfois l'un de ses pieds traversât une strate moins dense, plongeant dans l'océan-poubelle, la contraignant à se redresser au prix d'efforts pénibles afin de poursuivre son chemin. Terriblement affaiblie par les épreuves qu'elle subissait, écœurée par l'odeur insalubre qui se dégageait des fondrières marines, il lui sembla qu'à mesure qu'elle avançait le Paquebot reculait et que sa mémoire s'effilochait.

Philippe Curval, *Le paquebot immobile*, © Éditions La Volte, 2020.

1. Assemblage informe de choses. 2. Tendance d'un organisme à croitre dans une direction donnée. 3. Continent unique qui était autrefois formé des six continents actuels de la Terre.

Numérique

Lisez le manifeste de la science-fiction sur LLS.fr/FTPManifeste

Questions

1. Analysez la description de ce continent dans le premier paragraphe. Quel(s) effet(s) produit-elle sur le lecteur que vous êtes ?
2. Comment l'auteur mêle-t-il à la fois une vision d'espoir et de désespoir face à ce nouveau continent ?

La fiction est-elle aussi efficace qu'une véritable information pour comprendre la situation écologique ?

Maja Lunde

Née en 1975

Auteure norvégienne. *Une histoire des abeilles* est son premier roman pour adulte. Elle y exprime son intérêt pour l'écologie.

Vidéo

Regardez un reportage sur le déclin des abeilles sur LLS.fr/FTPAbeilles

5/5 Au secours des abeilles

En 2098, en Chine, après la disparition des abeilles, les hommes n'ont pas d'autre choix que de polliniser à la main chaque fleur. Tao consacre tous les jours de la semaine à cette tâche.

Les arbres avaient atteint leur maturité de production, mais étaient encore jeunes. Leurs branches, aussi fragiles que du verre, craquaient sous notre poids. Je grimpai avec prudence pour ne surtout rien abîmer. Je posai mon pied droit sur une branche plus élevée encore puis hissai avec circonspection[1] mon pied gauche. J'avais enfin trouvé une position sûre pour travailler, inconfortable mais stable. De là, je pouvais même atteindre les fleurs les plus hautes.

Le petit récipient en plastique était rempli d'un or vaporeux minutieusement pesé et distribué également à chacune d'entre nous tous les matins. Je plongeai le plumeau dans le bac et disséminai cette précieuse poudre autour de moi. Chaque fleur devait être pollinisée à l'aide de la balayette en plumes de poule, des poules de laboratoire conçues spécifiquement pour cet usage, car l'efficacité de leur plumage était supérieure à celle de n'importe quelle fibre artificielle. Une multitude de tests avaient été menés au fil du temps : dans mon district, ce savoir-faire remontait à plus d'un siècle. Les abeilles avaient disparu dès les années 1980, bien avant l'Effondrement, tuées par les insecticides. Quelques années plus tard quand les substances en cause avaient cessé d'être utilisées, les abeilles étaient réapparues, mais la pollinisation manuelle avait déjà commencé et fournissait de meilleurs résultats, même si elle requérait un nombre de personnes – de mains – incroyable, colossal. Ainsi lorsque survint l'Effondrement, mon district avait une longueur d'avance sur ses concurrents. Notre pays avait été le plus touché par les dégradations environnementales : pionniers en matière de pollution, nous étions devenus pionniers en matière de pollinisation manuelle. Ce paradoxe nous sauva.

Maja Lunde, *Une histoire des abeilles*, 2015, traduit du norvégien par Loup-Maëlle Besançon, © Éditions Les Presses de la Cité, 2017.

1. Avec prudence, avec précaution.

Question

« Ce paradoxe nous sauva » (l. 31). Expliquez ce paradoxe à l'aide d'une étude précise du lexique de la nature et de la science.

Engagez-vous !

Lisez l'appel lancé par 15 000 scientifiques sur LLS.fr/FTPAvertissement

Mission : À votre tour, vous lancez un appel au sein de votre lycée en proposant des solutions que chaque élève pourrait mettre en place pour préserver l'environnement.

La méthode pas à pas

ÉTAPE 1 Mener l'enquête

Cherchez, dans votre établissement, quelles peuvent être les sources de dégradation de l'environnement : pollution, gaspillage, etc.

Réfléchissez aux gestes qui pourraient permettre d'améliorer la situation. Choisissez ensuite trois actions qui pourraient être menées et sur lesquelles portera votre discours.

ÉTAPE 2 Conduire le discours

Dans les textes que vous avez étudiés, relevez et listez les arguments et les exemples qui vous paraissent convaincants et que vous pourriez réutiliser.

Déterminez les éléments essentiels à un bon discours : procédés de persuasion, interpellations, figures de style.

Construisez le plan de votre discours et rédigez le premier jet.

ÉTAPE 3 Mettre en voix le discours

Faites un enregistrement de votre appel en utilisant le ton adapté pour convaincre une majorité d'élèves.

ÉTAPE 4 S'entrainer

Travaillez sur les enregistrements afin d'améliorer votre texte ou votre mise en voix.

Boite à outils

- Lexique de l'engagement LLS.fr/FTPP57
- Procédés rhétoriques : l'art de persuader LLS.fr/FTPP57
- L'argumentation ▸ Méthode p. 154-157

Critères de réussite

Construire un discours

- ☒ *Mon discours contient une introduction et une conclusion.*
- ☒ *Les arguments sont accompagnés d'exemples.*

Convaincre ou persuader

- ☒ *J'interpelle l'auditoire.*
- ☒ *Je tiens compte du public auquel je m'adresse (langage / références appropriées).*

Mettre en voix

- ☒ *Ma mise en voix est fluide.*
- ☒ *J'adopte un ton approprié.*

→ Autoévaluez-vous sur LLS.fr/FTPP57

Comment peut-on saisir les transformations de notre rapport au savoir ?

Michel Serres

1930-2019

Historien des sciences et écrivain membre de l'Académie française.

Numérique

Écoutez l'émission *À voix nue* consacrée à Michel Serres sur LLS.fr/FTPSerres

1/5 Un nouvel humain est né

Dans son essai, Michel Serres évoque les enfants nés à l'ère du numérique et les compare à la génération précédente.

Ces enfants habitent donc le virtuel. Les sciences cognitives[1] montrent que l'usage de la Toile, la lecture ou l'écriture au pouce des messages, la consultation de Wikipedia ou de Facebook, n'excitent pas les mêmes neurones ni les mêmes zones corticales[2] que l'usage du livre, de l'ardoise ou du cahier. Ils peuvent manipuler plusieurs informations à la fois. Ils ne connaissent ni n'intègrent ni ne synthétisent comme leurs ascendants[3]. Ils n'ont plus la même tête. Par téléphone cellulaire, ils accèdent à toutes personnes ; par GPS, en tous lieux ; par la Toile, à tout le savoir : ils hantent donc un espace topologique[4] de voisinages, alors que nous habitions un espace métrique, référé par des distances. Ils n'habitent plus le même espace. Sans que nous nous en apercevions, un nouvel humain est né, pendant un intervalle bref, celui qui nous sépare des années 1970. Il ou elle n'a plus le même corps, la même espérance de vie, ne communique plus de la même façon, ne perçoit plus le même monde, ne vit plus dans la même nature, n'habite plus le même espace ; né sous péridurale et de naissance programmée, ne redoute plus, sous soins palliatifs[5], la même mort. N'ayant plus la même tête que celle de ses parents, il ou elle connaît autrement.

Il ou elle écrit autrement. Pour l'observer, avec admiration, envoyer, plus rapidement que je ne saurai jamais le faire de mes doigts gourds[6], envoyer, dis-je, des SMS avec les deux pouces, je les ai baptisés, avec la plus grande tendresse que puisse exprimer un grand-père, Petite Poucette et Petit Poucet. Voilà leur nom, plus joli que le vieux mot, pseudo-savant, de « dactylo ».

Ils ne parlent plus la même langue. [...] Cette immense différence, qui touche toutes les langues, tient, en partie, à la rupture entre les métiers des années cinquante et ceux d'aujourd'hui. Petite Poucette et son frère ne s'évertueront plus aux mêmes travaux. La langue a changé, le travail a muté.

Michel Serres, *Petite poucette*,
© Éditions Le Pommier, 2012.

1. Discipline scientifique ayant pour objet la description, l'explication des mécanismes de la pensée. **2.** Parties du cerveau. **3.** Membres d'une famille. **4.** Qui concerne les mathématiques. **5.** Soins pour soulager un malade. **6.** Engourdis.

César Baldaccini, *Le Pouce*, 1990, bronze, La Défense, Paris.

Questions

1. À partir de l'analyse des formes de phrases, expliquez ce qui change entre les deux générations évoquées. Que pensez-vous de ces changements ?
2. Pourquoi, d'après Michel Serres, la langue et le travail ont-ils changé ?

2/5 Sous contrôle

Dans un monde où toutes les pensées personnelles sont surveillées et contrôlées, Ati commence à douter et s'interroge sur la liberté.

1984 (Nineteen Eighty-Four) est un film britannique réalisé par Michael Radford en 1984, d'après le roman *1984* de George Orwell.

L'esprit n'est au fond que de la mécanique, une machine aveugle et froide en raison même de son extraordinaire complexité qui lui impose de tout appréhender, tout contrôler et sans cesse accroître l'ingérence et la terreur. Entre la vie et la machine, il y a tout le mystère de la liberté, que l'homme ne peut atteindre sans mourir et que la machine transcende[1] sans accéder à la conscience. Ati n'était pas libre et ne le serait jamais mais, fort seulement de ses doutes et de ses peurs, il se sentait plus vrai qu'Abi, plus grand que la Juste Fraternité et son tentaculaire Appareil, plus vivant que la masse inerte et houleuse des fidèles, il avait acquis la conscience de son état, la liberté était là, dans la perception que nous ne sommes pas libres mais que nous possédons le pouvoir de nous battre jusqu'à la mort pour l'être. Il lui paraissait évident que la vraie victoire est dans les combats perdus d'avance mais menés jusqu'au bout. En vertu de cela, il comprit que la mort qui le frapperait serait sienne et non celle de l'Appareil, elle découlerait de sa volonté, de sa révolte intérieure, elle ne serait jamais la sanction d'une déviation, d'un manquement aux lois du Système. L'Appareil peut le détruire, l'effacer, il pourrait le retourner, le reprogrammer et lui faire adorer la soumission jusqu'à la folie, il ne pourra lui enlever ce qu'il ne connaît pas, n'a jamais vu, jamais eu, n'a jamais reçu ni donné, que pourtant il hait par-dessus tout et traque sans fin : la liberté. Il le savait, comme l'homme sait que la mort est la fin de la vie – cette chose insaisissable par essence est son désaveu et sa fin, mais elle est aussi sa justification – , le Système n'ayant d'autre finalité que d'empêcher la liberté d'apparaître, d'enchaîner les hommes et de les tuer, son intérêt le commande mais c'est aussi la seule jouissance qu'il peut tirer de sa misérable existence. L'esclave qui se sait esclave sera toujours plus libre et plus grand que son maître, fût-il le roi du monde.

Boualem Sansal, *2084 : La fin du monde*, © Éditions Gallimard, 2015.

1. Dépasse.

Boualem Sansal

Né en 1949

Auteur algérien, engagé pour la laïcité, il rencontre un succès important en France et ailleurs en Europe.

Son roman *2084, la fin du monde* revisite en l'actualisant l'œuvre d'Orwel *1984*, et reçoit des prix prestigieux.

Questions

1. Identifiez le pouvoir de l'Appareil et du Système dans lequel vit Ati.
2. Observez la photographie du film *1984*. Quels liens pouvez-vous établir entre cette situation et l'extrait de *2084* ?
3. Repérez et expliquez les comparaisons. Qu'expriment-elles de l'état d'esprit d'Ati ? Que pensez-vous de ses réflexions ?

Comment peut-on saisir les transformations de notre rapport au savoir ?

Jean d'Alembert

1717-1783

Mathématicien et philosophe français, il est, avec Diderot, un auteur majeur de l'*Encyclopédie*.

Numérique

Découvrez l'exposition sur les Lumières sur LLS.fr/FTPLumieres

3/5 Savoir encyclopédique

Sous la direction du philosophe Denis Diderot, plusieurs philosophes et scientifiques réalisent une vaste encyclopédie (35 volumes). Jean d'Alembert en écrit la préface.

L'ouvrage dont nous donnons aujourd'hui le premier volume, a deux objets : comme Encyclopédie, il doit exposer autant qu'il est possible, l'ordre et l'enchaînement des connaissances humaines : comme dictionnaire raisonné des sciences, des arts et des métiers, il doit contenir sur chaque science et sur chaque art, soit libéral, soit mécanique, les principes généraux qui en sont la base, et les détails les plus essentiels, qui en font le corps et la substance. Ces deux points de vue, d'encyclopédie et de dictionnaire raisonné, formeront donc le plan et la division de notre discours préliminaire[1]. Nous allons les envisager, les suivre l'un après l'autre, et rendre compte des moyens par lesquels on a tâché de satisfaire à ce double objet. Pour peu qu'on ait réfléchi sur la liaison que les découvertes ont entre elles, il est facile de s'apercevoir que les sciences et les arts se prêtent mutuellement des secours, et qu'il y a par conséquent une chaîne qui les unit. Mais s'il est souvent difficile de réduire à un petit nombre de règles ou de notions générales, chaque science ou chaque art en particulier, il ne l'est pas moins de renfermer en un système qui soit un, les branches infiniment variées de la science humaine. Le premier pas que nous ayons à faire dans cette recherche, est d'examiner, qu'on nous permette ce terme, la généalogie et la filiation de nos connaissances, les causes qui ont dû les faire naître, et les caractères qui les distinguent ; en un mot, de remonter jusqu'à l'origine et à la génération de nos idées. Indépendamment des secours que nous tirerons de cet examen pour l'énumération encyclopédique des sciences et des arts, il ne saurait être déplacé à la tête d'un dictionnaire raisonné des connaissances humaines.

On peut diviser toutes nos connaissances en directes et en réfléchies. Les directes sont celles que nous recevons immédiatement sans aucune opération de notre volonté ; qui trouvant ouvertes, si on peut parler ainsi, toutes les portes de notre âme, y entrent sans résistance et sans effort. Les connaissances réfléchies sont celles que l'esprit acquiert en opérant sur les directes, en les unissant et en les combinant.

Jean d'Alembert, « Discours préliminaire » à l'*Encyclopédie ou discours raisonné des sciences, des arts et des métiers par une Société de Gens de lettres*, 1751.

1. D'introduction.

Gravure de Goussier Del et Bénard Fecit extraite de l'*Encyclopédie*. On y voit l'intérieur d'une partie d'une imprimerie.

Questions

1. Dans quels objectifs les auteurs ont-ils rédigé l'*Encyclopédie* ? Pourquoi ont-ils fait ces choix ?
2. Que sont les connaissances directes et réfléchies évoquées par l'auteur (l. 25) ? Proposez quelques exemples pour les illustrer.
3. Observez la gravure. Qu'est-ce qui rend possible la diffusion de l'*Encyclopédie* ?

4/5 Où est le savoir ?

Un homme travaille pour une institution internationale où il est un "résumain" : il prend en note et résume des communications officielles pour les diffuser dans la presse. Un de ses collègues a un comportement étrange : il semblerait qu'il lit des fictions.

J'ai attendu une dizaine de minutes la livraison de l'ouvrage qui, au vu de son épaisseur, ne pouvait être celui que lisait mon voisin. Après l'avoir ouvert avec fébrilité, j'ai commencé à lire le préambule.

Ce que l'on a, un jour, appelé fiction n'existe plus et nul ne peut aujourd'hui nier les effets subversifs de cette catégorie d'écrits trop longtemps portée aux nues. En donnant de la réalité des représentations illusoires, en la distordant pour prétendument révéler son sens caché ou en abusant de cette manie qu'est l'invention d'histoires, les écrivains de fiction ont communiqué leurs frustrations à leurs semblables ; ils ont créé chez eux des souhaits démesurés et par contraste mis en valeur la monotonie de leur vie. Leur méthode se fondait sur l'utilisation excessive du processus d'identification qui leur permettait de magnifier[1] *les sentiments les plus ambigus, les plus contradictoires de leurs lecteurs et ainsi de les plonger dans l'incertitude et la consternation. Au cours des décennies passées, la fiction est apparue de plus en plus comme une menace pour l'évolution de l'humanité, ses écrivains comme les promulgateurs d'un malaise qui aurait dû demeurer entièrement le leur. L'imagination, nous le savons à présent, n'est pas un atout de l'être humain mais sa plus sournoise prison. Ce livre a pour ambition de démontrer le processus qui a conduit à la disparition irréfutable et définitive du genre fictionnel en analysant l'appauvrissement progressif des écrits d'un de ses plus célèbres et derniers représentants à avoir été publié, Georges Dumika.*

Cette introduction résumait ce qui nous avait été enseigné pendant notre enfance. À la fin du paragraphe, je n'avais plus aucun doute. Mon voisin lisait un livre de fiction.

De prime abord, je ne vois qu'une solution : le dénoncer. Le risque est évidemment qu'il nie et m'accuse de vouloir, par d'honteuses diffamations, me débarrasser de lui. Sa version serait d'autant plus vraisemblable que je m'étais retenu, lors de mon entretien avec mes supérieurs, d'émettre le moindre reproche contre lui. Mais puis-je poursuivre en toute bonne foi mon existence au sein de l'Institution, accomplir ma tâche de manière honnête, tout en gardant cachée ma découverte ? Au cours de mon enfance, j'ai lu quelques romans mais, très vite, mes parents se sont rendu compte qu'ils m'exposaient à des singularités et à des représentations qui perturbaient la saine vision des choses qu'ils voulaient m'inculquer.

Céline Curiol, *Permission*, © Éditions Actes Sud, 2006.

1. Idéaliser.

Céline Curiol

Née en 1975

Auteure de romans et d'essais, Céline Curiol a une formation d'ingénieure. Elle a longtemps vécu aux États-Unis avant de revenir en France où elle travaille comme journaliste et traductrice.

Questions

1. En vous appuyant sur le lexique, expliquez quelle conception de la fiction est développée dans cette société. Qu'en pensez-vous ?
2. Analysez les réactions du personnage. Que nous apprennent-elles sur la société décrite dans l'extrait ?
3. Comment comprenez-vous la phrase « L'imagination, nous le savons à présent, n'est pas un atout de l'être humain mais sa plus sournoise prison. » (l. 17-18) ?

Comment peut-on saisir les transformations de notre rapport au savoir ?

Ray Bradbury

1920-2012

Auteur américain, reconnu comme un maitre du roman de science-fiction et d'anticipation. Le 22 août 2012, la NASA nomme en son honneur l'atterrissage effectué par le robot *Curiosity* sur Mars : *Bradbury Landing* (« Zone d'atterrissage Bradbury »).

5/5 Savoir ou se distraire

Montag travaille dans une compagnie de pompiers chargée de brûler les livres devenus interdits. Après une intervention au cours de laquelle Montag a volé un livre, son capitaine vient le voir et lui explique ce que les livres représentent pour la société.

À présent, on sait comment les étouffer dans l'œuf. On ne peut pas construire une maison sans clou ni bois. Si vous ne voulez pas que la maison soit construite, cachez les clous et le bois. Si vous ne voulez pas qu'un homme se rende malheureux avec la politique, n'allez pas lui casser la tête en lui proposant deux points de vue sur une question ; proposez-lui en un seul. Mieux encore ne lui en proposez aucun. Qu'il oublie jusqu'à l'existence de la guerre. Si le gouvernement est inefficace, pesant, gourmand en matière d'impôt, cela vaut mieux que d'embêter les gens avec ça. La paix, Montag. Proposez des concours où l'on gagne en se souvenant des paroles de quelques chansons populaires, du nom de la capitale de tel ou tel État ou de la quantité de maïs récolté dans l'Iowa l'année précédente. Bourrez les gens de données incombustibles, gorgez-les de « faits », qu'ils se sentent gavés, mais absolument « brillants » côté informations. Ils auront alors l'impression de penser, ils auront le sentiment du mouvement tout en faisant du sur-place. Et ils seront heureux parce que de tels faits ne changent pas. Ne les engagez pas sur des terrains glissants comme la philosophie ou la sociologie pour relier les choses entre elles. C'est la porte ouverte à la mélancolie. Tout homme capable de démonter un télécran mural et de le remonter, et la plupart des hommes en sont aujourd'hui capables, est plus heureux que celui qui essaie de jouer de la règle à calcul, de mesurer, de mettre l'univers en équations, ce qui ne peut se faire sans que l'homme se sente solitaire et ravalé au rang de la bête. Je le sais, j'ai essayé. Au diable, tout ça. Alors place aux clubs et aux soirées entre amis, aux acrobates et aux prestidigitateurs, aux casse-cou, jet cars, motogyres, au sexe et à l'héroïne, à tout ce qui ne suppose que des réflexes automatiques. Si la pièce est mauvaise, si le film ne raconte rien, si la représentation est dépourvue d'intérêt, collez-moi une dose massive de thérémine[1]. Je me croirai sensible au spectacle alors qu'il ne s'agira que d'une réaction tactile aux vibrations. Mais je m'en fiche. Tout ce que je réclame, c'est de la distraction.

Ray Bradbury, *Fahrenheit 451 – Chroniques martiennes – Les pommes d'or du soleil*, 1953, traduit de l'anglais par Jacques Chambon, Philippe Gindre, Richard Négrou et Henri Robillot,

1. Instrument de musique.

Un autodafé est la destruction des livres par le feu.

Questions

1. Repérez et analysez les arguments du capitaine : quelle image donnent-ils de la société de ce roman ?
2. Étudiez les temps et les modes verbaux de l'extrait. Que vous apprennent-ils des intentions du personnage ?

Devenez jury du Bac !

Mission : Savoir comment créer un sujet de type Bac permet de comprendre les tenants et les aboutissants d'une telle épreuve. Ainsi, vous exercerez votre esprit critique et comprendrez le fonctionnement d'un corpus !

Corbeyran et Grun, *Metronom*, tome 2, Glénat, 2010.

La méthode pas à pas

ÉTAPE 1 Choisir un texte

Choisissez un texte qui vous a marqué dans le chapitre et identifiez-en le thème principal.

ÉTAPE 2 Choisir un complément

Choisissez un autre texte puis une image parmi ceux et celles proposés dans le manuel, ou en puisant dans vos recherches et votre culture personnelle.

ÉTAPE 3 Clarifier vos choix

Faites la liste des raisons qui vous ont poussé(e) à réunir ces trois documents (unité thématique, genre, auteur, date, etc.).

Recherchez une question directrice ou une problématique. En effet, le corpus n'est pas un catalogue de textes : il doit servir un but. Cette question peut ensuite devenir le sujet d'écriture du devoir.

ÉTAPE 4 Faire le point

Présentez votre choix de corpus.

Trouvez les points communs et les différences dans la manière dont ont travaillé vos camarades. Ont-ils les mêmes critères de choix de documents ?

Listez-les et utilisez-les pour déterminer les caractéristiques d'un corpus.

Puis, à partir de celles-ci, créez une fiche méthode qui explique ce à quoi il faut prêter attention quand on étudie un corpus.

Boite à outils

- Présentation du sujet d'examen LLS.fr/FTPMethodeBac
- Synthèse de corpus ▸ **Méthode** p. 151

Critères de réussite

Élaborer un corpus cohérent

☒ *Je suis capable d'expliquer l'articulation des documents entre eux.*

Construire une problématique

☒ *Je transforme mon projet de corpus en une question.*

Élaborer une fiche méthode

☒ *Je complète mes critères de choix du corpus avec ceux des autres élèves.*

→ Autoévaluez-vous sur LLS.fr/FTPP63

Inventer et questionner des mondes virtuels permet-il de percevoir la réalité ?

Philip K.Dick

1928-1982

Auteur américain de romans, de nouvelles et d'essais de science-fiction. Plusieurs de ses œuvres sont adaptées au cinéma (*Black Runner*, *Total Recall*).

1/5 Souvenirs de Mars

M. Quail rêve d'aller sur Mars mais il n'en a pas les moyens. Heureusement la société Rekal Inc. permet à chacun de s'implanter les souvenirs de son choix et fournit passeport, billets de visites et cartes postales comme preuves de voyage.

Il lui paraissait impossible que l'implantation de souvenirs extra-factuels par MémoiRe S.A. fonctionne effectivement, quoi qu'il eût entendu dire autour de lui.

« Mr Quail, reprit patiemment McClane. Comme vous nous l'avez expliqué dans votre lettre, vous n'avez pas la moindre petite chance d'aller un jour sur Mars ; vous n'en n'avez pas les moyens et, beaucoup plus important, vous ne présentez pas les qualités requises pour être agent secret chez Interplan ou ailleurs. Ce que nous vous proposons est donc la seule manière de réaliser... hum, le rêve de votre vie. Est-ce que je me trompe ? Non, vous ne pouvez ni être agent secret ni ous rendre pour de vrai sur Mars. » Il gloussa. « Mais vous pouvez l'avoir été et y être allé. Nous nous en chargeons. Et notre tarif est raisonnable, sans mauvaises surprises. » Il eut un sourire encourageant.

« Le souvenir extra-factuel est-il à ce point convaincant ? interrogea Quail.

– Plus vrai qu'un vrai. Si vous étiez vraiment allé sur Mars comme agent d'Interplan, à l'heure actuelle vous auriez oublié la quasi-totalité de votre mission ; nos analyses du système vérimémoriel – la remémoration authentique des grands événements de la vie – démontrent qu'une foule de détails s'évanouissent très rapidement. Et définitivement. Dans le contrat global que nous offrons, les souvenirs sont si profondément implantés que rien n'est oublié. Le matériau qu'on vous injecte pendant votre coma artificiel a été crée par des experts remarquablement formés qui ont passé des années sur Mars ; dans tous les cas, nous vérifions tout dans les moindres détails. De plus, vous avez choisi une système extra-factuel relativement facile ; si vous aviez choisi Pluton, ou si vous aviez voulu être empereur de l'Alliance des Planètes intérieures, nous aurions eu beaucoup plus de mal... et le coût aurait été nettement plus élevé. »

Philip K.Dick, « Souvenirs à vendre », Total Recall et autres récits, 1966, traduit de l'anglais par Hélène Collon, © Éditions Denoël, 2012.

Pawel Kuszynski, *Perfect garden*, 2017, 24 x 30 cm, collection privée.

Questions

1. Analysez par quels moyens l'employé de Reckal Inc. persuade M. Quail de s'implanter des souvenirs. Que pensez-vous de sa façon de procéder et de ses arguments ?
2. Quels liens pouvez-vous établir entre l'illustration et l'extrait ?

2/5 Une prison

En 2045, le monde réel est insupportable. Seule solution : se réfugier dans un monde virtuel, « l'OASIS », un jeu planétaire excitant, addictif... Et très coûteux car il faut payer pour progresser dans le jeu.

Le film *Ready Player One* réalisé par Steven Spielberg d'après le roman de Ernest Cline, 2018.

Par chance, j'avais accès à l'OASIS. C'était comme une issue de secours qui donnait sur une réalité meilleure. Si je n'ai pas sombré dans la folie, c'est grâce à l'OASIS. C'était mon terrain de jeu et mon jardin d'enfants, un lieu magique où tout était possible.

Mes souvenirs de gamin les plus heureux sont liés à l'OASIS. Lorsque ma mère n'était pas contrainte de travailler, on se connectait simultanément et on jouait à des jeux ou à des aventures romanesques interactifs. Il fallait qu'elle me force à me déconnecter tous les soirs, car je ne voulais jamais revenir à la réalité. Le monde réel, c'était vraiment trop nul.

Je n'ai jamais reproché à ma mère la situation dans laquelle on vivait. Elle était victime du destin et de circonstances cruelles, comme tout le monde. Cela avait été d'autant plus dur pour ceux de sa génération, qui étaient nés dans un monde où régnait l'abondance pour le voir s'évanouir peu à peu sous leurs yeux. Je me rappelle surtout que ça me faisait de la peine pour elle. Elle était tout le temps déprimée, et la seule chose qu'elle appréciait vraiment, c'était la drogue. Évidemment, c'est ce qui avait fini par l'achever. J'avais onze ans lorsqu'elle s'est injecté un mauvais cocktail dans le bras et qu'elle est morte sur notre canapé-lit miteux en écoutant de la musique sur le vieux lecteur de MP3 que je lui avais offert lors du Noël précédent, après l'avoir réparé.[...]

L'année qui avait suivi la mort de ma mère, j'avais passé pas mal de temps à m'apitoyer sur mon sort, englué dans le désespoir. J'essayais de voir le bon côté des choses, de garder à l'esprit que, orphelin ou non, je vivais mieux que la plupart des gamins d'Afrique, d'Asie, et même d'Amérique du Nord. J'avais toujours eu un toit au-dessus de la tête et largement de quoi me nourrir. Et puis j'avais l'OASIS. Ma vie n'était pas si terrible. C'est du moins ce que je me répétais en vain, pour dissiper le sentiment de solitude que j'éprouvais désormais.

C'est ensuite que la chasse à l'œuf[1] de Pâques de Halliday a commencé, et je crois bien que c'est ce qui m'a sauvé. Soudain, j'avais trouvé un rêve qui valait la peine d'être poursuivi. Au cours des cinq dernières années, la Chasse m'avait donné un but dans la vie. Une quête à accomplir. Une raison de me lever le matin. Quelque chose à espérer.

À partir du moment où je me suis mis à chercher l'œuf, l'avenir m'a semblé nettement moins morose.

Ernest Cline, *Player One*, 2011, traduit de l'anglais par Arnaud Regnauld, © Éditions Michel Lafon, 2013.

1. À sa mort, le créateur du jeu, devenu l'homme le plus riche du monde, a laissé une vidéo dans laquelle il a annoncé qu'il lèguera toute sa fortune à celui qui trouvera « l'œuf de Pâques » caché.

Ernest Cline

Né en 1972

Écrivain américain de science-fiction. *Player One*, son premier roman, a rencontré un grand succès et a été adapté au cinéma par Steven Spielberg.

Vidéo

Découvrez la bande-annonce du système de jeu en réalité virtuelle développé par Oculus sur **LLS.fr/FTPOculus**

Questions

1. Comment peut-on qualifier le monde dans lequel vit le narrateur ?
2. Que pensez-vous du nom du monde virtuel : OASIS ? Appuyez-vous sur la définition du mot et l'analyse de ce que cet espace représente pour le personnage.

Inventer et questionner des mondes virtuels permet-il de percevoir la réalité ?

Pierre Bordage

Né en 1955

Auteur français de science-fiction. C'est avec sa trilogie *Les Guerriers du silence*, qui sera adaptée en bande dessinée par Algésiras et Philippe Ogaki, qu'il rencontre le succès.

Numérique

Découvrez les 5 scénarios pour le futur sur LLS.fr/FTPFutur

Questions

1. Quels sont les avantages et les limites de l'enseignement numérique en distanciel proposé dans cet extrait ?
2. Analysez les éléments qui caractérisent le personnage du maitre. Que pensez-vous de lui ?
3. En quoi la carte postale illustre-t-elle le texte ? Justifiez votre réponse.

3/5 L'enseignement du futur

Dans un futur indéterminé, Emna profite d'un programme scolaire à la maison où les « élèves » peuvent évoluer grâce à des leçons virtuelles qui les poussent toujours au meilleur niveau. La scolarité d'Emna avance rapidement, jusqu'à l'arrivée d'un nouvel « élève » qui ralentit le groupe. Ils décident donc d'essayer de le faire exclure.

Carte postale éditée en 1899.
Jean-Marc Côté imagine le monde de l'an 2000.

Tous les matins, le maître présentait les cours du jour avant de lancer le programme. La puce supplémentaire insérée dans leurs cerveaux (l'opération était comprise dans le forfait) plaçait les élèves dans un état de réceptivité absolue proche de l'hypnose. Le flot d'informations, images et sons, déferlait pendant une vingtaine de minutes, puis maître Moda donnait des exercices qui, tout en validant les connaissances, sollicitaient la mémoire, la logique, l'esprit d'analyse et de synthèse. C'était à cette occasion que se gagnaient ou se perdaient les places à l'évaluation hebdomadaire. Si elle n'était pas la meilleure dans la résolution des problèmes mathématiques ou dans l'apprentissage des langues vivantes, Emna montrait une efficacité inégalable en histoire et en sciences physiques. De même elle marquait de nombreux points avec les versions et les thèmes des langues mortes. Pour le reste, francais, économie, sociologie, arts plastiques, musique, elle se maintenait dans la moyenne haute.

« Tes parents et moi sommes très contents de toi, Emna. »

Le visage de maître Moda s'était affiché dans la fenêtre de l'écran. L'icône symbolisant la classe avait disparu, signe que cette conversation se déroulait dans la plus stricte intimité.

« À quoi bon ? lança-t-elle avec une moue. Nous n'aurons pas fini le cycle avant Noël. »

Elle guetta une éventuelle réaction sur les traits de son interlocuteur, mais, comme d'habitude, maître Moda restait parfaitement impénétrable. Il n'exprimait aucune émotion humaine tout simplement parce qu'il n'était pas humain. « De mon temps, les profs étaient de chair et d'os » radotait papa.[...]

« Je m'ennuie dans cette classe. Je voudrais commencer les cours de philo.
– Est-ce toi qui t'ennuies ou bien un élément extérieur qui te perturbe ? »
Difficile de cacher ses sentiments au maître. Papa avait expliqué que le programme, expert en morphopsychologie, devinait les pensées de ses interlocuteurs rien qu'en observant les mouvements de leur visage. Emna s'appliquait à rester impassible, à ne rien dévoiler d'elle-même, mais, tôt ou tard, elle s'oubliait, elle perdait le contrôle et redevenait ce livre ouvert dans lequel maître Moda pouvait piocher à loisir. « Joao… »

« Je trouve pour ma part que Joao a progressé de manière spectaculaire.
– Il nous retarde, insista Emna. Je ne suis pas la seule à le penser. Les autres m'ont chargée de vous le dire. »

Pierre Bordage, « La classe de Maître Moda », *Nouvelle vie TM*, 2004, © Éditions L'Atalante,

Affiche de la Paris Games Week, 2019.

4/5 Un virtuel qui rassemble

Dans un entretien mené par Laurent Greilsamer et Nicolas Bove, Pierre-Jean Benghozi, évoque les jeux vidéo à la fois populaires et méprisés.

Pouvez-vous nous donner une idée du nombre de joueurs ?

En 2014, on dénombrait 1,5 milliard de joueurs actifs dans le monde, ce qui représentait près de la moitié de la population connectée à Internet. Ce nombre a continué d'augmenter au fur et à mesure selon la même proportion. Il s'agit d'un chiffre considérable, même si, selon les continents, la part de la population jouant aux jeux vidéo n'est pas identique. Cela dit, il demeure difficile d'estimer le nombre exact de joueurs dans le monde en raison de la mauvaise image qui colle au joueur, celle du *gamer* adolescent attardé. Cela conduit à une sous-déclaration dans les enquêtes. [...]

Le jeu vidéo semble être étroitement lié aux évolutions technologiques...

C'est une industrie numérique par nature. Il existe deux différences majeures entre les jeux vidéos et les autres secteurs de l'industrie culturelle. D'une part, les moyens de production et de consommation : ceux-ci étaient auparavant déconnectés l'un de l'autre - au cinéma, le spectateur n'a pas besoin d'un équipement particulier ; c'est encore plus évident dans le cas d'un lecteur. Dans le cas du jeu vidéo, la technologie est non seulement nécessaire à la production, mais aussi à la pratique.

Le second élément de différenciation entre l'industrie du jeu vidéo et les autres secteurs tient au contenu lui-même : dans le cas du jeu, il n'est pas autonome. Un livre demeure identique pour tous les lecteurs, ils le perçoivent et l'interprètent ensuite selon leurs sensibilités. Ce n'est pas le cas du jeu vidéo, où chaque expérience est spécifique : on ne joue jamais deux fois la même partie.

Diriez-vous qu'une culture nouvelle émerge depuis 40 ans avec le jeu vidéo ?

Il s'agit d'une véritable pop culture. Prenez l'exemple de la Paris Games Week, ce festival qui a lieu chaque année au début de l'automne. Une culture invisible apparaît alors en plein jour, extrêmement diversifiée, avec une grande variété de joueurs et d'univers (manga, guerre, course automobile, football, science-fiction, etc.). Ces pratiques culturelles donnent lieu à de grands rassemblements, comme l'e-sport ou divers salons où des visiteurs de tous âges viennent, parfois déguisés. Ce sont des phénomènes de consommation de masse qui passent complètement sous le radar des institutions et échappent complètement à la culture savante.

« Les jeux vidéos sont la vraie culture populaire de notre époque », entretien avec Pierre-Jean Benghozi, Le 1 Hebdo, n°275, décembre 2019.

Pierre-Jean Benghozi

Né en 1956

Professeur à Polytechnique et directeur de recherche au CNRS, il est l'auteur, avec Philippe Chantepie, de *Jeux vidéo : l'industrie culturelle du XXIe siècle ?*

Questions

1. Identifiez les particularités du jeu vidéo et établissez-en la liste.
2. Quelle image du jeu vidéo renvoie cette liste de caractéristiques ? Qu'en pensez-vous ?

Inventer et questionner des mondes virtuels permet-il de percevoir la réalité ?

Guillaume Guéraud

Né en 1972

Journaliste de formation et auteur de plusieurs romans dont *Déroute sauvage* ou *Je mourrai pas gibier*, qui sera adapté en bande dessinée.

5/5 Aveugle

Rush Island, 2037. La loi Bradbury interdit toutes les images depuis vingt ans sur l'ensemble du territoire. Falk et Kaneshiro font partie d'un corps d'élite chargé de détruire les images, la Brigade de l'Œil.

Kaneshiro le réveille et le met au parfum – la Révolution, les rênes du pouvoir dans les mains de l'impératrice Harmony, la mise en place de la Brigade de l'Œil.

L'impératrice Harmony a des messages clairs : « La télévision est un poison », « Le web infecte nos esprits », « Le cinéma nous intoxique ».

Et fédérateurs : « Les images sont dangereuses », « Les images sont fabriquées par ceux qui nous exploitent », « Les images sont les apôtres du capitalisme[1] ».

L'impératrice Harmony fustige les fléaux du libéralisme[2] qui ravagent le pays.

Et incrimine les images.

L'impératrice Harmony veut en priorité faire disparaître les images.

Images photographiques. Images cinématographiques. Images numériques. Peintures. Dessins. Gravures. Illustrations de toute sorte. Rush Island croule sous leur poids.

L'impératrice Harmony veut leur éradication complète.

Un nouveau corps de police est constitué pour les éliminer – la Brigade de l'Œil.

Cinquante mille agents sont recrutés pour brûler tous les documents. Détruire tous leurs outils de production et de diffusion. Par tous les moyens. Les frontières de l'île sont fermées. Les liaisons satellites sont coupées. Les échanges internationaux sont interrompus. Rush Island se transforme en autarcie[3] et se prépare au grand nettoyage.

Falk écoute. Et approuve. Il se méfiait déjà des images.

Il avait conscience de leur omniprésence. Il les avait souvent considérées comme un danger potentiel. Encore plus depuis la mort de sa femme. Les photographies de sa femme lui font peur. Toutes – celles où elle sourit comme celles où elle grimace. Il finit par les mettre en morceaux et les incinérer dans son évier. « C'était elle ou moi ! » dit-il à Kaneshiro. Mais les autres photos se mettent également à l'inquiéter – celles où il est seul comme celles où il y a du monde. Même celles où il n'y a rien d'autre qu'un putain de paysage. Celles-là aussi – il ne peut plus les supporter. Et il fout pratiquement le feu à son appartement le jour où il les fait cramer.

Kaneshiro lui rapporte alors les propos de l'impératrice Harmony – « Les photographies sont nocives », « Le cinéma rend fou », « La télévision est l'opium du peuple ».

Guillaume Guéraud, *La Brigade de l'Œil*, 2007, © Éditions Gallimard, 2016.

1. Système de production dont les fondements sont l'entreprise privée et la liberté du marché.
2. Doctrine selon laquelle la liberté économique, le libre jeu de l'entreprise ne doivent pas être entravés.
3. État d'un pays qui se suffit à lui-même.

Questions

1. Comment peut-on qualifier l'ambiance dans cet extrait ? Justifiez votre point de vue à l'aide d'une étude précise de l'écriture (syntaxe, procédé de reprise, type et forme de phrases, etc.)
2. Pour quelles raisons faudrait-il se débarrasser des images, selon l'impératrice ? Qu'en pensez-vous ?

Liberté numérique, quelles limites ?

Mission : En 2014, une jeune américaine a réalisé un selfie tout sourire sur les lieux de l'ancien camp d'extermination d'Auschwitz. Scandalisés, des milliers d'internautes ont critiqué son geste, allant pour certains jusqu'à la menacer de mort.

La méthode pas à pas

ÉTAPE 1 Découvrir la situation

Par groupe, réfléchissez aux différentes attitudes des internautes (la jeune américaine mais aussi ses détracteurs). Vous pouvez utiliser les liens de la boite à outils.

Recherchez d'autres situations dans lesquelles les internautes sont allés trop loin selon vous.

ÉTAPE 2 Envisager des solutions

Imaginez comment ces débordements auraient pu être évités.

Confrontez vos propositions avec celles des autres groupes.

ÉTAPE 3 Faire le point

Quelles propositions ont suscité le plus de débats ? Essayez de réfléchir aux raisons de ces débats.

Faites la synthèse des éléments récoltés et comparez-les à la loi « Informatique et Libertés » que vous trouverez dans la boite à outils.

Rédigez quelques lignes de bilan.

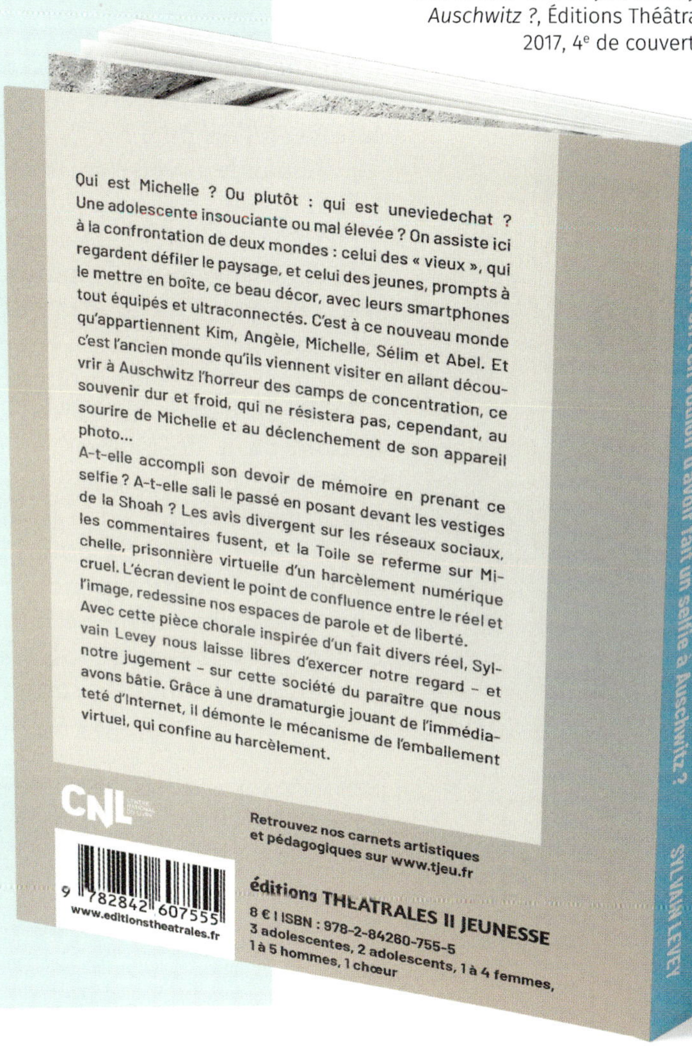
Qui est Michelle ? Ou plutôt : qui est uneviedechat ? Une adolescente insouciante ou mal élevée ? On assiste ici à la confrontation de deux mondes : celui des « vieux », qui regardent défiler le paysage, et celui des jeunes, prompts à le mettre en boîte, ce beau décor, avec leurs smartphones tout équipés et ultraconnectés. C'est à ce nouveau monde qu'appartiennent Kim, Angèle, Michelle, Sélim et Abel. Et c'est l'ancien monde qu'ils viennent visiter en allant découvrir à Auschwitz l'horreur des camps de concentration, ce souvenir dur et froid, qui ne résistera pas, cependant, au sourire de Michelle et au déclenchement de son appareil photo...

A-t-elle accompli son devoir de mémoire en prenant ce selfie ? A-t-elle sali le passé en posant devant les vestiges de la Shoah ? Les avis divergent sur les réseaux sociaux, les commentaires fusent, et la Toile se referme sur Michelle, prisonnière virtuelle d'un harcèlement numérique cruel. L'écran devient le point de confluence entre le réel et l'image, redessine nos espaces de parole et de liberté.

Avec cette pièce chorale inspirée d'un fait divers réel, Sylvain Levey nous laisse libres d'exercer notre regard – et notre jugement – sur cette société du paraître que nous avons bâtie. Grâce à une dramaturgie jouant de l'immédiateté d'Internet, il démonte le mécanisme de l'emballement virtuel, qui confine au harcèlement.

Retrouvez nos carnets artistiques et pédagogiques sur www.tjeu.fr

éditions THEATRALES JEUNESSE

8 € | ISBN : 978-2-84260-755-5

3 adolescentes, 2 adolescents, 1 à 4 femmes, 1 à 5 hommes, 1 chœur

www.editionstheatrales.fr

Michelle doit-on t'en vouloir d'avoir fait un selfie à Auschwitz ?

SYLVAIN LEVEY

Sylvain Levey, *Michelle doit-on t'en vouloir d'avoir fait un selfie à Auschwitz ?*, Éditions Théâtrales, 2017, 4e de couverture.

Boite à outils

- Bande-annonce de la pièce sur LLS.fr/FTPMichelle
- Un mot de l'auteur de la pièce sur LLS.fr/FTPLevey
- Loi « Informatique et Libertés » sur LLS.fr/FTPLoi

Critères de réussite

Cerner une situation
- ☒ *Je peux résumer la situation.*
- ☒ *Je saisis les enjeux de la situation.*

Échanger au sein d'un groupe
- ☒ *Je m'exprime dans le groupe.*
- ☒ *Je tiens compte de l'opinion des autres.*

Construire une opinion informée et nuancée
- ☒ *Je fais la synthèse de la situation et de ses enjeux.*
- ☒ *Je nuance mon point de vue sur la situation.*

→ Autoévaluez-vous sur LLS.fr/FTPP69

Intelligence artificielle : la réalité dépasse-t-elle la fiction ?

Auguste de Villiers de L'Isle-Adam

1838-1889

Écrivain français, auteur des *Contes cruels* qui mêlent le fantastique et le lugubre. Son œuvre est souvent liée au rêve et à l'irréel, qui le fascinent. *L'Ève future* est parfois considérée comme une œuvre fondatrice de la science-fiction.

Vidéo

Visionnez une vidéo sur le mythe de Prométhée sur LLS.fr/FTPPromethee

1/4 Mieux que la vraie

Lord Ewald est désespéré par sa maitresse, Alicia, et se voit proposer par Edison un être mécanique animé, Hadaly, qui aurait les traits d'Alicia et une âme artificielle.

– On n'aime qu'un être animé ! dit Lord Ewald.

– Eh bien ? demanda Edison.

– L'âme, c'est l'inconnu ; animerez-vous votre Hadaly ?

– On anime bien un projectile d'une vitesse de *x* ; or, *x*, c'est l'inconnu, aussi.

– Saura-t-elle qui elle est ? ce qu'elle est, veux-je dire ?

– Savons-nous donc si bien, nous-mêmes, qui nous sommes ? et ce que nous sommes ? Exigerez-vous plus de la copie que Dieu n'en crut devoir octroyer à l'original ?

– Je demande si votre créature aura le sentiment d'elle-même.

– Sans doute ! répondit Edison comme très étonné de la question.

– Hein ? Vous dites ?... s'écria Lord Ewald, interdit.

– Je dis : sans doute ! – puisque ceci dépend de vous. Et c'est même sur vous seul que je me fonde pour que cette phase du miracle soit accomplie.

– Sur moi ?

– Sur quel autre, plus intéressé en ce problème, pourrais-je compter ?

– Alors, dit tristement Lord Ewald, – veuillez bien m'apprendre, mon cher Edison, où je dois aller ravir une étincelle de ce feu sacré dont l'Esprit du Monde nous pénètre ! Je ne m'appelle point Prométhée[1], mais, tout simplement, Lord Celian Ewald, – et je ne suis qu'un mortel.

– Bah ! tout homme a nom Prométhée sans le savoir – et nul n'échappe au bec du vautour, répondit Edison. – Milord, en vérité je vous le dis : une seule de ces mêmes étincelles, encore divines, tirées de votre être, et dont vous avez tant de fois essayé (toujours en vain !) d'animer le néant de votre jeune admirée, suffira pour en vivifier l'ombre.

Auguste de Villiers de l'Isle-Adam, *L'Ève future*, II, 6, « Excelsior », 1886.

1. Dans la mythologie grecque, il est un titan qui déroba le feu aux dieux pour l'offrir aux humains. On considère donc que c'est lui qui donne aux hommes la science et la technique.

Jérôme Bosch, *Le Jardin des délices*, détail du panneau droit, vers 1500, Musée du Prado, Madrid, Espagne.

Questions

1. Quelle est l'inquiétude première de lord Ewald ? Que révèle-t-elle ?
2. Analysez précisément les arguments du scientifique. Qu'en pensez-vous ?

2/4 Un médecin 2.0

Le magazine *Science & Vie* consacre un numéro hors-série à l'Intelligence Artificielle, qui permet de faire le point sur l'état actuel des avancées scientifiques en ce domaine et sur ce que l'on peut imaginer dans l'avenir.

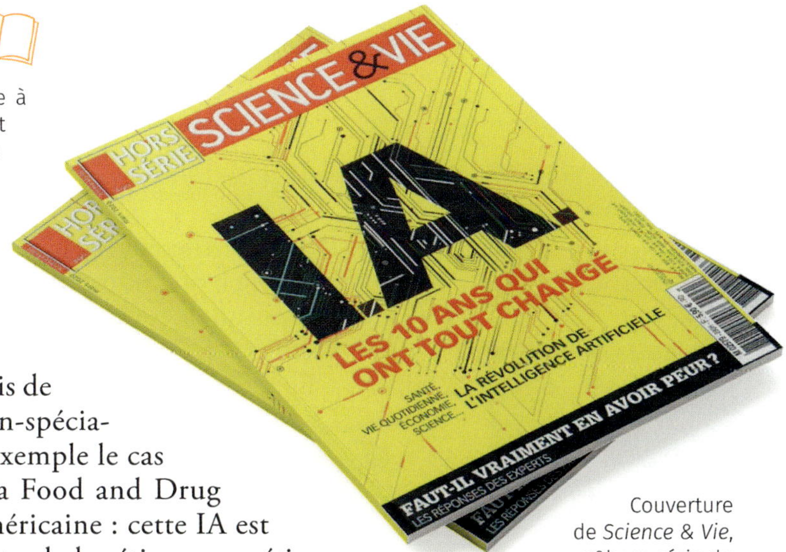

Couverture de *Science & Vie*, n° hors-série du 4 mars 2020, n° 290.

Elle dépiste et diagnostique les maladies

Certains systèmes d'IA sont déjà utilisés dans les hôpitaux, en particulier pour le dépistage et le diagnostic : ils permettent, non pas toujours de dépasser l'acuité[1] humaine, mais de faire plus vite et de pouvoir déléguer à un non-spécialiste une partie des manipulations. C'est par exemple le cas d'IDx-DR, autorisée depuis avril 2018 par la Food and Drug Administration (FDA), l'autorité médicale américaine : cette IA est capable de dépister, à partir d'une simple photo de la rétine, une rétinopathie diabétique. Très utile pour pallier la pénurie de spécialistes. [...] En France, la start-up Incepto conçoit des solutions applicables à l'imagerie médicale. « Six sont déjà utilisées dans plus d'une dizaine d'établissements, par exemple pour détecter des AVC ou des traumatismes crâniens à partir de scanners, ou pour dépister des cancers du sein à partir de mammographies », indique sa cofondatrice Florence Moreau. Autre exemple, plusieurs algorithmes sont déjà parvenus à faire aussi bien que des dermatologues pour identifier, à partir de photos de grains de beauté, ceux qui sont cancéreux. « Parce qu'il y a beaucoup de patients, avec des profils différents et beaucoup de données, notamment d'images, la cancérologie constitue l'un des domaines où les capacités de l'IA apporteront le plus de progrès », avance le cancérologue français Jean-Emmanuel Bibault, qui a intégré un laboratoire sur la recherche en intelligence artificielle à Stanford, dans la Silicon Valley.

« Les prouesses de l'IA : elle dépiste et diagnostique les maladies », Science et Vie, n° 290, mars 2020.

Elle décroche son diplôme de médecin

En 2017, Xiaoyi a réussi haut la main le concours chinois de médecine. Avec une note excellente de 456 sur 600, soit presque 100 points de plus que la note minimale requise, mais surtout après avoir passé seulement 1 h sur sa copie, alors que l'épreuve dure 10 heures. Un étudiant brillant ? Pas du tout ! Car Xiaoyi n'est autre qu'un… robot. Grâce à son aptitude au traitement du langage naturel et son réseau de neurones artificiels nourri de milliers d'ouvrages médicaux, d'images, de rapports et de dossiers de patients, le petit androïde rappelle la prouesse réalisée deux ans plus tôt par Watson, l'intelligence artificielle développée par IBM. Après avoir battu deux champions de Jeopardy, cette IA était parvenue à diagnostiquer un cas de cancer qui tenait les médecins en échec.

« Les prouesses de l'IA : elle décroche son diplôme de médecin », Science et Vie, n° 290, mars 2020.

1. Finesse de l'esprit.

Questions

1. Ces articles sont-ils neutres ? Recherchez les modalisateurs afin de percevoir si le journaliste a une opinion sur la question.
2. Selon ces deux extraits, la machine peut-elle devenir un véritable médecin ou uniquement une aide précieuse ? En vous servant d'exemples précis, vous répondrez de façon nuancée.

Intelligence artificielle : la réalité dépasse-t-elle la fiction ?

Isaac Asimov

1920-1992

Auteur majeur de science-fiction, il est particulièrement connu pour ses travaux sur les robots pour lesquels il invente trois lois immuables. On peut les résumer ainsi :

- un robot ne peut porter atteinte à un être humain ;
- il doit obéir aux ordres qui lui sont donnés par un être humain ;
- il doit protéger son existence tant que cette protection n'entre pas en conflit avec les deux autres lois.

3/4 Menteur !

En 2021, les trois responsables à l'US Robots se retrouvent face à une énigme : Herbie, le dernier robot créé sur le site de production serait télépathe. Ils cherchent à comprendre comment cela a pu arriver. Ils font appel à Susan Calvin, robot-psychologue, pour en savoir le plus possible sur les capacités d'Herbie.

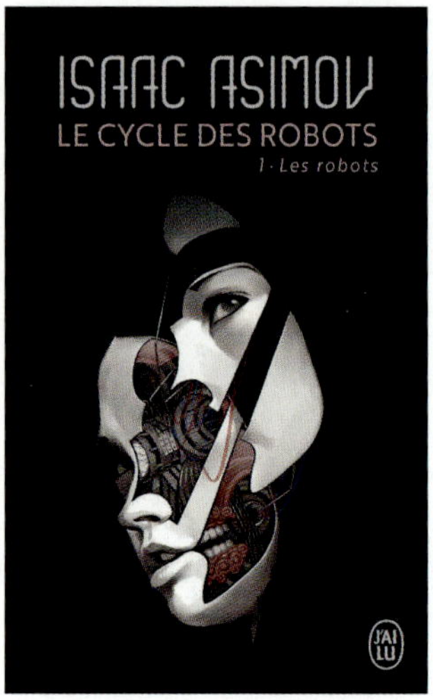

Isaac Asimov, *Le cycle des robots*, Tome 1, © Éditions J'ai Lu, 2012.

Ils s'approchèrent simultanément de Herbie ; Lanning irrité, impatient. Bogert froidement sardonique[1]. Le directeur prit la parole le premier.

– Écoutez-moi un peu, Herbie !

Le robot tourna les yeux vivement vers le vieux directeur :

– Oui monsieur Lanning.

– Avez-vous parlé de moi avec le Dr. Bogert ?

– Non, monsieur.

La réponse avait été proférée avec lenteur et le sourire de Bogert disparut.

– Que signifie ?

Bogert vint se placer devant son directeur et se planta les jambes écartées devant le robot.

– Répétez ce que vous m'avez déclaré hier.

– J'ai dit que…

Puis le robot se tut. Au plus profond de son corps son diaphragme métallique vibrait sous l'effet d'une faible discordance.

– Ne m'avez-vous pas affirmé qu'il avait donné sa démission ? rugit Bogert. Répondez !

Bogert leva le bras d'un geste de rage frénétique, mais Lanning l'écarta d'un revers de main.

– Tentez-vous de le faire mentir en usant d'intimidation ? […] Je vais lui poser la question ! Ai-je donné ma démission, Herbie ?

Herbie prit un regard fixe et Lanning répéta anxieusement la question : « Ai-je donné ma démission ? » Le robot fit un geste de dénégation quasi imperceptible[2]. L'attente se prolongea sans rien amener de nouveau. […] [L]orsque à l'autre bout de la pièce retentit le rire de Susan Calvin, strident et à demi hystérique. Les deux mathématiciens sursautèrent, et les yeux de Bogert se rétrécirent.

– Tiens vous étiez là ? Que trouvez-vous de si drôle ?

– Rien. (*Sa voix n'était pas tout à fait naturelle.*) Je viens seulement de m'apercevoir que je n'ai pas été l'unique dupe. N'est-il pas paradoxal de voir trois des plus grands experts en robotique tomber ensemble dans le même piège grossier ? (*Elle porta une main pâle à son front.*)Mais cela n'a rien de comique.

Cette fois le regard qu'échangèrent les deux hommes était surmonté de sourcils levés à l'extrême.

– De quel piège parlez-vous ? demanda Lanning avec raideur. Le robot présente-t-il quelque anomalie ?

– Non. (Elle s'approcha d'eux lentement) Non, ce n'est pas chez lui que se trouve l'anomalie, mais chez nous. […] Vous connaissez certainement la Première Loi fondamentale de la Robotique ?

Les deux autres inclinèrent la tête ensemble.

Numérique

Écoutez une émission sur Isaac Asimov sur LLS.fr/FTPAsimov

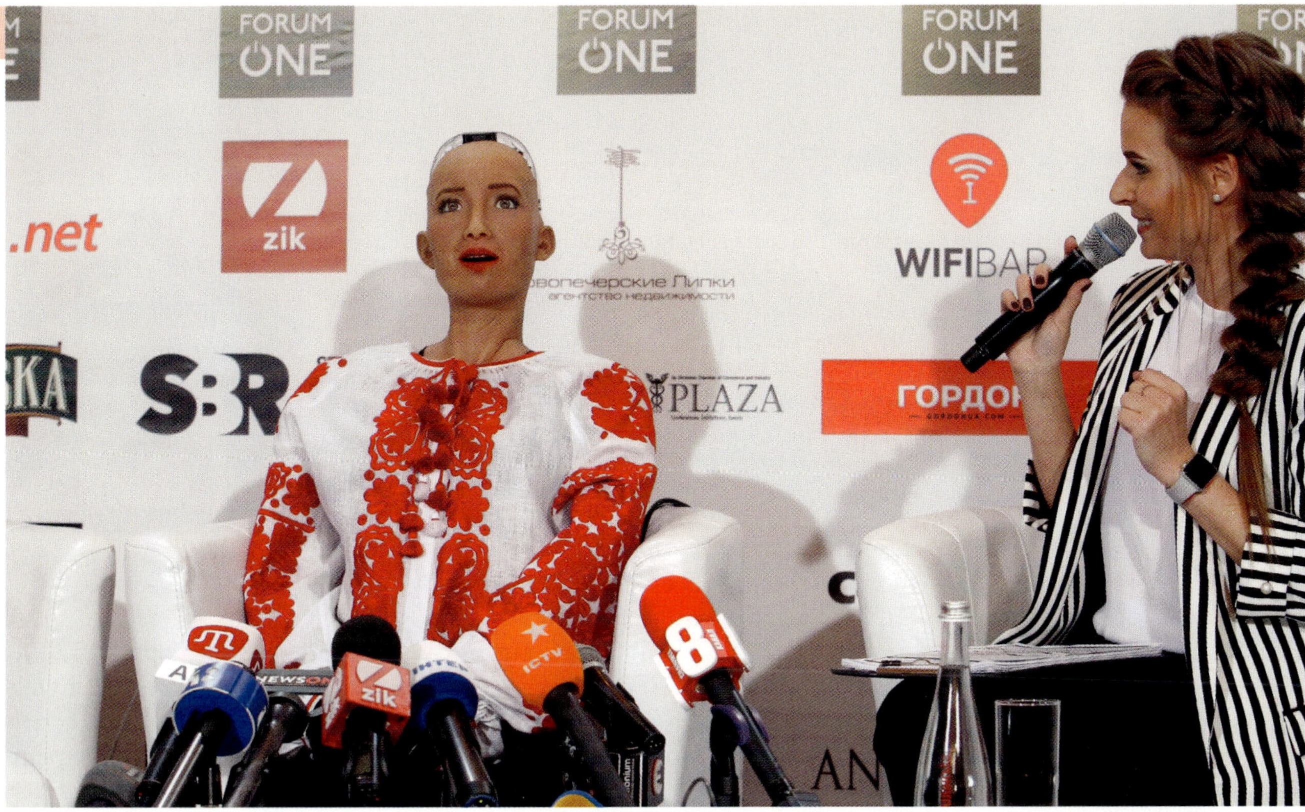

En 2017, un robot du nom de Sophia est naturalisé pour la première fois au monde, à Riyad en Arabie Saoudite. Ici, le robot humanoïde est interviewé par des journalistes.

– Certainement, dit Bogert avec impatience, un robot ne peut porter atteinte à un être humain ni, restant passif, laisser cet être humain exposé au danger.

– Merveilleusement exprimé, ironisa Calvin. Mais quel genre de danger ? Quel genre d'atteinte ?

– Mais… tous les genres.

– Exactement ! Tous les genres d'atteinte ! Mais pour ce qui est de blesser les sentiments, d'amoindrir l'idée que l'on se fait de sa propre personne, de réduire en poudre les plus chers espoirs, sont-ce là des choses sans importance ou au contraire… ?

Lanning fronça les sourcils.

– Comment voulez-vous qu'un robot puisse savoir…

Puis il se tut avec un cri étranglé.

– Vous avez saisi, n'est-ce pas ? Ce robot lit les pensées. Pensez-vous qu'il ignore tout des blessures morales ? Pensez-vous que si je lui posais une question, il ne me donnerait pas exactement la réponse que je désire entendre ? Toute autre réponse ne nous blesserait-elle pas, et Herbie peut-il l'ignorer ?

Isaac Asimov, « Menteur », 1941, *Les Robots,* © Éditions J'ai lu, 2009.

1. Qui exprime une moquerie amère, froide et méchante. **2.** Difficile à percevoir.

Questions

1. Prenez connaissance des trois lois de la robotique d'Asimov résumées dans sa biographie. Comment cet extrait montre-t-il une limite à ces lois ?
2. Analysez la manière dont Asimov rend compte des émotions des humains par son écriture. Dans quel état d'esprit sont-ils ?
3. Observez la photographie et sa légende : cet évènement fait-il écho au texte d'Asimov ?

Intelligence artificielle : la réalité dépasse-t-elle la fiction ?

Antoine Bello

Né en 1970

Écrivain français, il a cédé tous ses revenus issus des droits d'auteur plusieurs années de suite à la Wikimedia Foundation. Il a qualifié dans ses interviews Wikipedia de « service public » et de « plus beau projet porté par l'humanité depuis l'invention de l'écriture ».

4/4 Le mystère de la conscience

Franck Logan a été chargé de retrouver Ada, une intelligence artificielle, disparue. Il discute avec Nick Caldwell, un ingénieur qui a vu Ada « grandir ».

Cet idéogramme chinois signifie « Pleine conscience ».

– Diriez-vous qu'Ada est consciente ? demanda-t-il pour la deuxième fois de la journée.
– C'est l'éternel débat de l'intelligence artificielle. Tout dépend de ce que vous entendez par ce mot. Les scientifiques n'ont toujours pas percé le mystère de la conscience. Que signifie être conscient ? Que je ressens les choses ? Les animaux aussi. Que mon cerveau établit des connexions entre les signaux qui lui parviennent ? Là encore, d'autres êtres vivants en sont capables. Que j'ai conscience de mon être ? Voyez comme j'en reviens au moment même que j'essaie de définir. Les bouddhistes ont une expression pour décrire cette impossibilité du sujet à se prendre pour objet : « Un couteau ne peut se couper lui-même. » Turing – toujours lui ! – a eu l'idée de considérer la question sous un angle pratique. Plutôt que de chercher à déterminer par la théorie si les ordinateurs pouvaient penser, il a conçu un test simple encore utilisé aujourd'hui : une intelligence artificielle est réputée avoir passé le test si un homme conversant à l'aveugle avec elle pendant cinq minutes ne peut dire s'il a ou non affaire à un humain.
– Cela prouve qu'elle a été bien programmée, remarqua Franck, pas qu'elle est consciente.
– En effet. Le philosophe John Searle en a donné une brillante démonstration. Supposons, dit-il, que vous soyez enfermé dans une pièce ; vous ne parlez pas le chinois et vous le lisez encore moins.
– Je vous le confirme.
– Un Chinois se tenant à l'extérieur de la pièce glisse sous la porte un message écrit en mandarin, dont vous ne comprenez pas un traître mot. Vous disposez cependant d'un manuel contenant des instructions extrêmement détaillées : « Combien le premier idéogramme[1] contient-il de traits ? Quatorze ? Alors rendez-vous à telle page. Le reconnaissez-vous parmi cette liste ? Oui ? rendez-vous à telle page », et ainsi de suite. Arrivé au bout du texte, le manuel vous indique les idéogrammes à recopier pour composer votre réponse. Voyant revenir un message en mandarin votre correspondant en conclut que vous parlez sa langue.

Franck voulut s'assurer qu'il avait saisi la leçon.
– Vous êtes en train de dire que les IA traitent l'information sans la comprendre ?

Antoine Bello, *Ada*, © Éditions Gallimard, 2016.

1. Signe graphique qui représente un mot ou une idée.

Questions

1. Comment s'organisent les deux démonstrations de Nick ? Qu'en pensez-vous ?
2. Quel effet produit le dialogue sur le lecteur ? Pour vous aider, transposez les passages centraux au discours indirect.

Jouez les dramaturges

Monsieur X est sur le point de se débarrasser de son robot domestique qui l'accompagne depuis vingt ans. Au moment où il s'apprête à le mettre hors d'usage en retirant sa batterie, le robot prend la parole pour défendre sa vie.

Mission : Sous la forme d'un texte théâtral, vous rédigerez cette entrevue pendant laquelle les protagonistes s'opposent.

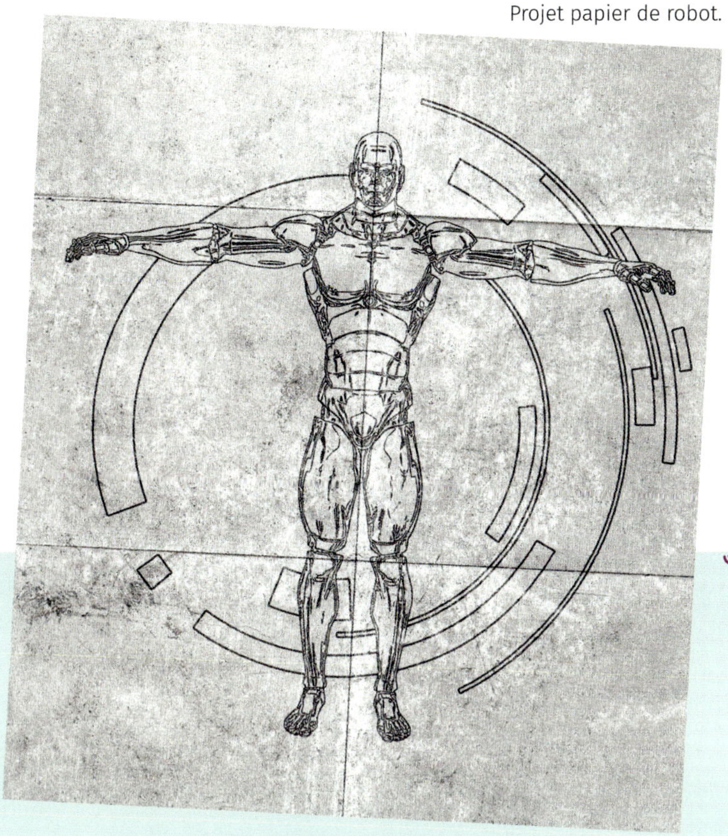

Projet papier de robot.

La méthode pas à pas

ÉTAPE 1 Planifier l'écriture

Imaginez la scène et l'état d'esprit de chacun des personnages.

Reprenez les textes du corpus pour vous aider à trouver les arguments que chacun pourrait employer.

ÉTAPE 2 Écrire un premier jet

Mettez en forme le texte de théâtre en n'oubliant pas les règles du genre.

ÉTAPE 3 Mettre en commun

En groupe, échangez vos productions et repérez les réussites et les points à améliorer dans les textes des autres.

Vous pouvez être attentif :

- à la cohérence des arguments ;
- au ton de la scène : drôle, pathétique, etc. ;
- à votre plaisir à lire.

Faites des propositions d'amélioration.

ÉTAPE 4 Réécrire

Améliorez votre texte en tenant compte des conseils du groupe.

Boite à outils

- Exprimer les émotions ► **Langue** p. 168
- Contraintes du genre théâtral LLS.fr/FTPTheatre
- Améliorer sa copie : réécrire ► **Méthode** p. 158

Critères de réussite

Respecter les contraintes du genre

☒ *Je respecte les codes de l'écriture théâtrale.*

Critiquer un travail de manière constructive

☒ *Je lis avec attention les travaux des membres du groupe.*

☒ *Je propose des solutions pour améliorer les productions.*

Améliorer sa production

☒ *J'utilise les conseils des membres de mon groupe.*

→ Autoévaluez-vous sur LLS.fr/FTPP75

Comment la science et la technique permettent-elles de répondre aux problèmes de société qu'elles ont parfois elles-mêmes produits ?

Des savoirs à la fiction

→ L'homme ne cesse d'inventer de nouvelles techniques. Il cherche aussi le moyen de rassembler ses connaissances et de les rendre accessible à tous de l'*Encyclopédie* de Diderot et D'alembert au XVIIIe siècle à Wikipédia aujourd'hui.

→ Pour rendre compte des défis que nos sociétés ont à relever et trouver des solutions, deux voix se complètent et se nourrissent : celle de la connaissance objective, que l'on trouve dans les articles, ou les essais faisant de faits et d'enquêtes (► **textes 2 et 3**) ; et la fiction qui donne toute sa place à l'imaginaire et permet aux hommes d'envisager d'autres mondes. À chaque fois, c'est un regard porté sur la réalité, une vision du monde singulière.

→ Ainsi les questions écologiques qui se posent aujourd'hui ont-elles été envisagées dans nombre de romans de science-fiction (► **textes 1, 4 et 5**). La littérature projette souvent les conséquences de nos choix.

Des enjeux du savoir à l'intelligence artificielle

→ La science et la technologie, depuis l'invention de l'imprimerie jusqu'à Internet, bouleversent profondément le rapport que l'Homme entretient avec le savoir (► **texte 3**). Aujourd'hui, la plupart des informations sont accessibles « en deux clics » (► **texte 1**). La littérature nous met alors en garde sur les conséquences de ces transformations (► **texte 4**) et la nécessité de garder une part de rêve et de fiction dans nos sociétés. L'imagination est sans doute notre plus grande liberté. C'est ce que semblent dire Boualem Sansal dans *2084 : La fin du monde* et Ray Bradbury dans *Fahrenheit 451* (► **textes 2 et 5**).

→ C'est également cette question qui se pose face au développement du virtuel (► **texte 4**). La littérature, là encore, s'empare des connaissances actuelles pour imaginer les travers d'un avenir incertain (► **texte 5**). Les élèves de « La Classe de Maître Moda » de Pierre Bordage (► **texte 3**) progressent rapidement mais à quel prix ? M. Quail dans *Total recall* de Philip K. Dick et Wade Watts dans *Player One* ne tentent-ils pas de fuir une réalité devenue insupportable (► **textes 1 et 2**) ?

→ Enfin, on peut se demander si avec l'intelligence artificielle, la réalité ne dépasse pas parfois la fiction. En effet si l'IA connait notre musique préférée, répond à nos questions du quotidien et permet des progrès médicaux spectaculaires (► **texte 2**), elle suscite également l'inquiétude. Isaac Asimov pose la question de ses limites (► **texte 3**). Pour l'instant, si elle inquiète et fascine (► **textes 1 et 4**), aucune intelligence artificielle n'est en mesure d'effectuer des tâches aussi complexes que celles de l'homme mais entre de mauvaises mains, elle pourrait devenir une arme redoutable.

Numérique

Retrouvez la synthèse en version audio sur **LLS.fr/FTPP76**

Défi écologique

- La fiction permet d'envisager les solutions pour l'avenir
- Des hommes et des femmes s'engagent pour la planète

Défi face au savoir

- Les technologies transforment le rapport au savoir
- La littérature met en scène cette transformation

Science, technique et défis de société

Comment la science et la technique permettent-elles de répondre aux problèmes de société qu'elles ont parfois elles-mêmes produits ?

Défi du virtuel

- Le virtuel rend d'immenses services à la société
- Mais c'est aussi un outil dangereux qui peut porter atteinte aux libertés humaines

Défi de l'intelligence artificielle

- La réalité dépasse parfois la fiction
- La fiction permet d'envisager l'avenir

Art et robots

En 1989, l'artiste Nam June Paik est le créateur de l'art vidéo. Il réalise un assemblage de moniteurs à tube cathodique couleur insérés dans un ensemble de châssis de téléviseurs anciens pour former une figure anthropomorphe (qui a la forme d'un être humain). Il utilise alors douze postes de télévision en bois et métal, douze moniteurs à tube cathodique couleur, un lecteur de DVD, tulle et bouquet de fleurs synthétiques en plastique et tissu.

1. Que pensez-vous de ces sculptures ?
2. Quel sens pouvez-vous leur donner ?
3. Selon vous, en quoi est-ce de l'art ?

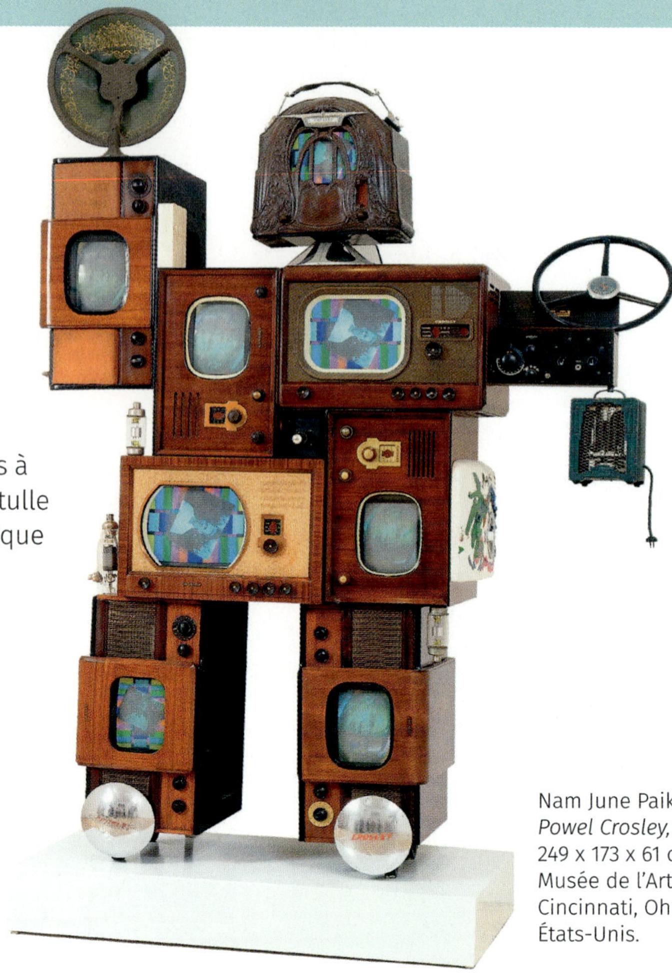

Nam June Paik, *Powel Crosley, Jr.*, 1992, 249 x 173 x 61 cm, Musée de l'Art de Cincinnati, Ohio, États-Unis.

Nam June Paik, TV is Kitsch, 230 x 74 x 270 cm, collection privée, 1996.

Numérique

Pour en savoir plus sur Nam June Paik, rendez-vous sur LLS.fr/FTPPaik

À vos carnets !

Rendez-vous au C.D.I : recherchez un ouvrage (roman, bande dessinée, manga, ouvrage spécialisé, etc.) en lien avec le thème du chapitre.

Notez quelques arguments (façon « post-it ») sur votre carnet pour convaincre les autres élèves d'emprunter cet ouvrage.

Vous utiliserez deux couleurs pour distinguer la vision positive de la vision négative du sujet traité dans le livre.

LLS.fr/CarnetDeLecture

Jacques Lob, Benjamin Legrand, Jean-Marc Rochette, *Le transperceneige*, 2013

Un jour, la bombe a fini par éclater. Et toute la Terre s'est brutalement retrouvée plongée dans un éternel hiver, gelée, hostile à toute forme de vie. Toute ? Pas tout à fait...

Enki Bilal, *Bug*, 2017.

En 2041, un bug informatique international bloque l'ensemble des accès numériques. Kameron, alors en mission sur mars, s'aperçoit qu'il est en possession de l'ensemble des données disparues des ordinateurs. Il devient la cible de tous les gouvernements.

***Her*, Spike Jonze, 2014**

Theodore Twombly est inconsolable suite à une rupture difficile. Il fait alors l'acquisition d'un programme informatique ultramoderne, capable de s'adapter à la personnalité de chaque utilisateur avec une interface vocale féminine, et peu à peu, il retombe amoureux...

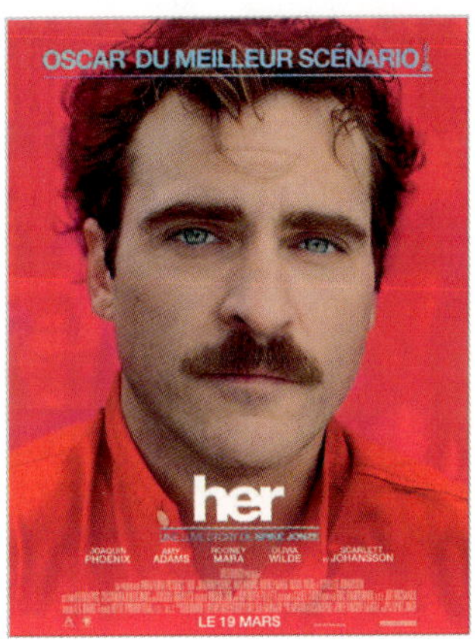

Éric Corbeyran, Grun, *Metronom'*, 2010

Dans un futur proche, au sein d'une population broyée par un régime liberticide, une femme se bat pour la vérité et pour sa survie.

Fuse, *Moi, quand je me réincarne en Slime*, 2017

Un employé de bureau se fait assassiner. Fin de l'histoire ? Non, il se retrouve réincarné sous la forme d'un Slime, le monstre le plus faible du bestiaire fantastique.

Lorris Murail, *L'horloge de l'apocalypse*, 2018

Norma, jeune fille de 19 ans en cavale, se retrouve dans un coin perdu de l'Arizona. Seul un jeune animateur radio semble échapper à l'agressivité ambiante.

Mon métier est une œuvre

Mission : Représentez votre métier à la manière du tableau d'Arcimboldo (► **doc. 3**) et présentez-le.
Chaque métier nécessite des gestes professionnels que seul quelqu'un ayant reçu une formation spécifique peut parfaitement réaliser. Dans votre formation, vous avez acquis ces gestes qui ont nécessité des outils que vous avez appris à utiliser. Ces outils sont emblématiques de votre formation et de votre métier. Quels sont-ils ? Sauriez-vous présenter l'un d'entre eux ?

Fernand Léger, *Les constructeurs avec arbre*, 1950.

ÉTAPE 1 Observer les œuvres, exprimer ses impressions

Individuellement et spontanément, dites quelles œuvres vous préférez parmi celles qui vous sont présentées. Pourquoi ?

Décrivez ce que vous voyez sur le tableau d'Arcimboldo.

Comment est-il composé ? Pourquoi avoir fait le choix de cet objet ?

ÉTAPE 2 Faire le point sur son métier

En groupe, dressez la liste des objets liés à votre métier.

Lequel ou lesquels sont emblématique(s) de votre profession ?

Rédigez un texte bref pour justifier vos choix et expliquer l'importance de ces outils.

ÉTAPE 3 Faire un projet

Individuellement, faites le point sur les différents objets que vous souhaitez utiliser.

Récoltez la matière : les objets ou des photographies d'objets de votre profession.

Faites des essais de disposition, de dessin ou de photographie.

Arrêtez le projet définitif.

ÉTAPE 4 Réaliser le portrait

Faites une note d'intention pour présenter brièvement votre projet.

Passez à la réalisation. Selon vos choix :

- soit vous disposez les objets à la manière d'Arcimboldo et vous prenez une photo de la réalisation ;
- soit vous réalisez un collage des images de votre métier ;
- soit vous réalisez un dessin.

ÉTAPE 5 Présenter la production

Préparez le texte de votre présentation en vous appuyant notamment sur les étapes précédentes.

Expliquez comment vous avez construit votre travail.

Expliquez quels outils / objets vous avez utilisés et pourquoi.

Entrainez-vous à lire votre présentation.

Vous pouvez faire un portfolio collectif ou une exposition avec les différentes productions.

DOC 1 **Opératrices téléphoniques**

Photographie, 1943.

DOC 2 **Mécanicien travaillant sur une machine à vapeur**

Lewis Hine, photographie, 1920.

DOC 3 **Le bibliothécaire**

Giuseppe Arcimboldo, 1570.

Coupeau terminait alors la toiture d'une maison neuve, à trois étages. Ce jour-là, il devait justement poser les dernières feuilles de zinc. Comme le toit était presque plat, il y avait installé son établi, un large volet sur deux plateaux. Un beau soleil de mai se couchait, dorant les cheminées. Et, tout là-haut, dans le ciel clair, l'ouvrier taillait tranquillement son zinc à coups de cisaille, penché sur l'établi, pareil à un tailleur coupant, chez lui, une paire de culottes. Contre le mur de la maison voisine, son aide, un gamin de dix-sept ans, fluet et blond, entretenait le feu du réchaud en manœuvrant un énorme soufflet, dont chaque haleine faisait envoler un pétillement d'étincelles.

DOC 4 **Le geste technique du zingueur**

Émile Zola, chapitre 4, *L'Assommoir*, 1877.

- Observez la manière de représenter les métiers dans les différentes œuvres. Qu'en pensez-vous ?
- Que met en avant Émile Zola dans son texte ?

Pour vous aider

Écoutez la chanson « Les mains d'or » de Bernard Lavilliers sur LLS.fr/FTPLavilliers

Nuancer un point de vue

Compétences : L'objet d'étude de Terminale s'articule autour de trois grandes compétences :

- découvrir ce que la littérature et les arts apportent à la connaissance du monde contemporain ;
- construire un raisonnement personnel en organisant ses connaissances et en confrontant des points de vue ;
- formuler sa pensée et l'exprimer de manière appropriée pour prendre part à un débat d'idées.

Vous allez ici travailler ces compétences à partir d'un exercice qui consiste à exprimer une opinion en nuançant son propos.

Sujet :

« Il est tout à fait possible d'aimer un humanoïde », déclare Dr Carole Burte. Qu'en pensez-vous ?

DOC 1 Des machines à la frontière de l'humanité

Les robots sexuels défraient la chronique, surtout depuis que l'Arabie saoudite a accordé à une androïde la nationalité saoudienne. Un sujet très médiatique.

David Levy (« Love and Sex with Robot ») prédisait que les humains auraient des relations intimes avec les robots d'ici 2050, non seulement pour le sexe mais aussi pour l'amour, l'amitié et le mariage. Est-ce possible ? « Il faut sortir de nos certitudes. L'amour n'est pas uniquement une propriété humaine », affirme Olivier Nérot, docteur en sciences cognitives. Il semble bien que l'histoire de la sexualité puisse lui donner raison. À partir des grands singes, puis des hominidés, le comportement sexuel inné voué à la reproduction a évolué vers des comportements acquis, du fait de la corticalisation et du développement des circuits de la récompense. Or les hommes ayant eu des relations avec des robots ont trouvé ça agréable… On sait aussi que les enfants et les personnes âgées atteintes d'Alzheimer montrent de l'attachement à des petits chats robotisés et, dans une étude menée chez les enfants ou adolescents, la majorité pense que le robot humanoïde est un être social susceptible d'intelligence et d'émotions. Et l'amour n'est-il pas dépendant de l'ocytocine ? « Chez l'être humain, l'attachement peut se développer envers tout objet procurant des sensations, des émotions ou des cognitions positives. Il est tout à fait possible d'aimer un humanoïde », déclare la Dr Carole Burte, sexologue à Draguignan. Cela reste actuellement de la science-fiction, très exploitée par le cinéma, mais pour combien de temps ? Les progrès technologiques permettent aux robots d'entretenir une conversation, de faire de l'humour et de mimer des états émotionnels. La science fait peu à peu tomber les frontières entre le sensible et le performant, le naturel et l'artificiel, le vivant et l'inerte, le créatif et le programmable. « Entre la mécanisation de l'humain et l'humanisation de la machine, ces cyborgs sexuels constituent des miroirs reflétant le continuum entre les deux », conclut Olivier Nérot.

Dr Maia Bovard Gouffrant, « Des machines à la frontière de l'humanité », *Le Quotidien du Médecin*, 23 avril 2019.

DOC 2 Paro est un robot thérapeutique qui rassure les patients âgés ou atteints de dépression. Cette peluche bardée de capteurs réduirait efficacement le stress des patients et améliorerait leur humeur.

La méthode pas à pas

ÉTAPE 1 Faire le point sur le sujet

Formuler sa pensée

« Il est tout à fait possible d'aimer un humanoïde », déclare Dr Carole Burte. Qu'en pensez-vous ?

Exprimez spontanément ce que vous pensez du sujet : êtes-vous d'accord ou non ?

Notez les premiers exemples qui vous viennent en tête.

ÉTAPE 2 Étoffer son opinion

Découvrir ce que la littérature et les arts apportent à la connaissance du monde contemporain

Confronter des points de vue

Lisez le texte et examinez l'image du corpus. Relevez les éléments qui permettent de répondre à la question. Puis, mettez en parallèle des arguments contraires à ceux que vous trouvez.

Vous pouvez classer ces éléments dans un tableau.

Numérique

Retrouvez un sujet type Bac sur LLS.fr/FTP83

ÉTAPE 3 Construire sa réponse

Construire un raisonnement personnel en organisant ses connaissances et en confrontant des points de vue

Énoncez votre opinion et les arguments que vous avez trouvés pour répondre.

Puis, en parallèle et à l'aide de l'étape 2, choisissez des arguments ou des exemples qui vont dans le sens d'une autre opinion, qu'elle soit contraire à la vôtre ou qu'elle en diffère légèrement.

ÉTAPE 4 Rédiger

Formuler sa pensée et l'exprimer de manière appropriée

Vous pouvez maintenant rédiger une réponse nuancée.

Deux éléments sont indispensables à votre paragraphe :

- expliquer votre opinion
- faire une concession, c'est à dire admettre qu'une autre opinion que la vôtre est possible.

Pour introduire une concession
► **Langue** p. 160

La concession peut suivre l'explication de votre opinion dans une formulation du type : *Je pense cela mais j'admets autre chose.*

Elle peut aussi introduire votre paragraphe : *Certes, on peut penser cela mais, pour ma part...*

Lorsque votre paragraphe est rédigé, relisez-le et corrigez-le si nécessaire.

Pour réécrire ou relire votre travail :
► **Méthode** p. 158

3

Objet d'étude • Vivre aujourd'hui : l'humanité, le monde, les sciences et la technique

La littérature pour dire le monde

Gustav Klimt, *La Vie et la Mort*, huile sur toile, 178 x 198 cm, collection privée, 1911.

Engagement

Du francique *wadi* (gage). Prendre parti pour une cause, une doctrine. Participation à la vie sociale, politique, intellectuelle ou religieuse de son temps et résultat de cette action.

Cyril Edward Power, The Tube Train, 1934, linogravure, 31 x 32 cm, collection privée.

Aliénation

Du latin *alienus* (oppression ou privation de son autonomie), état de dépendance, altération des facultés mentales qui prive l'individu de la conscience de ses actes et de leurs conséquences.

Différences

Du latin *differre* (disséminer, séparer). Ce qui fait qu'une ou plusieurs choses, un ou plusieurs êtres ne sont ni semblables ni égaux ; ce qui permet de les distinguer.

Justice

Du latin *jus* (droit, permission). Principe par lequel on reconnait ce qui est juste et conforme au droit ; exigence morale qui fait que l'on rend à chacun ce qui lui appartient, que l'on respecte les droits d'autrui. Institution chargée de l'administration de la justice.

Révolte des vignerons de 1907 à Narbonne, illustration du Petit Journal.

Révolte

Du latin *revolvere*.
Violente indignation, colère éprouvée par un individu devant ce qui lui parait inacceptable, qui porte à rejeter l'autorité, la contrainte.

Humanité

Du latin *humanitas*.
Nature propre de l'homme, ce qui caractérise l'espèce humaine. Ensemble des hommes. Bonté, sensibilité, compassion pour les malheurs d'autrui.

Entrer dans le thème

- *Lisez les critiques du film et observez l'affiche. Parmi vos lectures personnelles ou les films que vous regardez, certains pourraient-ils être rebaptisés* Les Misérables *? Pourquoi ?*

Premier film et véritable uppercut, *Les Misérables* de Ladj Ly répond littéralement à l'apostrophe de Victor Hugo : « Mes amis, retenez ceci, il n'y a ni mauvaises herbes ni mauvais hommes. Il n'y a que de mauvais cultivateurs. » Cette immersion hyperréaliste est basée sur l'histoire vraie d'une bavure en Seine-Saint-Denis.

Olivier Bombarda dans *Bande à Part*, le 19 novembre 2019.

Les banlieues, on en entend parler tout le temps à travers les médias et les politiques mais j'estime qu'il y a un fossé entre ce qu'ils racontent et la réalité du terrain.

Ladj Ly, interviewé par Manon Mariani pour *Mouv'*, 15 novembre 2019.

Victor Hugo rédigea *Les Misérables* dans cette ville de Montfermeil [...]. Et le récit[1] distille les allusions au roman, à commencer par son personnage de Gavroche noir, tombé par terre après l'impact du flash-ball, puis voué à la révolte. Mais ce titre s'impose encore par sa pertinence pour évoquer un monde situé du mauvais côté de toutes les inégalités sociales.

Louis Guichard dans *Télérama*, novembre 2019.

1. Il s'agit du récit du film.

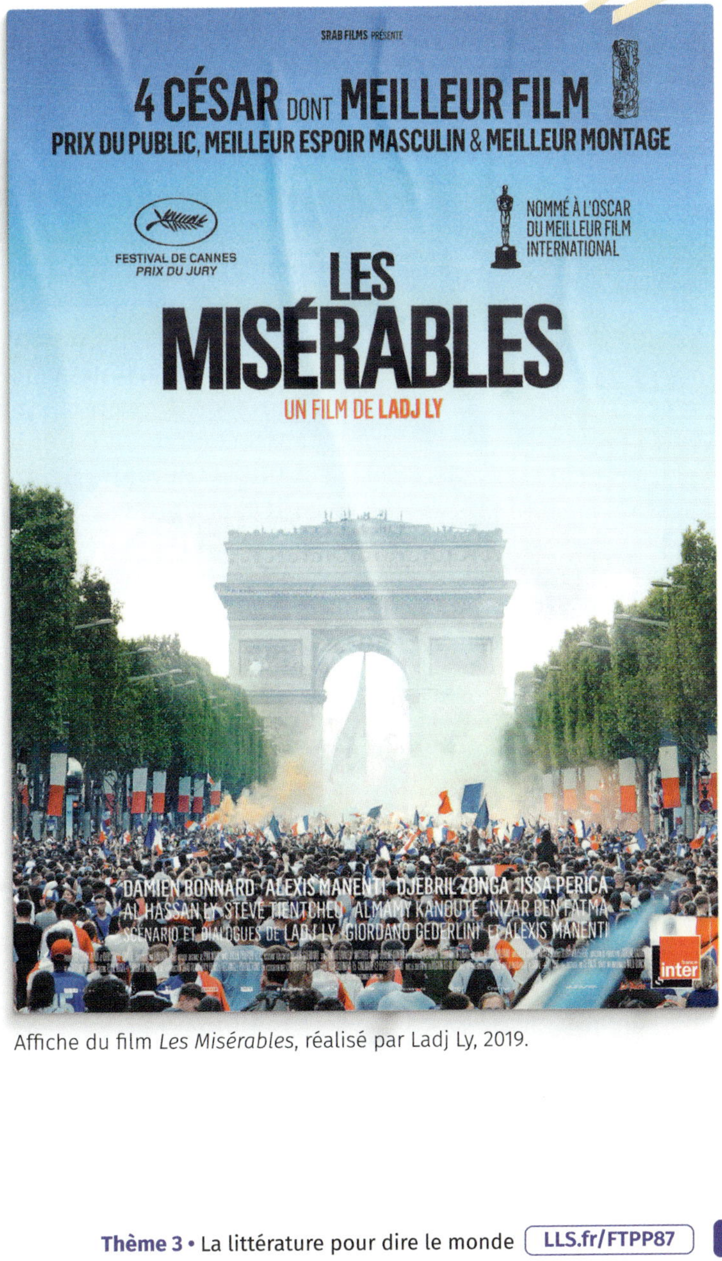

Affiche du film *Les Misérables*, réalisé par Ladj Ly, 2019.

Dans ce thème

Comment la littérature permet-elle de dire le monde ?

- *Comment la littérature permet-elle de montrer la folie du monde ?* ► p. 88-93
- *En quoi la littérature est-elle vecteur d'altérité ?* ► p. 94-99
- *En quoi l'écriture est-elle un geste d'engagement ?* ► p. 100-105
- *Comment l'écriture peut-elle révéler la beauté du monde ?* ► p. 106-111

Comment la littérature permet-elle de montrer la folie du monde ?

Céline

1894-1961

Écrivain et médecin français. Connu pour ses romans *Voyage au bout de la nuit* (1932) et *Mort à crédit* (1936). Il est reconnu comme un auteur majeur car il a renouvelé un style d'écriture, argotique et rythmique.

1/5 La modernité déshumanisée

Voyage au bout de la nuit est le premier et plus célèbre roman de Louis-Ferdinand Céline. Ce récit initiatique raconte le parcours de Ferdinand Bardamu, qui traverse la Première Guerre mondiale, part en Afrique, où il tombe malade, et est envoyé en Amérique pour être soigné. Poussé par la misère, il se présente à l'usine Ford, à Détroit.

Et moi qui avais eu peur qu'ils me refusent au boulot à cause des fièvres d'Afrique, rien qu'en s'en apercevant si par hasard ils me tâtaient les foies ! Mais au contraire, ils semblaient l'air bien content de trouver des moches et des infirmes dans notre arrivage.

« Pour ce que vous ferez ici, ça n'a pas d'importance comment que vous êtes foutu ! m'a rassuré le médecin examinateur, tout de suite.

– Tant mieux que j'ai répondu moi, mais vous savez, monsieur, j'ai de l'instruction et même j'ai entrepris autrefois des études médicales... »

Du coup, il m'a regardé avec un sale œil. J'ai senti que je venais de gaffer une fois de plus, et à mon détriment.

« Ça ne vous servira à rien ici vos études, mon garçon ! Vous n'êtes pas venu ici pour penser, mais pour faire les gestes qu'on vous commandera d'exécuter... Nous n'avons pas besoin d'imaginatifs dans notre usine. C'est de chimpanzés dont nous avons besoin... Un conseil encore. Ne nous parlez plus jamais de votre intelligence ! On pensera pour vous mon ami ! Tenez-vous-le pour dit. [...] Les ouvriers penchés soucieux de faire tout le plaisir possible aux machines vous écœurent, à leur passer les boulons au calibre et des boulons encore, au lieu d'en finir une fois pour toutes, avec cette odeur d'huile, cette buée qui brûle les tympans et le dedans des oreilles par la gorge. C'est pas la honte qui leur fait baisser la tête. On cède au bruit comme on cède à la guerre. On se laisse aller aux machines avec les trois idées qui restent à vaciller tout en haut derrière le front de la tête. C'est fini. Partout ce qu'on regarde, tout ce que la main touche, c'est dur à présent. Et tout ce dont on arrive à se souvenir encore un peu est raidi aussi comme du fer et n'a plus de goût dans la pensée. »

On est devenu salement vieux d'un seul coup.

Il faut abolir la vie du dehors, en faire aussi d'elle de l'acier, quelque chose d'utile. On l'aimait pas assez telle qu'elle était, c'est pour ça. Faut en faire un objet donc, du solide, c'est la Règle.

J'essayai de lui parler au contremaître à l'oreille, il a grogné comme un cochon en réponse et par les gestes seulement il m'a montré, bien patient, la très simple manœuvre que je devais accomplir désormais pour toujours. Mes minutes, mes heures, mon reste de temps comme ceux d'ici s'en iraient à passer des petites chevilles à l'aveugle d'à côté qui les calibrait, lui, depuis des années les chevilles, les mêmes. Moi j'ai fait ça tout de suite très mal. »

Louis-Ferdinand Céline, *Voyage au bout de la nuit*, 1932, © Éditions Gallimard, 1952.

« Ouvriers sur une chaîne de montage des usines Ford de Détroit », carte postale, vers 1935.

Questions

1. Quelle vision du travail est donnée dans cet extrait ?
2. Par quels procédés littéraires le narrateur décrit-il l'aliénation des ouvriers ?

2/5 Surveiller pour punir

Ce passage se situe au début du roman. Il décrit la société dans laquelle vit le personnage principal, Winston Smith. L'extrait débute alors que Winston vient de rentrer dans son appartement après une matinée de travail et observe la ville à travers la fenêtre.

Même fenêtre fermée, on sent qu'il fait froid dans le monde extérieur. En bas, dans la rue, des bouffées de vent font tourbillonner la poussière et les lambeaux de papier ; malgré le soleil éclatant et le ciel d'un bleu dur, on dirait que toute couleur s'est retirée sauf celles des affiches placardées partout. À tous les coins de rue, le visage à la moustache noire avec sa vision en surplomb. Il y en a un sur l'immeuble d'en face. BIG BROTHER TE REGARDE, dit la légende, et les yeux sombres plongent dans ceux de Winston. Au niveau de la rue, une autre affiche dont un coin est déchiré claque irrégulièrement au vent, couvrant et découvrant ainsi le seul mot SOCIANG. Dans le lointain, un hélicoptère descend entre les toits, il reste un instant en vol stationnaire, grosse mouche bleue qui repart comme une fusée sur sa trajectoire courbe. C'est une patrouille de police qui vient mettre son nez aux fenêtres. Mais les patrouilles, ce n'est pas grave. La grande affaire, c'est la Mentopolice.

Dans le dos de Winston, le télécran continue ses vocalises sur les chiffres de la fonte et le dépassement des objectifs du neuvième plan triennal. L'appareil est tout à la fois émetteur et récepteur, et le moindre son émis par Winston — à l'exception du chuchotement le plus étouffé — est enregistré ; en outre, tant qu'il reste dans le champ de la plaque de métal, il est visible en même temps qu'audible. Il n'y a bien entendu pas moyen de savoir si l'on est observé à tel ou tel moment. À quelle fréquence et selon quel système la Mentopolice se branche sur un individu donné relève de la spéculation. Il n'est pas exclu qu'elle surveille tout le monde tout le temps. Une chose est sûre, elle peut se connecter sur chacun quand bon lui semble. Il faut donc vivre — et ainsi vit-on, l'habitude devenant une seconde nature — avec le présupposé que le moindre bruit sera surpris et le moindre geste — sauf dans le noir — scruté.

Winston reste dos tourné au télécran, c'est plus prudent, quoiqu'un dos même puisse en dire long, il en a conscience. À un kilomètre de là, le Ministère de la Vérité, son lieu de travail, se dresse immense et blanc contre le paysage noir de suie. Tel est donc Londres, se dit-il avec un fond de dégoût, Londres, la ville principale de la Zone Aérienne Numéro Un, elle-même troisième province d'Océanie par sa population.

George Orwell, *1984*, 1949, traduit de l'anglais par Josée Kamoun, © Éditions Gallimard, 2020.

Pawel Kuczynski, *FB confession*, 2014, 21 x 29,7 cm, collection privée.

George Orwell
1903-1950

Journaliste, essayiste et écrivain, il s'engage contre l'impérialisme britannique et toute forme de totalitarisme. *1984* est son plus célèbre roman.

Questions

1. Analysez la manière dont Orwell décrit la ville (progression du passage, lexique). Quelle impression s'en dégage ?
2. Quels liens pouvez-vous faire entre cet extrait et l'illustration ? Justifiez votre réponse.

Comment la littérature permet-elle de montrer la folie du monde ?

Jonathan Littell

Né en 1967

Écrivain et cinéaste franco-américain. Issu d'une famille juive émigrée de Russie, il connait un succès mondial avec la sortie de son roman *Les Bienveillantes*, écrit en français. Celui-ci lui vaut le Prix Goncourt et le Prix de l'Académie française en 2006.

3/5 Évoquer l'indicible

Les Bienveillantes est un roman qui raconte, à la première personne, les mémoires d'un personnage fictif, Maximilien Aue, nazi convaincu, qui participe à la Seconde Guerre mondiale. À la fois acteur et témoin, il retrace le cheminement du régime nazi vers le meurtre de masse.

Francisco Goya, *Les Moires*, entre 1819 et 1823, peinture murale, 123 x 266 cm, musée du Prado, Madrid, Espagne.

On a beaucoup parlé, après la guerre, pour essayer d'expliquer ce qui s'était passé, de l'inhumain. Mais l'inhumain, excusez-moi, cela n'existe pas. Il n'y a que de l'humain et encore de l'humain : et ce Döll[1] en est un bon exemple. Qu'est-ce que c'est d'autre, Döll, qu'un bon père de famille qui voulait nourrir ses enfants, et qui obéissait à son gouvernement, même si en son for intérieur il n'était pas tout à fait d'accord ? S'il était né en France ou en Amérique, on l'aurait appelé un pilier de sa communauté et un patriote ; mais il est né en Allemagne, c'est donc un criminel. La nécessité, les Grecs le savaient déjà, est une déesse non seulement aveugle, mais cruelle. Ce n'était pas que les criminels manquaient, à cette époque. Tout Lublin, j'ai essayé de le montrer, baignait dans une atmosphère louche de corruption et d'excès ; l'Einsatz, mais aussi la colonisation, l'exploitation de cette région isolée, faisaient perdre la tête à plus d'un. [...] Si Döll s'est retrouvé à Sobibor et son voisin non, c'est un hasard, et Döll n'est pas plus responsable de Sobibor que son voisin plus chanceux ; en même temps, son voisin est aussi responsable que lui de Sobibor, car tous deux servent avec intégrité et dévotion le même pays, ce pays qui a créé Sobibor. Un soldat, lorsqu'il est envoyé au front, ne proteste pas ; non seulement il risque sa vie, mais on l'oblige à tuer, même s'il ne veut pas tuer ; sa volonté abdique ; s'il reste à son poste, c'est un homme vertueux, s'il fuit, c'est un déserteur, un traître. L'homme envoyé dans un camp de concentration, comme celui affecté à un Einsatzkommando[2] ou à un bataillon de la police, la plupart du temps ne raisonne pas autrement : il sait, lui, que sa volonté n'y est pour rien, et que le hasard seul fait de lui un assassin plutôt qu'un héros, ou un mort.

Jonathan Littell, *Les Bienveillantes*, 2006, © Éditions Gallimard, 2008.

1. Nom d'un soldat croisé par le narrateur dans le camp d'extermination de Sobibor, en Pologne. 2. Unités spéciales de police allemandes.

Questions

1. Que représente Döll ? Comment le narrateur justifie-t-il le comportement de Döll ?
2. Selon le narrateur, est-on libre de ses choix ?
3. Quels procédés le narrateur utilise-t-il pour impliquer le lecteur dans sa réflexion ?

4/5 Convoquer la mémoire

Dans cette bande dessinée, l'auteur raconte l'histoire de son père Vladek, juif polonais rescapé des camps de la mort. Il évoque son arrivée à Auschwitz, en 1944.

Art Spiegelman, *Maus*, tome 1, « Mon père saigne l'histoire », Planche 26, © Éditions Flammarion, 1986.

Art Spiegelman

Né en 1948

Dessinateur renommé et auteur de bandes dessinées américain né à Stockholm.
La parution de *Maus*, en 1986, le rendra célèbre dans le monde entier.

Numérique

Découvrez l'exposition *La voix des témoins* au Mémorial de la Shoah sur LLS.FR/FTPTemoins

Questions

1. Selon vous, pourquoi Art Spiegelman a-t-il choisi de mettre en scène des animaux à la place des humains ?
2. Comment l'auteur a-t-il scénarisé la biographie dans cette planche ?

Comment la littérature permet-elle de montrer la folie du monde ?

Guy de Maupassant

1850-1893

Romancier et nouvelliste français, il est connu pour ses œuvres réalistes, comme *Boule de suif* ou *Bel-Ami*, et ses œuvres fantastiques, dont *Le Horla* est un modèle du genre.

Vidéo

Retrouvez le clip de Keny Arkana, « V pour Vérités » sur LLS.FR/FTPArkana

5/5 Médias, mensonges et politique

Georges Duroy n'est pas journaliste, mais, à force de séduction et de faux-semblants, il finit par gravir les échelons du journal *La Vie Française* et devient chroniqueur politique. Il se rend compte alors que les liens entre journalisme et monde politique sont importants...

Meyer, « Composition typographique ». gravure, 1885.

M. Walter, qui l'appréciait cependant, avait souvent désiré un autre homme pour lui confier les Échos, qui sont, disait-il, la moelle du journal. C'est par eux qu'on lance les nouvelles, qu'on fait courir les bruits, qu'on agit sur le public et sur la vente. Entre deux soirées mondaines, il faut savoir glisser, sans avoir l'air de rien, la chose importante, plutôt insinuée que dite. Il faut, par des sous-entendus, laisser deviner ce qu'on veut, démentir de telle sorte que la rumeur s'affirme, ou affirmer de telle manière que personne ne croie au fait annoncé. Il faut que, dans les échos, chacun trouve chaque jour une ligne au moins qui l'intéresse, afin que tout le monde les lise. Il faut penser à tout et à tous, à tous les mondes, à toutes les professions, à Paris et à la Province, à l'Armée et aux Peintres, au Clergé et à l'Université, aux Magistrats et aux Courtisanes.

L'homme qui les dirige et qui commande au bataillon des reporters doit être toujours en éveil, et toujours en garde, méfiant, prévoyant, rusé, alerte et souple, armé de toutes les astuces et doué d'un flair infaillible pour découvrir la nouvelle fausse du premier coup d'œil, pour juger ce qui est bon à dire et bon à sceller, pour deviner ce qui portera sur le public ; et il doit savoir le présenter de telle façon que l'effet en soit multiplié.

M. Boisrenard, qui avait pour lui une longue pratique, manquait de maîtrise et de chic ; il manquait surtout de la rouerie native qu'il fallait pour pressentir chaque jour les idées secrètes du patron.

Duroy devait faire l'affaire en perfection, et il complétait admirablement la rédaction de cette feuille « qui naviguait sur les fonds de l'État et sur les bas-fonds de la politique », selon l'expression de Norbert de Varenne.

Les inspirateurs et véritables rédacteurs de *La Vie Française* étaient une demi-douzaine de députés intéressés dans toutes les spéculations que lançait ou que soutenait le directeur. On les nommait à la Chambre « la bande à Walter », et on les enviait parce qu'ils devaient gagner de l'argent avec lui et par lui.

Forestier, rédacteur politique, n'était que l'homme de paille de ces hommes d'affaires, l'exécuteur des intentions suggérées par eux. Ils lui soufflaient ses articles de fond, qu'il allait toujours écrire chez lui pour être tranquille, disait-il. [...]

Et *La Vie Française* « naviguait sur les fonds et bas-fonds[1] », manœuvrée par toutes ces mains différentes.

Guy de Maupassant, *Bel-Ami*, 1886.

1. Lieu où vit une population misérable.

Questions

1. Analysez la syntaxe du premier paragraphe : comment rend-elle compte du travail du journaliste ?
2. Quelle vision du journalisme propose cet extrait ?

L'apocalypse selon Lurçat

Pablo Picasso déclare en 1937 : « La peinture n'est pas faite pour décorer les appartements, c'est un instrument de guerre offensif et défensif contre l'ennemi. »

Mission : Préparez une présentation orale de cinq minutes afin d'expliquer si vous êtes d'accord avec Pablo Picasso.

Jean Lurçat, *Le Chant du Monde*, 1957-1966, tapisserie, 10,5 x 4,40 m, Musée Jean-Lurçat, Angers.

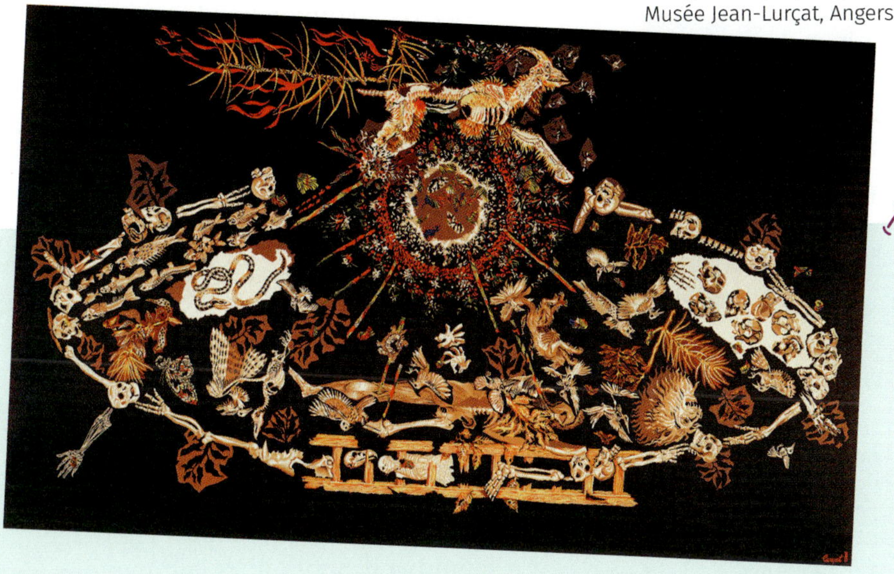

La méthode pas à pas

ÉTAPE 1 Analyser la commande

Repérez les mots-clés du sujet et définissez-les.

Contextualisez la citation pour bien la comprendre.

Reformulez la citation de Picasso avec vos propres mots.

ÉTAPE 2 Récolter des informations

Effectuez une recherche sur *Le Chant du Monde*.

Pourquoi cette tapisserie illustre-t-elle parfaitement le titre du sous-thème « Dire la folie du monde » ?

Faites la liste des artistes engagés que vous connaissez.

Recherchez d'autres artistes engagés pour des causes qui vous tiennent à cœur.

ÉTAPE 3 Construire un support pour l'oral

Choisissez l'opinion que vous allez défendre.

Mettez en forme le support de votre oral : classez vos idées, choisissez les exemples qui vous semblent pertinents.

ÉTAPE 4 S'entrainer

Enregistrez-vous et chronométrez votre oral jusqu'à ce que vous soyez satisfait(e) de votre prestation.

Vous êtes prêt(e) !

Boite à outils

- Organiser une argumentation ► **Méthode** p. 154-157
- Article sur une œuvre engagée : Guernica de Pablo Picasso LLS.FR/FTPGuernica

Critères de réussite

Analyser un sujet
- ☒ *Je repère les mots-clés du sujet.*
- ☒ *Je contextualise la citation.*

Choisir des exemples
- ☒ *J'analyse l'exemple proposé.*
- ☒ *Je choisis les supports qui me semblent pertinents.*

Organiser son propos
- ☒ *Je rédige une petite introduction et une conclusion.*
- ☒ *J'organise mon texte en paragraphes.*

Exposer son propos à l'oral
- ☒ *Je respecte le temps imparti.*
- ☒ *Je tiens compte de mon auditoire.*

→ Autoévaluez-vous sur LLS.FR/FTPP93

En quoi la littérature est-elle vecteur d'altérité ?

Eddy de Pretto

Né en 1993

Né à Créteil dans le Val-de-Marne, il est auteur-compositeur-interprète, musicien et acteur.

Dans ses textes, il dénonce les inégalités et les idées reçues.

Vidéo

Retrouvez le clip d'Eddy de Pretto, « Kid », sur LLS.FR/FTPPretto

1/5 Chanter la différence

Eddy de Pretto déclare : « Je ne suis pas militant. Je n'ai pas envie d'être un porte-drapeau. J'ai juste envie de raconter ma vie, ma réalité. » C'est ce qu'il fait dans cette chanson.

Tu seras viril, mon kid
Je ne veux voir aucune larme glisser
Sur cette gueule héroïque et ce corps tout sculpté
Pour atteindre des sommets fantastiques
Que seule une rêverie pourrait surpasser
Tu seras viril, mon kid
Je ne veux voir aucune once féminine
Ni des airs, ni des gestes qui veulent dire
Et Dieu sait si ce sont tout de même eux les pires à venir
Te castrer pour quelques vocalises
Tu seras viril, mon kid
Loin de toi, ces finesses tactiques
Toutes ces femmes au régime qui féminisent, groguisent
Sous prétexte d'être le messie fidèle
De ce fier modèle archaïque
Tu seras viril, mon kid
Tu tiendras dans tes mains l'héritage
Iconique d'Apollon, et comme tous les garçons
Tu courras de ballon en champion
Et deviendras mon petit héros historique
Virilité abusive (x2)
Tu seras viril, mon kid
Je veux voir ton teint pâle se noircir
De bagarres et forger ton mental,
Pour qu'aucune de ces dames te dirigent vers de contrées roses,
Néfastes, pour de glorieux gaillards
Tu seras viril, mon kid
Tu hisseras ta puissance masculine
Pour contrer cette essence sensible que ta mère
Nous balance en famille, elle fatigue ton invulnérable
Achille
Tu seras viril, mon kid
Tu compteras tes billets d'abondance,
Qui fleurissent sous tes pieds, que tu ne croiseras jamais
Tu cracheras sans manière en tous sens
Défileras fier et dopé de chair, de nerf protéiné
Tu seras viril, mon kid
Tu brilleras par ta force physique
Ton allure dominante, ta posture de caïd
Et ton sexe triomphant pour mépriser les faibles
Tu jouiras de ta rude étincelle.
Virilité abusive (x4)
Mais moi mais moi je joue avec les filles
Mais moi mais moi je ne prône pas mon chibre
Mais moi mais moi j'accélèrerai tes rides
Pour que tes propos cessent et disparaissent.

Eddy de Pretto, « Kid » dans l'album Kid, 2017, Initial Artist Services, © Universal.

Questions

1. Qui parle ? À qui ? Étudiez l'utilisation des pronoms.
2. Que dénonce l'artiste dans ce texte ? Quels moyens stylistiques utilise-t-il ?

2/5 Résilience

Fabien a fait une mauvaise chute. Les médecins pensent qu'il restera paralysé, mais, petit à petit, il retrouve ses jambes. Dans « 6ème sens », chanson autobiographique, Grand Corps Malade raconte son expérience.

Frida Kahlo, *Le Cerf blessé*, 1946, huile sur masonite, 30 x 22 cm, collection privée.

Frida Kahlo, artiste peintre mexicaine, subit un grave accident dans son enfance. Sa souffrance devient un thème de sa peinture.

La vie est calme, il fait beau, il est 2 heures du mat',
On est quelques sourires à partager notre insouciance.
C'est ce moment-là, hors du temps, que la réalité a choisi,
Pour montrer qu'elle décide et que si elle veut elle nous malmène,
Elle a injecté dans nos joies comme une anesthésie,
Souviens-toi de ces sourires, ce sera plus jamais les mêmes.
Le temps s'est accéléré d'un coup et c'est tout mon futur qui bascule,
Les envies, les projets, les souvenirs, dans ma tête y'a trop de pensées qui se bousculent,
Le choc n'a duré qu'une seconde mais ses ondes ne laissent personne indifférent,
Votre fils ne marchera plus, voilà ce qu'ils ont dit à mes parents.
Alors j'ai découvert de l'intérieur un monde parallèle,
Un monde où les gens te regardent avec gêne ou avec compassion,
Un monde où être autonome devient un objectif irréel,
Un monde qui existait sans que j'y fasse vraiment attention.
Ce monde-là vit à son propre rythme et n'a pas les mêmes préoccupations,
Les soucis ont une autre échelle et un moment banal peut être une très bonne occupation,
Ce monde-là respire le même air mais pas tout le temps avec la même facilité,
Il porte un nom qui fait peur ou qui dérange : les handicapés.
On met du temps à accepter ce mot, c'est lui qui finit par s'imposer,
La langue française a choisi ce terme, moi j'ai rien d'autre à proposer,
Rappelle-toi juste que c'est pas une insulte, on avance tous sur le même chemin,
Et tout le monde crie bien fort qu'un handicapé est d'abord un être humain.
Alors pourquoi tant d'embarras face à un mec en fauteuil roulant,
Ou face à une aveugle, vas-y tu peux leur parler normalement,
C'est pas contagieux pourtant avant de refaire mes premiers pas,
Certains savent comme moi qu'y a des regards qu'on oublie pas. [...]
Les 5 sens des handicapés sont touchés mais c'est un 6ème qui les délivre,
Bien au-delà de la volonté, plus fort que tout, sans restriction,
Ce 6ème sens qui apparaît, c'est simplement l'envie de vivre.

Grand Corps Malade, « 6ème sens » dans l'album Midi 20, 2006, © Universal.

Fabien Marsaud

Né en 1977

Grand Corps Malade est un slameur et acteur français né en Seine-Saint-Denis. C'est en 2003 qu'il découvre le slam et prend son pseudonyme.

Vidéo

Écoutez « 6ème sens », de Grand Corps Malade, sur **LLS.FR/FTPMalade**

Questions

1. Lisez le texte à voix haute. Comment le rythme met-il en valeur la dimension sensible de l'évocation de ce souvenir ?
2. Analysez les différentes manières de parler du handicap dans ce texte : qu'en pensez-vous ?

En quoi la littérature est-elle vecteur d'altérité ?

Victor Hugo
1802-1885

Poète, dramaturge, dessinateur, homme politique et romancier, il est l'un des plus grands hommes de lettres français. Il traverse le XIXe siècle et laisse derrière lui des romans majeurs : *Les Misérables*, *Quatrevingt-treize*, mais aussi des pièces romantiques et enfin des poésies.

Vidéo

Découvrez la bande-annonce d'Elephant Man, de David Lynch, sur LLS.FR/FTPLynch

3/5 La beauté des laids

Accusée du meurtre de Phœbus de Châteaupers et de sorcellerie, Esmeralda est torturée et enfermée dans un cachot. Alors qu'elle est sur le point d'être pendue sur le parvis de la cathédrale, elle est sauvée par Quasimodo, le sonneur de Notre-Dame…

Alors elle s'accroupit gracieusement sur sa couchette avec sa chèvre endormie à ses pieds. Tous deux restèrent quelques instants immobiles, considérant en silence, lui tant de grâce, elle tant de laideur. À chaque moment, elle découvrait en Quasimodo quelque difformité de plus. Son regard se promenait des genoux cagneux au dos bossu, du dos bossu à l'œil unique. Elle ne pouvait comprendre qu'un être si gauchement ébauché existât. Cependant il y avait sur tout cela tant de tristesse et de douceur répandues qu'elle commençait à s'y faire.

Il rompit le premier ce silence. « Vous me disiez donc de revenir ? »

Elle fit un signe de tête affirmatif, en disant : « Oui. »

Il comprit le signe de tête. « Hélas ! dit-il comme hésitant à achever, c'est que… je suis sourd. »

« Pauvre homme ! » s'écria la bohémienne avec une expression de bienveillante pitié.

Il se mit à sourire douloureusement.

« Vous trouvez qu'il ne me manquait que cela, n'est-ce pas ? Oui, je suis sourd. C'est comme cela que je suis fait. C'est horrible, n'est-il pas vrai ? Vous êtes si belle, vous !

Il y avait dans l'accent du misérable un sentiment si profond de sa misère qu'elle n'eut pas la force de dire une parole. D'ailleurs il ne l'aurait pas entendue. Il poursuivit.

Jamais je n'ai vu ma laideur comme à présent. Quand je me compare à vous, j'ai bien pitié de moi, pauvre malheureux monstre que je suis ! Je dois vous faire l'effet d'une bête, dites. – Vous, vous êtes un rayon de soleil, une goutte de rosée, un chant d'oiseau ! – Moi, je suis quelque chose d'affreux, ni homme, ni animal, un je ne sais quoi plus dur, plus foulé aux pieds et plus difforme qu'un caillou ! » Alors il se mit à rire, et ce rire était ce qu'il y a de plus déchirant au monde. Il continua : « Oui, je suis sourd. Mais vous me parlerez par gestes, par signes. J'ai un maître qui cause avec moi de cette façon. Et puis, je saurai bien vite votre volonté au mouvement de vos lèvres, à votre regard.

– Eh bien ! reprit-elle en souriant, dites-moi pourquoi vous m'avez sauvée. » Il la regarda attentivement tandis qu'elle parlait.

– J'ai compris, répondit-il. Vous me demandez pourquoi je vous ai sauvée. Vous avez oublié un misérable qui a tenté de vous enlever une nuit, un misérable à qui le lendemain même vous avez porté secours sur leur infâme pilori. Une goutte d'eau et un peu de pitié, voilà plus que je n'en paierai avec ma vie. Vous avez oublié ce misérable ; lui, il s'est souvenu. » Elle l'écoutait avec un attendrissement profond. Une larme roulait dans l'œil du sonneur, mais elle n'en tomba pas. Il parut mettre une sorte de point d'honneur à la dévorer.

Victor Hugo, *Notre-Dame de Paris*, 1482, livre 9, chapitre 3 « Sourd », 1831.

Questions

1. Ce texte appartient au mouvement romantique. À quoi le voit-on ?
2. Que pensez-vous du personnage de Quasimodo ? Appuyez votre opinion sur une étude précise de l'énonciation, du vocabulaire et des types de phrases.

4/5 La dictature de la jeunesse

Dès l'Antiquité, les philosophes se sont penchés sur le « jeunisme » qui traverse les sociétés. De Socrate à Camus, en passant par Diderot, tous constatent que, si la politique est affaire de sagesse et donc d'expérience, la société civile, elle, craint le vieillissement.

Madame de Lambert

1647-1733

Femme de lettres, la marquise de Lambert tient un salon très prisé à Paris. Il passe pour avoir été le berceau de l'*Encyclopédie*.

Tout le monde craint la vieillesse : on la regarde comme un âge livré à la douleur et au chagrin, où tous les plaisirs et les agrémens disparoissent. Chacun perd en avançant dans l'âge, et les femmes plus que les hommes. Comme tout leur mérite consiste en agrémens extérieurs, et que le temps les détruit, elles se trouvent absolument dénuées : car il y a peu de femmes dont le mérite dure plus que la beauté. Voyons s'il n'est pas possible de les remplacer ; et, comme il n'y a point de si petit bien qui ne vaille quelque chose entre les mains d'une personne habile, mettons à profit le temps de la vieillesse et songeons à en faire usage pour notre perfection et pour notre bonheur.

Examinons les devoirs de la vieillesse, le respect et la décence qui sont dus à cet âge, et connoissons aussi les avantages qu'on en peut tirer pour en jouir.

La vie n'est pas dans l'espace du temps, mais dans l'usage qu'on en sait faire. Il faut faire un plan, et le suivre avec fermeté : car enfin, changer de dessein et de conduite, c'est couper notre vie ; nous l'abrégeons par notre légèreté, et nous l'allongeons par une conduite uniforme.

Ces réflexions, ma fille, qui sont à présent pour moi, seront un jour pour vous. Préparez-vous une vieillesse heureuse par une jeunesse innocente.

Souvenez-vous que le bel âge n'est qu'une fleur que vous verrez changer : les grâces vous abandonneront, la santé s'évanouira ; la vieillesse viendra effacer les fleurs de votre visage : quelque jeune que vous soyez, ce qui vient avec tant de rapidité n'est pas loin de vous. Nous avons en vieillissant les maux communs à l'humanité. Les maux du corps et de l'esprit sont à la suite d'un certain âge. « La vieillesse, dit Montaigne, attache plus de rides à l'esprit qu'au visage. »

Les passions nous attendent dans le cours de la vie, et il semble que ce soient des gîtes où il faut passer nécessairement. « Des passions ardentes, dit Montaigne, nous passons aux passions frileuses. »

Anne-Thérèse de Lambert dite Marquise de Lambert, *Traité de la vieillesse*, 1758.

Ce texte date de 1758, et l'édition dont il est extrait de 1883 (Bibliothèque des Dames), l'orthographe est donc différente de la nôtre.

Gustav Klimt, *Portrait d'Adèle Bloch-Bauer*, 1907, huile sur toile, 138 x 138 cm, Neue Galerie, New York.

Questions

1. Comment la marquise intègre-t-elle sa fille à un discours plus généraliste ?
2. Analysez la métaphore de la fleur. Quel sens lui donnez-vous ? L'avez-vous déjà rencontrée dans d'autres textes ou d'autres arts ?

En quoi la littérature est-elle vecteur d'altérité ?

John Steinbeck

1902-1968

Auteur américain.
Il est connu pour son humour et sa peinture sensible de l'Amérique de la Grande Dépression.

5/5 Le portrait touchant de la différence

Dans ce roman, John Steinbeck décrit l'Amérique rurale. Les deux héros, Lennie et George, sont inséparables. Ils vivent de leur travail dans les ranchs. Lennie est simple d'esprit. George le protège, comme il peut, de la cruauté des hommes.

Slim et George entrèrent ensemble dans le clair-obscur de la chambre. Slim leva le bras au-dessus de la table à jeu et alluma l'ampoule électrique atténuée par un abat-jour de fer-blanc. Aussitôt, la table s'illumina, et, le cône de l'abat-jour rabattant tout droit la lumière, les coins de la chambre restèrent sombres. Slim s'assit sur une caisse, et George prit place en face de lui.

– C'était bien peu de chose, dit Slim. Il aurait fallu que j'en noie la moitié, de toute façon. Y a pas de quoi me remercier.

George dit :

– Pour toi, peut-être bien que c'était peu de chose, mais pour lui, ça représente bougrement. Nom de Dieu, j'sais pas comment qu'on va pouvoir le décider à venir coucher ici. Il va vouloir coucher avec eux, dans l'écurie. On aura de la peine à l'empêcher de se fourrer lui-même dans la caisse avec les petits chiens.

– C'était bien peu de chose, répéta Slim. Dis donc, t'avais raison à son sujet. Il est peut-être pas malin, mais j'ai jamais vu son pareil pour le travail. Pour un peu, il aurait tué le gars qui travaillait à l'orge avec lui. Y a personne pour rivaliser avec lui. Bon Dieu, j'ai jamais vu un gars aussi fort.

George dit avec orgueil :

– Y a qu'à dire à Lennie ce qu'il faut faire et il le fait, moyennant qu'il n'y ait pas à réfléchir. Il n'peut penser à rien lui-même, mais sûr qu'il sait obéir.

On entendit un fer tinter contre la fiche de métal et quelques cris d'approbation.

Slim se recula un peu pour n'avoir pas la lumière sur la figure.

– C'est drôle que vous vous soyez réunis comme ça, tous les deux.

C'est ainsi que Slim, calmement, invitait aux confidences.

– Qu'est-ce que ça a de drôle ? demanda George sur la défensive.

– Oh ! j'sais pas. J'ai pas souvent vu des types circuler ensemble comme ça. Tu sais comme font les journaliers, ils s'amènent, on leur donne un lit, ils travaillent un mois, et puis ils en ont assez et ils s'en vont tout seuls. Ils ont jamais l'air de tenir à personne. Ça me semble juste un peu drôle, un dingo comme lui et un dégourdi comme toi qui se baladent comme ça ensemble.

– Il est pas dingo, dit George. Il est con comme la lune, mais il est pas fou. Et puis, j'suis pas si malin que ça moi-même, sans quoi j'chargerais pas de l'orge pour cinquante dollars, logé et nourri. Si j'étais malin, si j'étais même un peu débrouillard, j'aurais ma petite terre à moi, où que je ferais ma propre récolte au lieu de faire tout le travail sans profiter de ce qui pousse dans la terre.

John Steinbeck, *Des souris et des hommes*, 1939, traduit de l'anglais par Maurice-Edgar Coindreau,

Questions

1. Quels sentiments George éprouve-t-il pour Lennie ? Justifiez votre réponse.
2. En quoi la langue des personnages permet-elle de mieux comprendre qui ils sont ?

L'art pour sublimer la différence

Une œuvre littéraire est souvent porteuse d'une idée, une croyance, un souvenir, une histoire. Elle peut également sublimer la beauté du monde.

Mission : À vous de valoriser les différences par un texte poétique.

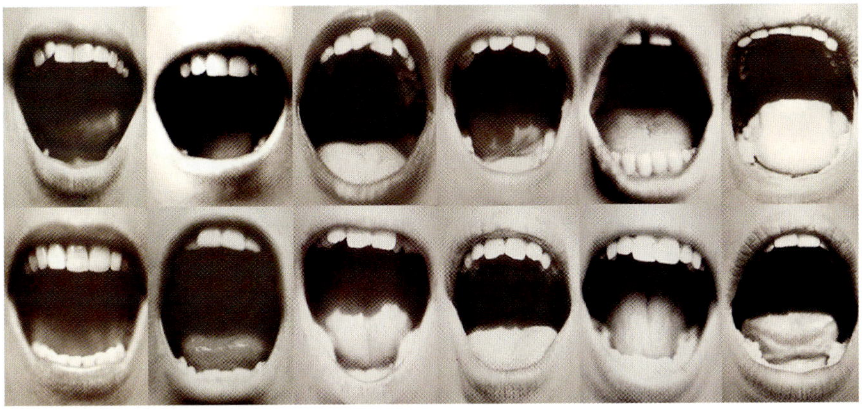

Graciela Sacco, affiches de la série *Bocanada*, héliographie, 1993.

La méthode pas à pas

ÉTAPE 1 Choisir un sujet

Choisissez une différence qui, pour vous, est une richesse.

Faites la liste de vos arguments : expliquez la beauté de cette différence, l'originalité et la richesse qu'elle constitue.

ÉTAPE 2 Choisir une forme

Faites le point sur les formes poétiques que vous connaissez.

Utilisez la boite à outils si besoin pour faire le point sur l'acrostiche, le haïku, le calligramme et la chanson.

ÉTAPE 3 Écrire un premier jet

Utilisez la liste de vos arguments pour écrire votre poème.

ÉTAPE 4 Finaliser l'écriture

En groupe, échangez vos premiers textes et proposez des pistes d'amélioration aux textes que vous lisez.

Récupérez votre texte assorti des remarques des autres et corrigez votre travail.

Vous pouvez partager la lecture ou exposer votre création.

Boite à outils

- Comment composer un poème en acrostiches : 10 étapes sur LLS.FR/FTPAcrostiches
- Comment écrire un haïku : 13 étapes sur LLS.FR/FTPHaiku
- Comment faire un calligramme en 4 étapes sur LLS.FR/FTPCalligramme
- Comment écrire une chanson facilement sur LLS.FR/FTPChanson
- Réécrire et corriger ► **Méthode** p. 158

Critères de réussite

Respecter la consigne

- ☒ *J'écris un texte poétique.*
- ☒ *Je valorise une différence.*

Utiliser une forme poétique

- ☒ *Je me renseigne précisément sur la forme.*
- ☒ *Je respecte les règles de la forme choisie.*

Critiquer et réécrire

- ☒ *Je lis avec bienveillance les textes des autres.*
- ☒ *Je corrige mon travail en tenant compte des remarques des autres.*

→ Autoévaluez-vous sur LLS.FR/FTPP99

En quoi l'écriture est-elle un geste d'engagement ?

Jean-Paul Sartre

1905-1980

Écrivain et philosophe français, il fit paraitre de nombreux articles sur l'existentialisme et de nombreuses critiques d'art et de cinéma.

1/5 La littérature comme affirmation de la liberté

Après avoir expliqué que l'œuvre littéraire n'existe que grâce au lecteur, tout comme l'œuvre d'art n'existe que parce qu'elle est soumise au public, Sartre montre que l'écriture est l'affirmation de la liberté. En 1948, l'ombre de la guerre pèse lourdement sur ses écrits.

Edward Frank Gillett, *Ex libris*, 1924.

Car on ne peut exiger de moi, dans le moment où j'éprouve que ma liberté est indissolublement liée à celle de tous les autres hommes, que je l'emploie à approuver l'asservissement de quelques-uns d'entre eux. Ainsi qu'il soit essayiste, pamphlétaire, satiriste ou romancier, qu'il parle seulement des passions individuelles ou qu'il s'attaque au régime de la société, l'écrivain, homme libre s'adressant à des hommes libres, n'a qu'un seul sujet : la liberté.

[…]

On n'écrit pas pour des esclaves. L'art de la prose est solidaire du seul régime où la prose à un sens : la démocratie. Quand l'une est menacée, l'autre l'est aussi. Et ce n'est pas assez que de les défendre par la plume. Un jour vient où la plume est contrainte de s'arrêter et il faut alors que l'écrivain prenne les armes. Ainsi de quelque façon que vous y soyez venu, quelles que soient les opinions que vous avez professées, la littérature vous jette dans la bataille ; écrire, c'est une certaine façon de vouloir la liberté ; si vous avez commencé, de gré ou de force vous êtes engagé.

Engagé à quoi ? demandera-t-on. Défendre la liberté, c'est vite dit. S'agit-il de se faire gardien des valeurs idéales, comme le clerc de Benda[1] avant la trahison, ou bien est-ce la liberté concrète et quotidienne qu'il faut protéger, en prenant parti dans les luttes politiques et sociales ? La question est liée à une autre, fort simple en apparence mais qu'on ne pose jamais : « Pour qui écrit-on ? »

Jean-Paul Sartre, *Qu'est-ce que la littérature ?*, 1948, © Éditions Gallimard, 1985.

1. Benda, dans *La Trahison des clercs*, soutient que l'engagement des artistes tient plus de l'idéologie que de véritables valeurs humaines.

Questions

1. Expliquez, à la lumière du reste du texte, la phrase suivante : « On n'écrit pas pour des esclaves. » (l. 9).
2. Repérez et analysez dans ce texte les connecteurs logiques utilisés par Sartre. À quoi servent-ils ?

2/5 Le théâtre comme tribune

Lorsque Bertolt Brecht écrit *Grand-peur et misère du IIIe Reich*, entre 1935 et 1938, il dépeint, à travers 24 tableaux, le portrait d'une Allemagne vérolée par le nazisme, qui s'insinue partout dans la société, et aboutit, petit à petit, à l'acceptation de l'horreur.

Voici messieurs les médecins,
Serviteurs dévoués de l'État,
Ils sont payés à la pièce.
Ce que les bourreaux leur envoient,
Ils le rafistolent :
Ensuite ils le renvoient.

Berlin, 1934. Salle à l'hôpital de la Charité. On vient de déposer un nouveau malade. Des infirmières écrivent son nom sur la pancarte au pied de son lit. Deux malades occupant les lits à côté du sien s'entretiennent. [...]

UNE DES INFIRMIÈRES. – Silence. Le Professeur !

Suivi par des assistants et des infirmières, le chirurgien entre dans la salle. Il s'arrête devant un des lits et se met à faire un cours.

LE CHIRURGIEN. – Messieurs, vous avez devant vous un cas magnifique, qui vous montre que sans un perpétuel renouvellement de ses questions et de ses recherches concernant les causes profondes des maladies, la médecine sombre au niveau d'une pure et simple charlatanerie. Ce patient offre tous les symptômes d'une névralgie et a longtemps été traité en conséquence. En réalité, il souffre de la maladie de Raynaud, qu'il a contractée dans l'exercice de son métier, au contact d'un marteau-piqueur. Il s'agit donc, messieurs, d'une maladie professionnelle. Ce n'est que maintenant que nous lui donnons le traitement adéquat. À partir de ce cas, vous voyez combien il est erroné de considérer le patient simplement à partir de ses symptômes, au lieu de se demander : d'où vient le patient, où a-t-il attrapé sa maladie, et où le patient retourne-t-il une fois soigné ? Quelles sont les trois choses qu'un bon médecin doit savoir faire ? Premièrement ?

PREMIER ASSISTANT. – Questionner.

LE CHIRURGIEN. – Deuxièmement ?

LE DEUXIÈME ASSISTANT. – Questionner.

LE CHIRURGIEN. – Troisièmement ?

LE TROISIÈME ASSISTANT. – Questionner, professeur !

LE CHIRURGIEN. – Bien ! Questionner ! Et questionner avant toutes choses les... ?

LE TROISIÈME ASSISTANT. – Les conditions sociales, professeur !

LE CHIRURGIEN. – Surtout n'ayez pas peur de diriger votre regard sur la vie privée du patient : souvent, mon Dieu, elle est bien triste. Quand un homme est contraint d'exercice un métier qui doit tôt ou tard le détruire physiquement, de telle sorte que, pour ainsi dire, il meurt pour ne pas mourir de faim, ça ne fait pas plaisir à entendre, alors on préfère ne pas poser de question. *Il arrive avec sa suite devant le lit du nouveau patient.*

Bertolt Brecht, *Grand-peur et misère du IIIe Reich*, chapitre 7 « Maladie professionnelle », 1935-1938, traduit de l'allemand par Pierre Vesperini, © Éditions de l'Arche, 2014.

Bertolt Brecht

1898-1956

Poète, dramaturge et metteur en scène allemand, son œuvre théâtrale est en grande partie consacrée à dénoncer les régimes autoritaires.

Questions

1. Que pensez-vous de ce chirurgien ? Justifiez votre réponse en étudiant ses arguments et la manière dont il s'adresse aux assistants.
2. Quel intérêt voyez-vous à écrire ce texte sous une forme théâtrale ? Vous pouvez le mettre en voix par petits groupes afin de répondre à cette question.

En quoi l'écriture est-elle un geste d'engagement ?

Ernest J. Gaines

1933-2019

Considéré comme l'une des grandes voix littéraires des communautés afro-américaines du Sud des États-Unis, il dépeint dans ses œuvres un Sud de l'Amérique en évolution, où la nouvelle génération s'oppose à l'ancienne dans une recherche de la dignité.

3/5 Écrire l'insoutenable

Ce roman se situe dans les années 40 en Louisiane. Un homme noir, Jefferson, est accusé du meurtre d'un homme blanc qu'il n'a pas commis. Lors du procès, son avocat commis d'office prend la parole devant la cour. Il cherche ici à convaincre un jury composé d'hommes blancs.

Messieurs les jurés, regardez-le – regardez-le – regardez-moi ça. Est-ce que vous voyez un homme assis là ? Je vous demande, je vous supplie de regarder attentivement – est-ce que vous voyez un homme assis là ? Regardez la forme de ce crâne, ce visage aussi plat que la paume de ma main – regardez bien dans ces yeux. Y décelez-vous une trace d'intelligence ? Voyez-vous là un être susceptible de projeter un meurtre, un cambriolage, de préméditer quoi que ce soit ? Un animal traqué capable de frapper par peur, un trait hérité de ses ancêtres du fin fond de la jungle d'Afrique – oui, oui, c'est possible, mais d'échafauder des projets ? D'échafauder des projets, messieurs les jurés ? Non, messieurs, il n'y a pas de projets dans ce crâne. Ce que vous voyez ici, c'est une chose qui agit sur ordre. Une chose faite pour tenir le manche de la charrue, charger vos balles de coton, creuser vos fossés, couper votre bois, récolter votre maïs. C'est ça que vous voyez ici, et non un individu capable de préparer un cambriolage ou un meurtre. Il ne connait même pas la taille de ses vêtements, de ses chaussures. Demandez-lui les noms des mois de l'année. Demandez-lui si Noël arrive avant ou après le 4 juillet. Parlez-lui de Keats, de Byron, de Scott, et observez si ses yeux montrent un signe de reconnaissance. Demandez-lui de décrire une rose, de citer un passage de la Constitution ou de la Déclaration des droits. Messieurs les jurés, cet homme, préméditer un cambriolage ? sOh, pardonnez-moi, je ne voulais certainement pas insulter votre intelligence en employant le mot « homme » – je vous prie d'excuser une telle méprise.

Ernest J. Gaines, *Dites-leur que je suis un homme*, 1994, traduit de l'anglais par Michelle Herpe-Voslinsky, © Éditions Liana Levi, 2019.

Jean-Michel Basquiat, *Dos Cabezas*, 1982, acrylique et huile sur toile avec supports de bois, 15 x 154 cm, collection privée.

Basquiat (1960-1988) est un peintre new-yorkais et underground. Sa peinture marque son engagement pour la cause des Noirs américains.

Questions

1. En quoi la plaidoirie de l'avocat pose-t-elle problème ? Pourquoi peut-on dire qu'elle est condamnable ?
2. Analysez les formes de l'impératif dans ce texte. Quels effets visent-elles à produire sur l'auditoire ?

4/5 Rappeler l'évidence de l'égalité

De nombreuses femmes se sont exprimées pour affirmer l'égalité des sexes. Depuis Olympe de Gouges jusqu'à Simone de Beauvoir, toutes partagent l'idée que le monde qui s'est construit sur la suprématie masculine doit disparaitre. Zazie s'inscrit dans cette lignée.

Pussy Riot est un groupe punk féministe russe, ici lors d'un concert sur la place Rouge en 2012.

À ceux qui pensent
Que Ève est seulement
Une moitié d'Adam
À ceux qui disent
Qu'elle est la mère
De tous les vices
À ceux qui se permettent
D'être le seul maître
Après Dieu
À ceux qui rient
À celles qui pleurent
À ceux qui vont
Libres comme l'air
À celles qui se terrent
À ceux qui ont
Le droit de dire
Elles, de se taire
À ceux qui prennent la vie
De celles qui donnent la vie
À ceux qui rient
De celles qui pleurent
Aux armes, citoyennes
Nos armes seront
Les larmes qui nous viennent
Des crimes sans nom
Aux hommes qui nous aiment
Ensemble, marchons
Et au Diable les autres
À celles qu'on opprime
Pour avoir commis le crime
D'aimer
À celles qu'on supprime
Pour un peu de peau
Dévoilée
À celles qu'on assassine
Pour avoir tenté de leur résister
À nous, mes frères
Qui laissons faire
Aux armes, citoyennes
Nos armes seront
Les larmes qui nous viennent
Des victimes sans nom
Aux hommes qui nous aiment
Ensemble, marchons
Et au Diable les autres
À nous, mes frères
Qui laissons faire
Aux armes, citoyennes
Aux armes, versons
Les larmes qui nous viennent
Au feu des canons
Aux hommes que reviennent
Un peu de raison
Et au Diable les autres
Aux armes, citoyennes
Nos larmes seront
Le forces qui nous tiennent
Ensemble, marchons
Puisque l'horreur est humaine
Sur elle versons
Nos larmes en pardon.

Zazie, « Aux armes citoyennes » dans l'album *Zizanie*, Mercury France, Universal, 2001.

Zazie
Née en 1964

Auteure, chanteuse et compositrice française.

Numérique

Retrouvez la *Déclaration des droits de la femme et de la citoyenne*, d'Olympe de Gouges sur LLS.FR/FTPGouges

Questions

1. À qui s'adresse ce texte ? Comment cela apparait-il dans la construction du texte ?
2. Étudiez le système des pronoms et les oppositions dans le texte et dites en quoi ils servent le propos de l'auteure.

En quoi l'écriture est-elle un geste d'engagement ?

Abdennour Bidar

Né en 1971

Philosophe essayiste français. En 2013, il est nommé membre de l'Observatoire de la laïcité. Il est aussi membre du Comité Consultatif National d'Ethique et du Conseil des Sages de la laïcité.

5/5 La philosophie pour sauver le monde

Dans son essai, *Les Tisserands*, sous-titré « Réparer ensemble le tissu déchiré du monde », Abdennour Bidar défend notamment la notion de fraternité. Pour lui, les « Tisserands », ceux qui re-tissent les liens, s'opposent aux « Déchireurs », forces destructrices qui divisent le monde.

« Comment agir ? Avec qui ? La réponse est simple. Partout où un lien s'est rompu, et avec tous ceux qui s'en indignent. Que chacun entreprenne donc de lutter là où il est, dans chaque quartier, chaque commune, chaque association ou milieu professionnel, chaque pays, chaque culture.

Sans eau, sans terre, sans lumière.

Tout ce qui nous relie nous rend plus forts. C'est une évidence pour tout le monde. Qui n'est pas convaincu d'avance, en effet, que « créer du lien » est une bonne chose ? Et puis, qui n'est pas persuadé aussi d'avoir déjà tous les liens – famille, amis, etc. – dont il a besoin ? On pourrait donc me rétorquer que les Tisserands enfoncent des portes ouvertes ! Mais combien de nos liens nous nourrissent vraiment ? Combien nous inspirent et élèvent notre niveau de conscience ? Et d'autre part, quand on veut passer à l'action, c'est-à-dire travailler effectivement à raccommoder le tissu déchiré du monde, par où commence-t-on ? Il ne suffit donc pas de la conviction théorique qu'« il faut recréer du lien ». Ici comme ailleurs se pose le problème du passage à l'action. Comment recréer concrètement du lien ? Comment faire converger aussi une multitude d'initiatives isolées, qui vont dans ce sens, pour leur donner la puissance d'une mobilisation collective ? Mais pour passer à l'action, il faut surmonter la difficulté que représente la compréhension de ce qu'est un lien nourricier, une vie bien reliée, une civilisation du lien.

Le Triple Lien, à soi, à autrui et à la nature, est nourricier parce que sans lui notre ego et notre humanité se dessèchent et dépérissent comme une plante laissée trop longtemps sans eau, sans terre, sans lumière :

1. Le lien à soi : notre « petit moi » se rabougrit si nous vivons sans lien intérieur avec notre « moi des profondeurs », qui est la source ou ressource de vitalité, d'inspiration, de sagesse et d'amour au cœur de nous-mêmes, mais dont nous sommes spontanément inconscients. [...]

2. Notre petit moi se rétrécit un peu plus si nous négligeons notre lien social, qui est sa deuxième source / ressource de vitalité. [...]

3. Notre petit moi finit enfin de s'amoindrir et de mourir à petit feu s'il subit l'asphyxie d'une existence urbaine sans contact suffisant avec l'oxygène physique et spirituel de la nature.

Abdennour Bidar, *Les Tisserands*,

Pelagio Palagi, *Ariane donnant le fil à Thésée pour sortir du labyrinthe*, 1814, huile sur toile, musée d'Art moderne de Bologne, Italie.

Questions

1. Quelle solution l'auteur met-il en avant pour réparer un monde qui va mal ?
2. Expliquez l'expression « petit moi » utilisée par l'auteur.

Se forger une opinion, nuancer son propos

Comme citoyen, vous pouvez prendre part au débat public.
Pour cela, il faut vous forger une opinion documentée.

Les faits :

- 22 mai 2020 en Martinique : deux statues représentant Victor Schœlcher sont détruites à Fort-de France. Figure de l'abolition de l'esclavage, sa représentation masquerait le vrai visage des insurgés qui ont permis cette abolition.
- 7 juin 2020 à Bristol, au Royaume-Uni : la statue d'Edward Colston, marchand d'esclaves de la fin du XVIIe siècle, est déboulonnée et jetée à l'eau.
- 9 juin 2020 à Anvers, en Belgique : une statue Léopold II, figure du passé colonial du pays, est retirée d'un square.

Mission : Faut-il déboulonner les statues de certains personnages historiques ?
Informez-vous et prenez position !

La méthode pas à pas

ÉTAPE 1 S'informer

Regardez l'ensemble du corpus documentaire en lien dans la boite à outils.

Dans un tableau, classez les arguments en faveur de la suppression des statues et ceux en sa défaveur.

Relevez quelques exemples précis de personnages historiques évoqués.

La statue de Jean-Baptiste Colbert devant l'Assemblée nationale, à Paris, vandalisée en 2020 car il est à l'origine du Code noir de 1685, réglementant l'esclavage dans les colonies françaises.

ÉTAPE 2 Se questionner

Que pensez-vous de ce débat et des arguments que vous avez relevés ? Selon vous, les points de vue peuvent-ils se réconcilier ?

ÉTAPE 3 Affiner son opinion

Récapitulez les éléments de votre opinion sous la forme d'un schéma ou d'une carte mentale, à l'aide des étapes précédentes.

Échangez avec un groupe ou votre classe.

Complétez votre schéma à l'aide des opinions des autres.

Vous pouvez rédiger un paragraphe qui présente votre opinion nuancée.

Boite à outils

Retrouvez un dossier documentaire en lien avec le sujet sur LLS.FR/FTPDossier

Critères de réussite

Lire / regarder un article ou un documentaire
- ☒ Je regarde et je lis l'intégralité des documents.
- ☒ Je peux reformuler l'essentiel des documents.

Identifier les arguments
- ☒ Je relève les arguments.
- ☒ Je distingue les exemples.

Donner son opinion
- ☒ Je donne mon avis.
- ☒ Je nuance mon opinion.

Échanger dans un groupe
- ☒ J'écoute les autres.
- ☒ Je tiens compte de leur point de vue.

→ Auto-évaluez-vous sur LLS.FR/FTPP105

Comment l'écriture peut-elle révéler la beauté du monde ?

Sidonie-Gabrielle Colette

1873-1954

Femme de lettres et journaliste française, elle écrit la série des Claudine, qui l'a rendue célèbre. Mais elle est aussi considérée comme une des premières féministes. Elle préside l'Académie francaise de 1940 à 1954.

1/5 Les jardins de Colette

Colette avait un rapport particulier avec la nature, et notamment avec les jardins. Ce fut souvent un moyen de s'évader et une source d'inspiration littéraire. Ici, elle décrit la maison et le jardin de Sido, sa mère.

La maison était grande, coiffée d'un grenier haut. La pente raide de la rue obligeait les écuries et les remises, les poulaillers, la buanderie, la laiterie, à se blottir en contrebas tout autour d'une cour fermée.

Accoudée au mur du jardin, je pouvais gratter du doigt le toit du poulailler. Le Jardin-du-Haut commandait un Jardin-du-Bas, potager resserré et chaud, consacré à l'aubergine et au piment, où l'odeur du feuillage de la tomate se mêlait, en juillet, au parfum de l'abricot mûri sur espaliers. Dans le Jardin-du-Haut, deux sapins jumeaux, un noyer dont l'ombre intolérante tuait les fleurs, des roses, des gazons négligés, une tonnelle disloquée… […]

Grande maison grave, revêche avec sa porte à clochette d'orphelinat, son entrée cochère à gros verrou de geôle ancienne, maison qui ne souriait que d'un côté. Son revers, invisible au passant, doré par le soleil, portait manteau de glycine et de bignonier mêlés, lourds à l'armature de fer fatiguée, creusée en son milieu comme un hamac, qui ombrageait une petite terrasse dallée et le seuil du salon… Le reste vaut-il que je le peigne, à l'aide de pauvres mots ? Je n'aiderai personne à contempler ce qui s'attache de splendeur, dans mon souvenir, aux cordons rouges d'une vigne d'automne que ruinait son propre poids, cramponnée, au cours de sa chute, à quelque bras de pin. Ces lilas massifs dont la fleur compacte, bleue dans l'ombre, pourpre au soleil, pourrissait tôt, étouffée par sa propre exubérance, ces lilas morts depuis longtemps ne remonteront pas grâce à moi vers la lumière, ni le terrifiant clair de lune, – argent, plomb gris, mercure, facettes d'améthystes coupantes, blessants saphirs aigus, qui dépendait de certaine vitre bleue, dans le kiosque au fond du jardin.

Maison et jardin vivent encore, je le sais, mais qu'importe si la magie les a quittés, si le secret est perdu qui ouvrait lumière, odeurs, harmonie d'arbres et d'oiseaux, murmure de voix humaines qu'a déjà suspendu la mort – un monde dont j'ai cessé d'être digne ?…

Il arrivait qu'un livre, ouvert sur le dallage de la terrasse ou sur l'herbe, une corde à sauter serpentant dans une allée, ou un minuscule jardin bordé de cailloux, planté de têtes de fleurs, révélassent autrefois, dans le temps où cette maison et ce jardin abritaient une famille, la présence des enfants, et leurs âges différents. Mais ces signes ne s'accompagnaient presque jamais du cri, du rire enfantin, et le logis, chaud et plein, ressemblait bizarrement à ces maisons qu'une fin de vacances vide, en un moment, de toute sa joie. Le silence, le vent contenu du jardin clos, les pages du livre rebroussées sous le pouce invisible d'un sylphe[1], tout semblait demander : « Où sont les enfants ? »

Colette, *La Maison de Claudine*, 1922.

1. Esprit de l'air.

Questions

1. Selon vous, l'évocation de cette demeure et de ses jardins est-elle joyeuse ou triste ? Justifiez votre réponse grâce aux éléments du texte.
2. En étudiant les temps verbaux, montrez que la description de la maison et du jardin se situe dans deux temporalités différentes.

2/5 Quand diversité rime avec richesse

Nous sommes en 1939. Henry Miller vit à Paris, mais la guerre menace et il décide de partir vers le Sud, en Grèce, où son ami Lawrence Durell le presse de lui rendre visite. Dès son arrivée, c'est l'émerveillement. Il se met à prendre des notes dans un journal.

Henry Miller, *Hawaiian Serenade.*

Île d'Hydra – 5/11/39

Lieu de naissance de l'immaculée conception. Une île bâtie par une race d'artistes. Tout y est miraculeusement produit à partir de rien. Les maisons semblent reliées entre elles par un architecte invisible. Tout est blanc comme neige et cependant plein de couleurs. La ville entière ressemble au décor d'un rêve : un rêve né de la pierre. À chaque pas, le paysage change. Hydra est comme un rocher posé sur une scène tournante. Même le climat tourne. Nous revenons en arrière, vers le solstice d'été. L'hiver viendra avec les roses, les melons, le raisin. Le sol est comme du sang séché, et il devient rouge Pompéi grimpant aux murs. Les îles flottent sur des bandes de lumière, amarrées au fond par de minuscules autels blancs, telles des visions oniriques. La ville, organiquement sortie du rocher selon une disposition artistique, semble renaître chaque jour. On dirait la Hollande ou le Danemark, mais c'est la Grèce.

Dans la forteresse où vit Ghika, les discussions se rapportent toujours à Byzance, qui constitue le lien culturel. Mais le pendule va et vient : de Mycènes à la Grèce de Périclès, de la période minoenne à la révolution, d'Hermès Trismégiste à Périclès Yannopoulos, Palamas, ou Sikelianos. Les repas sont gargantuesques – les hors-d'œuvre à eux seuls suffiraient. Puis le dessert : melon, figues, oranges vertes, raisins, noix, pâtisseries turques, en réalité grecques – byzantines ! – et le retsina qui transforme tout en poudre d'or et aère les poumons grâce à une espèce de laque de térébenthine raffinée qui, en s'évaporant, fait naître le bien-être, la joie et la conversation. Chaque anecdote dévoile une nouvelle originalité grecque – l'originalité de l'humain – qui rivalise ici en diversité et en excentricité avec les phénomènes naturels. (Il y a l'histoire du banquier qui faisait de mauvais vers. L'imbécile qui tenait un journal pornographique épais de trente-trois volumes. La nymphomane qui dansait nue sur le domaine et séduisait les invités. Etc. Légendes, fables, mythes à profusion.) « La route vers la mer, au milieu des cimetières de pierres grises, de la bruyère grise, des rochers vert lavande, du sol en sang, avec du blanc partout, et du bleu, et des murs ruisselant d'ocre. Les visages stupéfiants des enfants, tous si différents. Certains, pareils à des Africains, d'autres, aux figurines peintes sur les vases (?), ou aux portraits sur les cercueils. La bonne qui s'appelle Déméter – elle a été baptisée ainsi ! La maison de l'amiral. La destruction de l'armada turque. Tout est légendaire, fabuleux, incroyable, miraculeux – et pourtant vrai.

Tout commence et s'achève ici. »

Henry Miller, *Premiers regards sur la Grèce*, 1973, traduit de l'anglais par Carine Chichereau, © Éditions Arléa, 2010.

Henry Miller

1891-1980

Romancier et essayiste américain connu pour avoir rompu avec les codes littéraires classiques, il est notamment célèbre pour ses romans semi autobiographiques. Il est également peintre.

Vidéo

Partez à la découverte de l'ile d'Hydra sur **LLS.FR/FTPHydra**

Question

Pourquoi le narrateur semble-t-il fasciné par l'ile ? Comment se traduit cet enthousiasme dans l'écriture ?

Comment l'écriture peut-elle révéler la beauté du monde ?

Léopold Sédar Senghor

1906-2001

Poète, écrivain et homme d'État. Il sera président de la République du Sénégal de 1960 à 1980. Premier Africain à siéger à l'Académie française et fervent défenseur de la francophonie, il défendra la culture africaine par l'intermédiaire du courant artistique de la négritude.

3/5 La beauté des racines

Chantre de la négritude, Léopold Sédar Senghor rend hommage à l'Afrique dans ses textes. « Nuit de Sine » est l'un des poèmes de *Chants d'ombre*, recueil paru en 1945, alors qu'il vit en France. Sine est le village natal de l'auteur.

Femme, pose sur mon front tes mains balsamiques, tes mains douces plus que fourrure.
Là-haut les palmes balancées qui bruissent dans la haute brise nocturne
À peine. Pas même la chanson de nourrice.
Qu'il nous berce, le silence rythmé.
Écoutons son chant, écoutons battre notre sang sombre, écoutons
Battre le pouls profond de l'Afrique dans la brume des villages perdus.

Voici que décline la lune lasse vers son lit de mer étale[1]
Voici que s'assoupissent les éclats de rire, que les conteurs eux-mêmes
Dodelinent[2] de la tête comme l'enfant sur le dos de sa mère
Voici que les pieds des danseurs s'alourdissent, que s'alourdit la langue des chœurs alternés.

C'est l'heure des étoiles et de la Nuit qui songe
S'accoude à cette colline de nuages, drapée dans son long pagne de lait.
Les toits des cases luisent tendrement. Que disent-ils, si confidentiels, aux étoiles ?
Dedans, le foyer s'éteint dans l'intimité d'odeurs âcres et douces.

Femme, allume la lampe au beurre clair, que causent autour les Ancêtres comme les parents, les enfants au lit.
Écoutons la voix des Anciens d'Elissa[3]. Comme nous exilés
Ils n'ont pas voulu mourir, que se perdit par les sables leur torrent séminal[4].
Que j'écoute, dans la case enfumée que visite un reflet d'âmes propices
Ma tête sur ton sein chaud comme un dang[5] au sortir du feu et fumant
Que je respire l'odeur de nos Morts, que je recueille et
redise leur voix vivante, que j'apprenne à
Vivre avant de descendre, au-delà du plongeur, dans
les hautes profondeurs du sommeil.

Léopold Sédar Senghor, « Nuit de Sine »,
Chants d'ombre, 1945, © Éditions du Seuil, 1956.

1. Plate, lisse. **2.** Qui se balancent doucement. **3.** Village de Guinée portugaise. **4.** Relatif à la semence. **5.** Boulette de couscous cuite à la vapeur.

Ousmane Sow (1935-2016), sculpteur sénégalais.

Questions

1. Pourquoi peut-on dire qu'il s'agit d'une description « sensible » ? Relevez et commentez tout ce qui relève des sens.
2. Repérez et analysez les formes verbales présentes dans cet extrait. Pourquoi l'auteur utilise-t-il l'impératif ?

4/5 L'espoir constamment renouvelé

Lorsqu'il écrit *Beauté de ce monde*, en 1940, Ilarie Voronca vient d'être démobilisé. Il inscrit dans ce texte toute la ferveur de son amour des êtres, et martèle sa conviction d'un avenir meilleur.

Beauté de ce monde

à Léon-Paul Fargue

Rien n'obscurcira la beauté de ce monde.
Les pleurs peuvent inonder toute la vision. La souffrance
peut enfoncer ses griffes dans ma gorge. Le regret,
l'amertume, peuvent élever leurs murailles de cendre,
la lâcheté, la haine, peuvent étendre leur nuit,
Rien n'obscurcira la beauté de ce monde.
Nulle défaite ne m'a été épargnée. J'ai connu
le goût amer de la séparation. Et l'oubli de l'ami
et les veilles auprès du mourant. Et le retour
vide, du cimetière. Et le terrible regard de l'épouse
abandonnée. Et l'âme enténébrée de l'étranger,
mais rien n'obscurcira la beauté de ce monde.
Ah ! On voulait me mettre à l'épreuve, détourner
mes yeux d'ici-bas. On se demandait : « Résistera-t-il ? »
Ce qui m'était cher m'était arraché. Et des voiles
sombres, recouvraient les jardins à mon approche
la femme aimée tournait de loin sa face aveugle
mais rien n'obscurcira la beauté de ce monde.
Je savais qu'en dessous il y avait des contours tendres,
la charrue dans le champ comme un soleil levant,
félicité, rivière glacée, qui au printemps
s'éveille et les voix chantent dans le marbre
en haut des promontoires flotte le pavillon du vent
Rien n'obscurcira la beauté de ce monde.
Allons ! Il faut tenir bon. Car on veut nous tromper,
si l'on se donne au désarroi on est perdu.
Chaque tristesse est là pour couvrir un miracle.
Un rideau que l'on baisse sur le jour éclatant,
rappelle-toi les douces rencontres, les serments,
car rien n'obscurcira la beauté de ce monde.
Il faudra jeter bas le masque de la douleur,
et annoncer le temps de l'homme, la bonté,
et les contrées du rire et la quiétude.
Joyeux, nous marcherons vers la dernière épreuve
le front dans la clarté, libation de l'espoir,
rien n'obscurcira la beauté de ce monde.

Ilarie Voronca, *Beauté de ce monde*, Éditions Le Sagittaire, 1940.

Paul Klee, *Masken*, 1923, aquarelle, 43 x 31 cm, musée Pushkin, Moscou, Russie.

Ilarie Voronca

1903-1946

Poète et écrivain français d'origine roumaine, installé à Paris pour fuir le régime autoritaire de son pays.
Il côtoie le milieu surréaliste et fréquente la communauté d'artistes immigrés roumains, dont les conditions de vie sont difficiles.

Numérique

Découvrez l'exposition « Je suis le rêve, je suis l'inspiration », de Victor Brauner sur LLS.FR/FTPBrauner

Questions

1. Relevez et analysez les champs lexicaux. Quel est le thème principal de ce poème ?
2. Selon vous, quel est l'objectif du poète ? Défendez votre point de vue à l'aide de quelques exemples.

Comment l'écriture peut-elle révéler la beauté du monde ?

Nicolas Bouvier

1929-1998

Écrivain, voyageur, photographe et iconographe suisse. Toute sa vie, fasciné par les cartes et les paysages, il voyagea et fit le récit de ses pérégrinations.

5/5 Plénitude

Nicolas Bouvier arrive au terme d'un périple de plus d'une année. Il découvre ici le passage de Khyber entre l'Afghanistan et le Pakistan.

Nicholas Roerich, *Chandra-Bhaga*, 1932, tempera sur toile, 79 x 46 cm, musée Nicholas Roerich, New York, États-Unis.

À Kaboul, ceux que j'interrogeais sur le Khyber ne trouvaient jamais leurs mots : « ... inoubliable, c'est surtout l'éclairage… ou l'échelle… ou l'écho peut-être, comment vous dire ?... » puis ils s'enferraient, renonçaient et, pendant un moment, on les sentait retournés en esprit dans le col, revoyant les mille facettes et les mille ventres de la montagne, éblouis, transportés, hors d'eux-mêmes, comme la première fois.

Le 5 décembre à midi, après un an et demi de voyage, j'ai atteint le pied de la passe. La lumière touchait la base des Monts Suleiman et le fortin de la douane afghane noyé dans un bouquet de saules que brillaient comme écailles au soleil. Pas d'uniformes sur la route barrée par un léger portail de bois. Monté jusqu'au bureau, j'ai enjambé les chèvres étendues sur le seuil et passé la porte. Le poste sentait le thym, l'arnica, et bourdonnait de guêpes. L'éclat bleu de revolvers accrochés contre le mur avait beaucoup de gaieté. Assis droit à une table derrière une bouteille d'encre violette, un officier me faisait face. Ses yeux bridés étaient clos. À chaque inspiration j'entendais craquer le cuir neuf de son ceinturon. Il dormait. […]

Ensuite, j'ai fumé un narghilé en regardant la montagne. À côté d'elle, le poste, le drapeau noir-rouge-vert, le camion chargé d'enfants pathans leur long fusil en travers des épaules, toutes les choses humaines paraissaient frustes, amenuisées, séparées par trop d'espace comme dans ces dessins d'enfants où la proportion n'est pas respectée. La montagne, elle, ne se dépensait pas en gestes inutiles : montait, se reposait, montait encore, avec des assises puissantes, des flancs larges, des parois biseautées comme un joyau. Sur les premières crêtes, les tours des maisons-fortes pathanes luisaient comme frottées d'huile ; de hauts versants couleur chamois s'élevaient derrière elles et se brisaient en cirques d'ombre où les aigles à la dérive disparaissaient en silence. Puis des pans de rocs noirs où les nuages s'accrochaient comme une laine. Au sommet, à vingt kilomètres de mon banc, des plateaux maigres et doux écumaient de soleil. L'air était d'une transparence extraordinaire. La voix portait. J'entendais des cris d'enfants, très haut sur la vieille route des nomades, et de légers éboulis sous le sabot de chèvres invisibles, qui résonnaient dans toute la passe en échos cristallins. J'ai passé une bonne heure immobile, saoulé par ce paysage apollinien. Devant cette prodigieuse enclume de terre et de roc, le monde de l'anecdote était comme aboli. L'étendu de montagne, le ciel clair de décembre, la tiédeur de midi, le grésillement du narghilé et jusqu'aux sous qui sonnaient dans ma poche, devenaient les éléments d'une pièce où j'était venu, à travers bien des obstacles, tenir mon rôle à temps. « Pérennité… transparente évidence du monde… appartenance paisible… » moi non plus, je ne sais comment dire…

Nicolas Bouvier, *L'Usage du monde*, 1963, © Éditions La Découverte, 2014.

Questions

1. Comment Nicolas Bouvier convoque-t-il les sens pour évoquer ce paysage ? Quel(s) effet(s) cela produit-il sur vous, lecteur ?
2. Quelle ambiance se dégage de ce paysage ? Justifiez votre réponse à l'aide de deux procédés d'écriture différents.

Sublimez votre environnement

Les objets et les lieux que nous aimons et qui nous entourent permettent de nous caractériser et parfois de nous identifier comme appartenant à un groupe.

Mission : Donnez un relief nouveau aux objets qui vous entourent !

Exemple de réalisation.

La méthode pas à pas

ÉTAPE 1 Analyser la consigne et les documents

Regardez les documents disponibles dans la boite à outils.

Quels sont, selon vous, les enjeux de la consigne ?

ÉTAPE 2 Monter un projet

Choisissez des objets qui font partie de votre quotidien et photographiez-les.

Préparez votre projet. Que voulez-vous dire de ces objets ? Quel ton souhaitez-vous donner à votre travail ?

Quelles techniques pensez-vous adopter : détournement d'objets ? Notice ? Expliquez en quelques phrases courtes et drôles l'enjeu de l'œuvre.

ÉTAPE 3 Réaliser le projet

À la manière d'un cartel (petite notice qui accompagne une œuvre dans les musées), écrivez les commentaires qui accompagneront vos photographies.

Vous pouvez afficher et partager vos œuvres !

Boite à outils

- Retrouvez les règles du jeu détaillées sur LLS.FR/FTPMucem
- Exemple de Magritte sur LLS.FR/FTPMagritte

Critères de réussite

Choisir un support visuel

☒ *Je choisis des objets de mon quotidien.*

☒ *Je fais un choix esthétique lors de la prise de vue.*

Écrire en respectant les consignes

☒ *J'écris un commentaire.*

☒ *Je travaille le commentaire en fonction de mon intention.*

Se documenter

☒ *Je respecte les supports possibles de la boite à outils.*

→ Autoévaluez-vous sur LLS.FR/FTPP111

La littérature pour dire le monde

L'œuvre d'art, qu'elle soit littéraire ou non, s'inscrit dans un contexte historique et social qui, d'une manière ou d'une autre, l'influence. Les œuvres sont donc le reflet d'une société au moment de leur production.

Dire la folie du monde

→ Ainsi, les écrivains, témoins de leur temps, en décrivent parfois les travers et les monstruosités. Les artistes évoquent des préoccupations humaines : l'aliénation des Hommes (► **textes 1 et 5**), l'injustice des conditions de vie, l'horreur des guerres (► **texte 3**). Pour cela, certains relatent leur propre vécu ou bien racontent ceux de leurs proches (► **bande dessinée 4**), mais l'art est aussi un moyen d'anticiper des dérives possibles de nos sociétés (► **texte 2**). Dans un XXe siècle particulièrement meurtrier, les œuvres révèlent ce que les hommes vivent et souffrent et ce qu'ils pourraient subir à l'avenir.

Dire la différence

→ Les artistes s'emparent aussi des pouvoirs d'évocation de leur art pour transmettre des valeurs par le détour de la fiction ou de la poésie. En partageant leur histoire (► **textes 1 et 2**), en explorant les douleurs et les ressorts extraordinaires de l'humanité (► **textes 3, 4 et 5**), ils permettent aux lecteurs, aux spectateurs ou aux auditeurs de s'immerger dans l'histoire d'autres hommes, de vivre leur différence. Ils développent ainsi de l'empathie pour les autres. Le genre littéraire ou le type de texte utilisé peut varier, mais les artistes permettent parfois de vivre des expériences que seul l'art permet d'explorer.

Dire les inégalités

→ Les artistes vont alors s'engager (► **textes 1 et 5**) pour des causes qu'ils estiment importantes et, par le biais de fictions, questionner le lecteur sur le monde qui l'entoure (► **textes 2, 3 et 4**).

Dire la beauté du monde

→ Bien sûr, la qualité d'une œuvre ne tient pas à son seul engagement. Un texte qui reste pertinent dans le temps doit également porter en lui une certaine beauté, qui va toucher le lecteur au-delà de son siècle et de son pays. L'art étant une expérience sensible, il s'adresse à la sensibilité de son destinataire. Il offre un regard nouveau sur la beauté du monde, l'amour, la résilience.

→ C'est l'alliance entre ses qualités artistiques et l'intérêt de ses idées qui le rend universel.

À vos carnets !

Les livres que vous lisez, les films que vous regardez, les chansons que vous écoutez permettent-ils également de dire le monde ?

Choisissez une œuvre que vous aimez et qui parle du monde tel que vous le voyez. Écrivez dans votre carnet ce qui vous touche, ce qui vous parle dans cette œuvre.

Partagez vos ressentis avec les autres !

LLS.FR/CarnetDeLecture

Numérique

Retrouvez la synthèse en version audio sur LLS.fr/FTP112

Dénoncer
- l'alimentation des Hommes
- la surveillance
- l'obéissance
- l'horreur de la guerre

Se révolter
- contre l'exploitation
- contre les inégalités
- contre l'intolérance
- contre l'asservissement

Dire le monde

Comment la littérature permet-elle de dire le monde ?

Espérer
- sauver la nature
- préserver la beauté
- reconstruire les liens
- préserver la magie

Raconter
- les différences
- le mal-être
- la douleur
- le temps qui passe

La beauté réinventée

De nombreux peintres ont cherché à représenter la beauté de l'enfant, en l'idéalisant ou en délivrant un portrait réaliste. Ils l'ont ainsi modelée au goût de leur époque et travaillée selon les techniques qui leur sont propres.

1. Comment l'enfant est-il représenté dans ces tableaux ?
2. Que pensez-vous de ces variations autour du thème ? Que disent-elles, selon vous, de la conception de la beauté de l'artiste ou de son époque ?

Edouard Manet, *Le petit lange*, 1862, huile sur toile, 117 x 71 cm, musée d'art de Karlsruhe, Allemagne.

Auguste Renoir, *Claude Renoir jouant*, vers 1905, huile sur toile, 46 x 55 cm, musée de l'Orangerie, Paris.

Agnolo Bronzino, *Portrait de Bia de Médicis*, entre 1542 et 1545, huile sur toile, 63 x 48 cm, galerie Uffizi, Florence, Italie.

Stinkfish, street art sur un bâtiment du quartier d'Erriadh à Djerba, Turquie, 2015.

À vos carnets !

Après avoir choisi une œuvre artistique de votre choix, vous en ferez une réécriture, sous la forme qui vous convient. Voici, pour vous aider, quelques pistes :

- poésie ;
- parodie ;
- tableau détourné en texte (exemple : raconter le naufrage du *Radeau de La Méduse* de Géricault ou écrire la scène entre les deux protagonistes de *L'Annonciation* de Léonard de Vinci) ;
- etc.

LLS.FR/CarnetDeLecture

Princesse Mononoké*, film d'animation réalisé par Hayao Miyazaki, 1997

Dans un Japon médiéval, un prince est frappé d'une malédiction après avoir tué un dieu sanglier. La forêt se dépeuple à cause des humains, et San, une princesse élevée par des loups, va l'aider à trouver le dieu cerf qui lèvera la malédiction.

Basquiat Superstar*, documentaire Arte, 2020

Ce documentaire permet de rencontrer cet artiste américain insaisissable qui a fait entrer le graff et la culture de la rue dans les musées.

***L'œuvre sans auteur*, film réalisé par Florian Henckel von Donnersmarck, 2019**

À Dresde en 1937, le tout jeune Kurt Barnet est initié aux arts par sa tante, arrêtée par le régime nazi. Plus tard, étudiant en art, il tombe amoureux d'Ellie. Mais Kurt ignore que le père de celle-ci est lié à lui par un terrible passé.

Vladimir Maïakovski, *À pleine voix, Anthologie poétique 1915-1930*, 2005

Poète et militant, Vladimir Maïakovski voulait parler aux masses, et sa langue rompt avec les règles rigides de la prosodie, son vers prend les intonations du langage courant.

Léo, *Aldébaran*, tome I, « La catastrophe », 1994

Aldébaran, quelque part dans l'espace et dans le futur... Une planète accueillante où s'est installée, en 2079, la première colonie terrienne envoyée au-delà du système solaire. Mais les liaisons radio sont coupées. Alors, peu à peu, la vie s'organise.

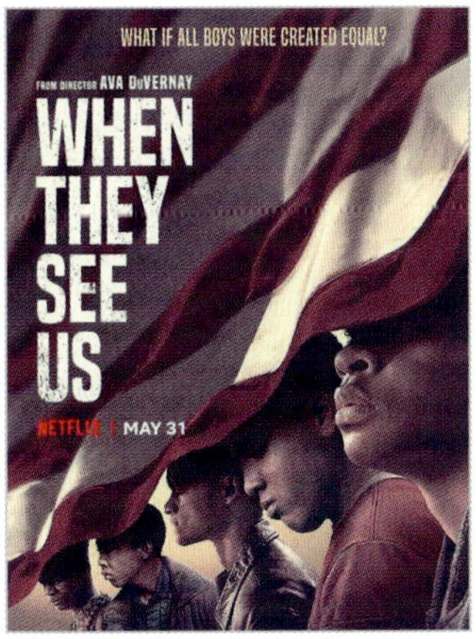

***When they see us*, mini-série réalisée par Ava DuVernay, 2019**

L'histoire vraie de cinq adolescents de couleur accusés de viol alors qu'ils sont innocents. Un portrait de l'Amérique raciste.

Réaliser une interview fictive

Mission : Vous allez réaliser l'interview d'un artiste ayant travaillé sur votre métier, ou d'un professionnel connu dans votre filière... C'est impossible ? Inventez !

ÉTAPE 1 Faire le point sur les arts et le métier

Faites une recherche documentaire sur les arts et votre métier.

- Des films ont-ils eu pour cadre votre métier ?
- Des livres ont-ils été écrits sur des professionnels de votre filière ?
- Quelles représentations les peintres ou les photographes ont-ils proposées pour présenter votre future profession ?

Y a-t-il, dans votre filière, des professionnels au destin exceptionnel que vous auriez aimé rencontrer ?

ÉTAPE 2 Organiser le projet

Organisez-vous en groupes.

Chaque groupe choisit une personnalité à interviewer :

- réalisateur d'un film ;
- acteur qui incarne un professionnel de votre secteur ;
- artiste : peintre, photographe, écrivain ;
- professionnel historique ou exceptionnel.

Mettez-vous d'accord dans le groupe et faites un premier projet : de quoi avez-vous besoin pour réaliser votre interview ?

ÉTAPE 3 Approfondir une recherche documentaire

Faites une recherche approfondie sur votre sujet.

- Que sait-on de la vie de cette personnalité (de sa vie personnelle, de son quotidien...) ?
- Des journaux de son époque ont-ils parlé d'elle ?
- Peut-on trouver des témoignages ou des interviews la concernant ? Peut-on l'entendre dans une émission ?
- À quoi ressemble-t-elle ?
- Etc.

Rassemblez un maximum d'informations, puis choisissez les éléments que vous souhaitez mettre en lumière dans votre interview.

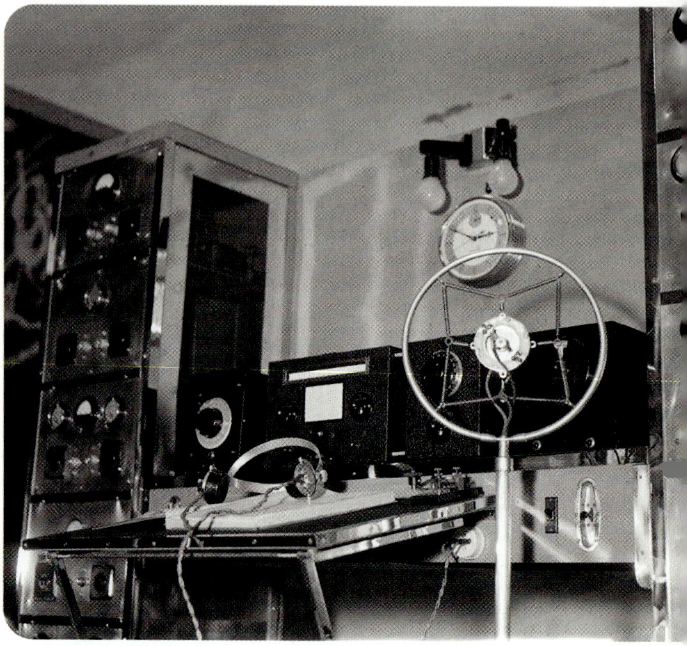

Exposition Universelle de Bruxelles, Belgique, 1935.

ÉTAPE 4 Écrire et enregistrer l'interview

Il faut maintenant réaliser votre interview fictive.

Imaginez les questions du journaliste et les réponses de votre sujet.

Faites des essais de mise en voix pour ajuster le ton et l'écriture.

Il faut choisir parmi vous ceux qui tiendront les rôles.

Enregistrez l'interview.

ÉTAPE 5 Découvrir les productions des groupes

Partagez vos enregistrements afin de découvrir des personnalités variées autour de votre profession.

Personnalité à interviewer
- Époque
- Éléments de sa vie / de sa personnalité
- Événement déclencheur de l'interview : situation historique / sortie d'un film...

DOC 1 De quoi ai-je besoin ?

DOC 2 Réaliser une interview

DOC 3 ***Fake news*** **: quels ingrédients ?**

« Comment repérer des fake news », Fédération Internationale des Associations et Institutions de Bibliothèques, traduit par Claire Bongrand et Jonathan Paul, BnF.

DOC 4 ***Fake news*** **en image**

L'astronaute James B. Irwin durant la mission Apollo 15, 1971. Photomontage d'Anaëlle Dos Santos, 2019.

- Prenez connaissance des ressources du CLEMI : quelles sont les éléments importants pour réaliser une interview ?
- Vous allez réaliser une fausse interview en cherchant à la rendre crédible. Quelles sont les conditions pour que cela soit vraisemblable ?

Pour vous aider

- Retrouvez les ressources du CLEMI pour réaliser une interview LLS.FR/FTPCLEMI
- Pour savoir comment concevoir un questionnaire en 15 étapes, rendez-vous sur LLS.FR/FTPQuestionnaire

Confronter des textes et en rendre compte

Compétences : L'objet d'étude de Terminale s'articule autour de trois grandes compétences :

- découvrir ce que la littérature et les arts apportent à la connaissance du monde contemporain ;
- construire un raisonnement personnel en organisant ses connaissances et en confrontant des points de vue ;
- formuler sa pensée et l'exprimer de manière appropriée pour prendre part à un débat d'idées.

Vous allez travailler ces compétences à partir d'un exercice qui consiste à rédiger un paragraphe d'une argumentation à partir de documents.

Sujet :

En quoi la littérature est-elle efficace pour dénoncer la guerre et ses ravages ?

DOC 1 La Guerre de Troie n'aura pas lieu

Alors que les soldats grecs sont aux portes de Troie, Hector doit rendre un hommage aux morts comme le veut la coutume…

HECTOR – Ô vous qui ne nous entendez pas, qui ne nous voyez pas, écoutez ces paroles, voyez ce cortège. Nous sommes les vainqueurs. Cela vous est bien égal, n'est-ce pas ? Vous aussi vous l'êtes. Mais, nous, nous sommes les vainqueurs vivants. C'est ici que commence la différence. C'est ici que j'ai honte. Je ne sais si dans la foule des morts on distingue les morts vainqueurs par une cocarde. Les vivants, vainqueurs ou non, ont la vraie cocarde, la double cocarde. Ce sont leurs yeux. Nous, nous avons deux yeux, mes pauvres amis. Nous voyons le soleil. Nous faisons tout ce qui se fait dans le soleil. Nous mangeons. Nous buvons… Et dans le clair de lune !… Nous couchons avec nos femmes… Avec les vôtres aussi…

DEMOKOS – Tu insultes les morts, maintenant ?

HECTOR – Vraiment, tu crois ?

DEMOKOS – Ou les morts, ou les vivants.

HECTOR – Il y a une distinction…

PRIAM – Achève, Hector… Les Grecs débarquent…

HECTOR – J'achève… Ô vous qui ne sentez pas, qui ne touchez pas, respirez cet encens, touchez ces offrandes. Puisqu'enfin c'est un général sincère qui vous parle, apprenez que je n'ai pas une tendresse égale, un respect égal pour vous tous. Tout morts que vous êtes, il y a chez vous la même proportion de braves et de peureux que chez nous qui avons survécu et vous ne me ferez pas confondre, à la faveur d'une cérémonie, les morts que j'admire avec les morts que je n'admire pas. Mais ce que j'ai à vous dire aujourd'hui, c'est que le guerre me semble la recette la plus sordide et la plus hypocrite pour égaliser les humains et je n'admets pas plus la mort comme châtiment ou comme expiation au lâche que comme récompense aux vivants. Aussi qui que vous soyez, vous absents, vous inexistants, vous oubliés, vous sans occupation, sans repos, sans être, je comprends en effet qu'il faille en fermant ces portes excuser près de vous ces déserteurs que sont les survivants, et ressentir comme un privilège et un vol ces deux biens qui s'appellent, de deux noms dont j'espère que la résonance ne vous atteint jamais, la chaleur et le ciel.

LA PETITE POLYXÈNE – Les portes se ferment, maman !

HÉCUBE – Oui, chérie.

Jean Giraudoux, *La Guerre de Troie n'aura pas lieu*, Acte II, scène 5, 1935.

DOC 2 La petite fille

C'est moi qui frappe aux portes,
Aux portes, l'une après l'autre.
Je suis invisible à vos yeux.
Les morts sont invisibles.

Morte à Hiroshima
Il y a plus de dix ans,
Je suis une petite fille de sept ans.
Les enfants morts ne grandissent pas.

Mes cheveux tout d'abord ont pris feu,
Mes yeux ont brûlé, se sont calcinés.
Soudain je fus réduite en une poignée de cendres,
Mes cendres se sont éparpillées au vent.

Pour ce qui est de moi,
Je ne vous demande rien :
Il ne saurait manger, même des bonbons,
L'enfant qui comme du papier a brûlé.

Je frappe à votre porte, oncle, tante :
Une signature. Que l'on ne tue pas les enfants
Et qu'ils puissent aussi manger des bonbons.

Nâzim Hikmet, « La petite fille », 1956.

La méthode pas à pas

ÉTAPE 1 S'approprier les textes et le sujet

Découvrir ce que la littérature apporte à la réflexion

Définissez les mots-clés et reformulez le sujet. Lisez les textes en notant vos impressions, les émotions qu'ils suscitent et les réflexions qu'ils engagent pour vous.

Attention, la formule « en quoi » n'appelle pas de choix. Vous devez trouver des éléments qui prouvent cette efficacité.

ÉTAPE 2 Faire le point

Confronter des documents et construire un raisonnement personnel en organisant ses observations

Faites le point sur tous les éléments que vous pouvez comparer sous la forme d'un tableau ou d'une carte mentale.

Observez en particulier : les auteurs, l'époque, le genre des textes, les thèmes, l'énonciation, le propos tenu, le ton du texte, etc.

N'oubliez pas les éléments propres au sujet : ici, il faut évaluer les effets des textes sur le lecteur. Avez-vous été sensible à certains aspects du texte ?

ÉTAPE 3 Faire le tri dans les données recueillies

Construire un raisonnement personnel

Choisissez les éléments qui vous semblent importants pour rendre compte de votre point de vue et répondre au sujet.

ÉTAPE 4 Organiser la réponse

Formuler sa pensée

Choisissez l'ordre qui vous semble le plus efficace pour répondre à ce sujet. Faut-il partir de l'élément le plus évident ou bien du plus important ? Faut-il donner votre opinion dès la première phrase ou bien la garder pour conclure le paragraphe ?

Rédigez votre paragraphe.

Numérique
Retrouvez un sujet type Bac sur LLS.fr/FTP119

4

Objet d'étude • Vivre aujourd'hui : l'humanité, le monde, les sciences et la technique

Littérature, sciences et éthique

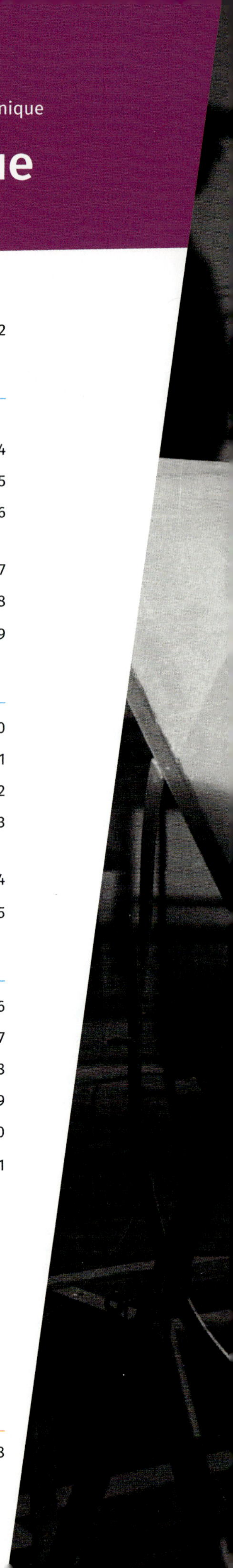

Frankenstein rencontre le loup-garou, film réalisé par Roy William Neill, 1943, avec Bela Lugosi (le monstre de Frankenstein).

Société

Du latin *societas* (alliance, union).
État de vie collective ; milieu dans lequel se développent la culture et la civilisation.

Humanité

Du latin *humanitas* (nature humaine, bienveillance), dérivé de *humanus* (humain). Caractère de ce qui est humain. Sentiment de bienveillance, de compassion envers autrui.

Dilemme

Du grec *dilemma* (double) et *emma* (proposition).
Alternative contenant deux propositions contraires ou contradictoires entre lesquelles on est mis en demeure de choisir.

« Fais ce qui est bien, pas ce qui est facile ».

Éthique

Du grec *ethikos* (morale).
Ensemble de conceptions morales de quelqu'un ou d'un milieu.

Responsabilité

Du latin *responderer* (répondre) et *responsum* (responsable).
Obligation faite à une personne de répondre de ses actes. Fait d'être responsable. Nécessité morale de remplir un devoir, un engagement.

Déontologie

Du grec *déon/deontos* (devoir) et *logos* (étude, science).
Ensemble des règles et des devoirs régissant une profession.

Entrer dans le thème

- *Pensez-vous que l'art (littérature, cinéma, peinture, etc.) est aussi efficace que des faits réels pour interroger la morale ?*

José Clemente Orozco, *Prometheus*, 1930, gouache sur panneau, 28,1 x 37,5 cm, musée d'Art Moderne, Mexico, Mexique.

> La connaissance de la littérature n'est pas une fin en soi mais une des voies royales conduisant à l'accomplissement de chacun.
>
> Tzvetan Todorov, *La Littérature en péril*, 2007.

Dans ce thème

Les questions morales peuvent-elles être prises en charge et traitées par l'écriture et la littérature ?

Comment la littérature fait-elle émerger les questions morales ?

Nicolas Gueudeville

1652-1721

Moine puis écrivain et journaliste, volontiers critique à l'égard du roi de France et de ses ministres, il est considéré comme un précurseur des philosophes des Lumières.

1/5 Le choc des cultures

À l'aube du siècle des Lumières, Gueudeville interroge les valeurs de justice, de tolérance, de raison, de religion, de science et de mœurs dans un débat imaginaire entre Lahontan, un Français, et Adario, un sauvage d'Amérique qui a eu l'occasion de voyager en France.

LAHONTAN – Vraiment tu fais là de beaux contes et de belles distinctions ! Est-ce que tu n'as pas l'esprit de concevoir depuis 20 ans, que ce qui s'appelle raison, parmi les Hurons[1], est aussi raison parmi les Français ? Il est bien sûr que tout le Monde n'observe pas ces Lois, car si on les observait, nous n'aurions que faire de châtier personne ; alors ces Juges que tu as vus à Paris et à Québec, seraient obligés de chercher à vivre par d'autres voies. Mais comme le bien de la société consiste dans la justice et dans l'observance de ces Lois, il faut châtier les méchants et récompenser les bons ; sans cela tout le Monde s'égorgerait, on se pillerait, on se diffamerait, en un mot, nous serions les gens du Monde les plus malheureux.

ADARIO – Vous l'êtes assez déjà, je ne conçois pas que vous puissiez l'être davantage. Ô quel genre d'hommes sont les Européens ! Ô quelle sorte de créatures ! Qui font le bien par force ; et n'évitent à faire le mal que par la crainte des châtiments ? Si je te demandais ce que c'est qu'un homme, tu me répondrais que c'est un Français, et moi je te prouverai que c'est plutôt un castor. Car un homme n'est pas homme à cause qu'il est planté droit sur ses deux pieds, qu'il sait lire et écrire, et qu'il a mille autres industries. J'appelle un homme celui qui a un penchant naturel à faire le bien et qui ne songe jamais à faire du mal. Tu vois bien que nous n'avons point de Juges ; pourquoi ? Parce que nous n'avons point de querelles ni de procès. Mais pourquoi n'avons nous pas de procès ? C'est parce que nous ne voulons point recevoir ni connaître l'argent. Pourquoi est-ce que nous ne voulons pas admettre cet argent ? C'est parce que nous ne voulons pas de lois, et que depuis que le monde est monde nos pères ont vécu sans cela. Au reste, il est faux, comme je l'ai déjà dit, que le mot de Lois signifie parmi nous les choses justes et raisonnables, puisque les riches s'en moquent et qu'il n'y a que les malheureux qui les suivent.

Nicolas Gueudeville, *Dialogues de Monsieur le baron de Lahontan et d'un sauvage dans l'Amérique*, II « Des saintes écritures », 1704, texte établi par Paul Fièvre, © Théâtre Classique.

1. Nation amérindienne présente dans le sud de l'Ontario, au Canada.

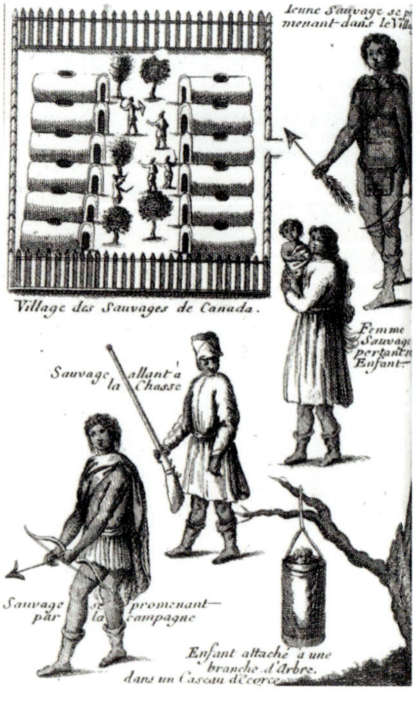

Louis-Armand de Lom d'Arce, baron de Lahontan, illustrations des *Nouveaux Voyages dans l'Amérique septentrionale*, 1703.

Questions

1. Observez les types de phrases. Que traduisent-elles de l'état d'esprit des personnages ?
2. Les personnages opposent deux visions de la société. Expliquez lesquelles. Comment évolue votre réflexion à la lecture de ce dialogue ?

2/5 Le sport, à la vie, à la mort

Dans ce roman, Georges Perec alterne fiction et récit autobiographique. Nous sommes ici dans la partie fictionnelle, dans laquelle il dépeint le système totalitaire de l'ile W, centré sur les performances sportives.

Jean-Léon Gérôme, *Pollice verso*, 1872, huile sur toile, 100,3 x 148,9 cm, Musée des Beaux-Arts de Phoenix, États-Unis.

Dans l'antiquité romaine, les esclaves se battaient jusqu'à la mort dans l'arène. Le public pouvait gracier le perdant, mais ici, il baisse le pouce et donne ainsi l'ordre au vainqueur d'achever l'homme à terre.

Mais l'inégalité des traitements réservés aux vainqueurs et aux vaincus n'est pas, loin de là, le seul exemple d'une injustice systématique dans la vie W. Ce qui fait toute l'originalité de W, ce qui donne aux compétitions ce piment unique qui fait qu'elles ne ressemblent à aucune autre, c'est que, précisément, l'impartialité des résultats proclamés, dont les Juges, les Arbitres et les Chronométreurs sont, dans l'ordre respectif de leurs responsabilités, les implacables garants, y est fondée sur une injustice organisée, fondamentale, élémentaire, qui, dès le départ, instaure parmi les participants d'une course ou d'un concours une discrimination qui sera le plus souvent décisive.

Cette discrimination institutionnelle est l'expression d'une politique consciente et rigoureuse. Si l'impression dominante que l'on retire du spectacle d'une course est celle d'une totale injustice, c'est que les Officiels ne sont pas opposés à l'injustice. Au contraire, ils pensent qu'elle est le ferment le plus efficace de la lutte et qu'un Athlète ulcéré, révolté par l'arbitraire des décisions, par l'iniquité des arbitrages, par les abus de pouvoir, les empiétements, le favoritisme presque exagéré dont font preuve à tout instant les Juges, sera cent fois plus combatif qu'un Athlète persuadé qu'il a mérité sa défaite. Il faut que même le meilleur ne soit pas sûr de gagner ; il faut que même le plus faible ne soit pas sûr de perdre.

Il faut que tous deux risquent autant, attendent avec le même espoir insensé la victoire, avec la même terreur indicible la défaite.

La mise en pratique de cette politique audacieuse a abouti à toute une série de mesures discriminatoires que l'on peut, grossièrement, classer en deux groupes principaux : les premières, que l'on pourrait appeler officielles, sont annoncées au début des réunions ; elles consistent généralement en des handicaps, positifs ou négatifs, qui sont imposés, soit à des Athlètes, soit à des équipes, soit même, parfois, à tout un village.

Georges Perec, *W ou le souvenir d'enfance*, 1975, © Éditions Gallimard, 1993.

Georges Perec

1936-1982

Écrivain français juif d'origine polonaise, il est orphelin après le décès de son père durant la Seconde Guerre mondiale et celui de sa mère, déportée dans le camp d'Auschwitz. Cette tragédie éclaire la partie fictionnelle de son roman *W ou le souvenir d'enfance*.

Questions

1. Expliquez le fonctionnement de l'ile W. Qu'en pensez-vous ? Appuyez votre opinion sur des éléments du texte et commentez-les.
2. Observez la construction de la phrase du premier paragraphe « Ce qui fait toute l'originalité de W […] une discrimination qui sera le plus souvent décisive. » et expliquez-la. Quel effet produit cette construction de phrase ?
3. Quels liens pouvez-vous établir entre l'extrait du roman, l'image et la biographie de l'auteur ?

Comment la littérature fait-elle émerger les questions morales ?

Sarah Cohen-Scali

Née en 1958

Auteure française, elle reçoit, en 2013, le prix Sorcières dans la catégorie roman pour adolescent pour son livre *Max*.

Ce roman a été récompensé à de nombreuses reprises.

Vidéo

Visionnez la bande-annonce de *La Vague* de Dennis Gansel sur LLS.fr/FTPVague

3/5 Un bébé totalitaire

Max est un bébé qui va venir au monde dans le programme nazi « Lebensborn », mis en place par Himmler. Le but est de faire naitre des enfants parfaits selon les normes imposées par Hitler. Avant même sa naissance, Max décrit son envie de servir cette société totalitaire.

Mon vœu, le premier de ma vie à venir, est de voir le jour le 20 avril. Parce que c'est la date anniversaire de notre Führer. Si je nais le 20 avril, je serai béni des dieux germaniques et l'on verra en moi le premier-né de la race suprême. La race aryenne. Celle qui désormais régnera en maître sur le monde.

À l'heure où je vous parle, je suis donc dans le ventre de ma mère et ma naissance est imminente. Plus que quelques minutes à tenir. Mais en attendant, vous n'avez pas idée du trac qui me noue les tripes ! Je suis si inquiet ! Bien que je n'aie aucune raison d'en douter, je crains que le duvet de mon petit crâne de bébé, et plus tard lorsqu'ils pousseront, mes cheveux, ne soient pas assez blonds. Or il faut absolument qu'ils soient blonds ! Un blond platine. Le plus clair possible, sans la moindre nuance de châtain qui pourrait les ternir. Mes yeux, je les veux bleus. Un bleu transparent, comme une eau pure qu'on ne pourrait contempler sans avoir l'impression de s'y noyer. Je veux être grand et fort... Oh, mais je m'exprime mal ! Ce que je viens de dire est plat et fade, je n'arrive pas à trouver les mots justes. Normal. Je ne suis pas tout à fait fini, je ne suis qu'un bébé... Je ferais mieux de vous rapporter les mots de notre Führer. J'ai entendu un de ses discours il y a quelques mois, j'étais alors minuscule, un simple fœtus, mais sa voix était si forte, si vibrante, si puissante qu'elle a su trouver son chemin jusqu'à moi. J'en ai frissonné de plaisir et c'est d'ailleurs à ce moment-là que j'ai donné mon premier coup de pied dans le ventre de ma mère. Pour manifester ma joie.

Notre Führer bien-aimé a dit : « Nous devons construire un monde nouveau ! Le jeune Allemand du futur doit être souple et élancé, vif comme un lévrier, coriace comme du cuir et dur comme de l'acier de Krupp ! » Voilà. C'est exactement ce que je veux : être souple. Élancé. Vif. Dur. Coriace. Je mordrai au lieu de téter. Je hurlerai au lieu de gazouiller. Je haïrai au lieu d'aimer. Je combattrai au lieu de prier. Oh ! mon Führer, je ne veux pas te décevoir ! Je ne te décevrai pas !

Sarah Cohen-Scali, *Max*, © Éditions Gallimard Jeunesse, 2012.

Adolf Hitler sourit à un jeune garçon habillé en uniforme nazi au cours d'un rassemblement pour le parti nazi.

Questions

1. Dans quel état d'esprit se trouve Max ? Justifiez votre réponse à l'aide de deux procédés d'écriture.
2. Étudiez le lexique : quels critères le bébé devra-t-il remplir pour atteindre la perfection ?
3. Selon vous, pourquoi l'auteure fait-elle le choix de donner la parole à un bébé encore en gestation ?

4/5 Le choix du médecin

Dans ce dialogue philosophique, un père évoque avec ses enfants les dangers de se mettre au-desuus des lois. Dans cet extrait, le docteur Bissei leur raconte sa journée et les soins prodigués à un condamné.

Mon père en était là, lorsque le docteur Bissei entra : c'était l'ami et le médecin de la maison. Il s'informa de la santé de mon père, lui tâta le pouls, ajouta, retrancha à son régime, prit une chaise et se mit à causer avec nous.

Mon père lui demanda des nouvelles de quelques-uns de ses malades, entre autres, d'un vieux fripon d'intendant d'un M. de la Mésangère, ancien maire de notre ville. Cet intendant avait mis le désordre et le feu dans les affaires de son maître, avait fait de faux emprunts sous son nom, avait égaré des titres, s'était approprié des fonds, avait commis une infinité de friponneries dont la plupart étaient avérées et il était à la veille de subir une peine infamante[1], sinon capitale. Cette affaire occupait alors toute la province. Le docteur lui dit que cet homme était fort mal, mais qu'il ne désespérait pas de le tirer d'affaire.

MON PÈRE – C'est un très mauvais service à lui rendre.

MOI – Et une très mauvaise action à faire.

LE DOCTEUR BISSEI – Une mauvaise action ! Et la raison, s'il vous plaît ?

MOI – C'est qu'il y a tant de méchants dans ce monde, qu'il n'y faut pas retenir ceux à qui il prend envie d'en sortir.

LE DOCTEUR BISSEI – Mon affaire est de le guérir, et non de le juger ; je le guérirai, parce que c'est mon métier ; ensuite le magistrat le fera pendre, parce que c'est le sien.

MOI – Mais il y a une fonction commune à tout bon citoyen, à vous, à moi, c'est de travailler de toute notre force à l'avantage de la république ; et il me semble que ce n'en est pas un pour elle que le salut d'un malfaiteur, dont incessamment les lois le délivreront.

LE DOCTEUR BISSEI – Et à qui appartient-il de le déclarer malfaiteur ? Est-ce à moi ?

MOI – Non, à ses actions.

Denis Diderot, *Entretien d'un père avec ses enfants* ou *Du danger de se mettre au-dessus des lois*, 1773.

1. Qui porte atteinte à l'honneur de quelqu'un.

Denis Diderot

1713-1784

Écrivain français et philosophe des Lumières. Il a supervisé la rédaction de l'*Encyclopédie ou Dictionnaire raisonné des sciences, des arts et des métiers*, dont le premier volume est publié en 1751.

Numérique

Retrouvez le serment d'Hippocrate sur LLS.fr/FTPPSerment

Questions

1. Expliquez précisément le dilemme que pose ce dialogue en reformulant les deux opinions.
2. En quoi le choix du médecin est-il éthique ?

Comment la littérature fait-elle émerger les questions morales ?

Grand Corps Malade
Né en 1977

Slameur, auteur, compositeur et interprète français.

Vidéo

Retrouvez le clip de *Roméo kiffe Juliette* sur LLS.fr/FTPRomeo

5/5 L'amour sans la haine

Dans « Roméo kiffe Juliette », Grand Corps Malade revisite de façon contemporaine la célèbre pièce de théâtre *Roméo et Juliette* de William Shakespeare, datant de 1597.

Roméo kiffe Juliette et Juliette kiffe Roméo
Et si le ciel n'est pas clément tant pis pour la météo
Un amour dans l'orage, celui des dieux, celui des hommes
Un amour, du courage et deux enfants hors des normes

Juliette et Roméo se voient souvent en cachette
Ce n'est pas qu'autour d'eux les gens pourraient se moquer
C'est que le père de Juliette a une kippa sur la tête
Et celui de Roméo va tous les jours à la mosquée
Alors ils mentent à leurs familles, ils s'organisent comme des pros
S'il n'y a pas de lieux pour leur amour, ils se fabriquent un décor
Ils s'aiment au cinéma, chez des amis, dans le métro
Car l'amour a ses maisons que les darons ignorent

[…]

Le père de Roméo est vénèr, il a des soupçons
La famille de Juliette est juive, tu ne dois pas t'approcher d'elle
Mais Roméo argumente et résiste au coup de pression
On s'en fout papa qu'elle soit juive, regarde comme elle est belle
Alors l'amour reste clandé dès que son père tourne le dos
Il lui fait vivre la grande vie avec les moyens du bord
Pour elle c'est sandwich au grec et cheese au McDo
Car l'amour a ses liaisons que les biftons ignorent

[…]

Mais l'histoire se complique quand le père de Juliette tombe sur des messages qu'il n'aurait pas dû lire
Un texto sur l'i-phone et un chat Internet, la sanction est tombée, elle ne peut plus sortir
Roméo galère dans le hall du bâtiment trois
Malgré son pote Mercutio, sa joie s'évapore
Sa princesse est tout près mais retenue sous son toit
Car l'amour a ses prisons que la raison déshonore
Mais Juliette et Roméo changent l'histoire et se tirent
À croire qu'ils s'aiment plus à la vie qu'à la mort
Pas de fiole de cyanure, n'en déplaise à Shakespeare
Car l'amour a ses horizons que les poisons ignorent.

Grand Corps Malade, « Roméo kiffe Juliette », *3ème temps*, Universal Music, 2010.

Questions

1. Écoutez la chanson ou mettez-la en voix. Que pensez-vous du registre de langue utilisé ? En quoi est-il adapté au thème de la chanson ?
2. Étudiez la progression de la situation de Roméo et Juliette. Que pensez-vous de la chute du texte ?

Joute verbale !

Nos libertés doivent-elles être contrôlées ?

Mission : Vous allez vous affronter dans la classe pour débattre de cette question.

La méthode pas à pas

ÉTAPE 1 Réfléchir à la question

Individuellement, notez toutes vos idées sur le sujet.

Utilisez les textes étudiés, votre expérience et vos connaissances afin de trouver davantage d'idées.

Tranchez : quelle position allez-vous prendre dans le débat ?

ÉTAPE 2 Établir une stratégie

Rejoignez un groupe qui défendra la même idée.

En groupe, récapitulez les arguments et les exemples précis qui peuvent vous permettre de défendre votre opinion.

Imaginez les arguments de vos adversaires à l'aide de votre première réflexion et la manière dont vous allez pouvoir les contrer.

ÉTAPE 3 Organiser le débat

- Deux orateurs devront défendre l'opinion de votre groupe.
- Un rapporteur sera chargé de prendre des notes.
- Un arbitre sera chargé de réguler la parole.

ÉTAPE 4 Défendre son opinion

C'est parti ! Vous avez 15 minutes pour remporter la victoire.

ÉTAPE 5 Faire le point

De retour dans votre groupe et à l'aide des notes des rapporteurs, faites le point sur les arguments qui vous ont semblé intéressants dans ce débat.

Seul(e), écrivez quelques lignes pour nuancer votre propre opinion.

Jean-Louis Mennetrier, Christophe Billard, Olivier Petit, *Le Cid* en bande dessinée, Éditions Petit à petit, 2006.

Boite à outils

- Retrouvez une méthodologie de l'art oratoire sur LLS.fr/FTPMethodeOral
- Référez-vous à la fin du manuel pour trouver des connecteurs logiques ► **Langue** p. 170

Critères de réussite

Écouter

- ☒ *Je laisse les autres s'exprimer.*
- ☒ *Je tiens compte des propos des autres.*

Coopérer dans le groupe

- ☒ *Je produis du travail pour le groupe.*
- ☒ *Je suis moteur du travail de groupe.*

Construire une opinion nuancée

- ☒ *J'affirme mon opinion.*
- ☒ *Je nuance mon propos.*

→ Autoévaluez-vous sur LLS.fr/FTPP129

La science peut-elle être l'objet de débats ?

Albert Einstein

1879-1955

Physicien, il reçoit le prix Nobel de physique en 1921.
Fervent pacifiste, il s'inquiètera de l'utilisation possible de ses recherches à des fins militaires et en avertira le président américain Franklin Roosevelt.

Numérique

Retrouvez l'interview de Einstein en 1945 sur LLS.fr/FTPEinstein

1/5 Les dangers de la science

Ce manifeste, signé par onze intellectuels et scientifiques, dont Albert Einstein, a été publié en 1955, durant la guerre froide. Depuis les années 1940, Einstein ne cesse d'alerter le monde sur les dangers de l'utilisation de la bombe atomique dans la résolution des conflits.

Champignon atomique au-dessus de Nagasaki, 9 aout 1945.

Dans la situation dramatique où se trouve l'humanité, nous estimons que les hommes de science devraient se réunir en conférence pour prendre la mesure des périls créés par le développement d'armes de destruction massive et examiner un projet de résolution dont l'esprit serait celui du projet ci-dessous.

Ce n'est pas au nom d'une nation, d'un continent ou d'une foi en particulier que nous prenons aujourd'hui la parole, mais en tant qu'êtres humains, en tant que représentants de l'espèce humaine dont la survie est menacée. Les conflits abondent partout dans le monde…

Chacun d'entre nous, ou presque, pour peu qu'il soit politiquement conscient, a des opinions bien arrêtées sur l'une ou plusieurs des questions qui agitent le monde ; nous vous demandons toutefois de faire si possible abstraction de vos sentiments et de vous considérer exclusivement comme les membres d'une espèce biologique qui a derrière elle une histoire exceptionnelle et dont aucun d'entre nous ne peut souhaiter la disparition.

Nous nous efforcerons de ne rien dire qui puisse constituer un appel à un groupe plutôt qu'à l'autre. Tous les hommes sont également en danger, et peut-être, s'ils en prennent conscience, parviendront-ils à s'y soustraire collectivement. Il nous faut apprendre à penser d'une façon nouvelle.

Il nous faut apprendre à nous demander non pas de quelle façon assurer la victoire militaire du groupe auquel vont nos préférences, car cela n'est plus possible, mais comment empêcher un affrontement militaire dont l'issue ne peut qu'être désastreuse pour tous les protagonistes.

Le grand public, et beaucoup parmi ceux qui exercent le pouvoir, n'ont pas pleinement saisi ce qu'impliquerait une guerre nucléaire. […]

Tel est donc, dans sa terrifiante simplicité, l'implacable dilemme que nous vous soumettons : allons-nous mettre fin à la race humaine, ou l'humanité renoncera-t-elle à la guerre ? Si les hommes se refusent à envisager cette alternative, c'est qu'il est fort difficile d'abolir la guerre.

Rédigé par Bertrand Russell et signé par Albert Einstein ainsi que neuf autres intellectuels et scientifiques, *Manifeste Russell-Einstein*, rendu public à Londres le 9 juillet 1955.

Questions

1. Quels sont précisément les termes du dilemme évoqués dans ce manifeste ?
2. Étudiez les pronoms utilisés et ce qu'ils remplacent. Quelle valeur donnent-ils à cette déclaration ?

2/5 Les réflexions du scientifique

Frankenstein, jeune étudiant, a réussi une expérience scientifique incroyable : il a donné la vie à une créature. Ce monstre souffre de solitude et du rejet des autres, il réclame à son créateur la compagnie d'une fiancée lui ressemblant afin de ne plus être seul.

Trois ans auparavant, mon travail avait été le même, et j'avais créé un démon dont la cruauté sans égale m'avait dévasté le cœur, l'emplissant à tout jamais du plus amer des remords. À présent, j'étais sur le point de fabriquer une autre créature, dont je méconnaissais tout autant les autres dispositions ; elle deviendrait peut-être dix mille fois plus mauvaise que son compagnon, assassinant et répandant le malheur pour le plaisir. Il avait juré de quitter le voisinage des hommes et de se cacher en des régions désertes ; elle, en revanche, n'avait rien juré et comme, selon toute probabilité, elle était appelée à devenir un animal capable de penser et de raisonner, elle refuserait peut-être de donner son assentiment à un pacte conclu avant qu'elle n'eût été créée. Il se pourrait même qu'ils se haïssent ; celui qui existait déjà exécrait[1] sa laideur – ne se pourrait-il point qu'il en vînt à l'abhorrer[2] davantage encore lorsqu'il la verrait devant lui, sous les traits d'une femelle ? Elle aussi, de dégoût, se détournerait peut-être de lui, au bénéfice de la beauté supérieure de l'homme ; peut-être le quitterait-elle et lui, à nouveau seul, s'exaspérerait de cette nouvelle provocation : être abandonné par quelqu'un de sa propre espèce.

Quand bien même ils quitteraient l'Europe pour habiter les régions isolées du Nouveau Monde, l'un des premiers effets de ces élans de sympathie que le démon désirait éprouver serait la naissance d'enfants ; une race de créatures diaboliques se propagerait sur terre, qui réduirait peut-être la vie de l'espèce humaine à un état de précarité et de terreur. Avais-je le droit d'infliger à des fins personnelles cette malédiction à toutes les générations à venir ? J'avais auparavant été ému par les sophismes[3] de l'être que j'avais créé. J'avais été réduit à quia[4] par ses menaces démoniaques. Mais désormais, et pour la première fois, la perversité de ma promesse me sautait aux yeux. Je frémis à la pensée que ceux qui vivraient dans les siècles futurs pourraient me maudire comme leur fléau, moi qui, dans mon égoïsme, n'avait pas hésité à acheter ma propre tranquillité au prix – peut-être – de la race humaine tout entière.

Mary Shelley, *Frankenstein ou le Prométhée moderne*, 1818, traduit de l'anglais par Alain Morvan, © Éditions Gallimard, 2015.

1. Haïssait. 2. Avoir en horreur quelqu'un ou quelque chose. 3. Raisonnement qui est logique en apparence mais qui se révèle faux. 4. Être anéanti.

Mary Shelley
1797-1851

Femme de lettres anglaise, elle publie en 1818 son œuvre majeure : *Frankenstein ou le Prométhée moderne*, roman précurseur de la littérature de science-fiction.

Questions

1. Observez la progression des arguments de Frankenstein. Qu'est-ce que cela montre sur la réflexion du scientifique ?
2. Quel intérêt présente l'utilisation du mode conditionnel dans ce passage ?
3. Observez l'ensemble des documents : pourquoi, selon vous, Mary Shelley intitule son œuvre *Frankenstein ou le Prométhée moderne* ?

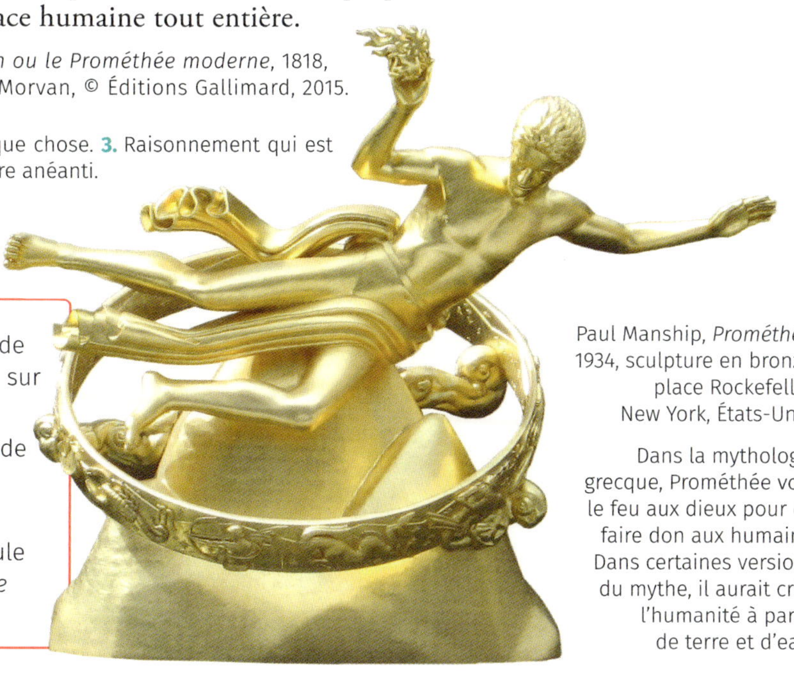

Paul Manship, *Prométhée*, 1934, sculpture en bronze, place Rockefeller, New York, États-Unis.

Dans la mythologie grecque, Prométhée vole le feu aux dieux pour en faire don aux humains. Dans certaines versions du mythe, il aurait crée l'humanité à partir de terre et d'eau.

La science peut-elle être l'objet de débats ?

Maurice Renard

1875-1939

Auteur français à l'origine du genre merveilleux-fantastique, son premier roman, *Le Docteur Lerne, sous-dieu*, publié en 1908, est dédié à H. G. Wells, connu pour ses romans de science-fiction.

3/5 La quête d'immortalité

Le docteur Lerne est un scientifique obsédé par ses recherches. Son neveu Nicolas, venu lui rendre visite, se montre trop curieux. Le docteur Lerne l'utilise alors comme cobaye et greffe son cerveau dans le corps d'un taureau. L'opération effectuée avec succès, il expose à Nicolas ses motivations et le but de ses expériences.

Je vins ici pour travailler plus à l'aise.

Et presque aussitôt, je fis de belles opérations. Elles sont célèbres. L'une surtout. Tu te la rappelles assurément. Lipton, le roi des conserves, le milliardaire américain, n'avait plus qu'une oreille et désirait la paire. Un pauvre diable lui vendit l'une des siennes au prix de cinq mille dollars. Je pratiquai la petite cérémonie. L'oreille transportée n'est morte qu'avec Lipton, deux ans plus tard – d'une indigestion.

C'est alors, pendant que l'univers applaudissait à mon triomphe, – et juste à ce moment où l'amour survenu m'incitait à gagner de l'argent pour qu'Emma fût somptueuse – c'est alors que j'eus ma grande idée, fruit de ce raisonnement :

Si un milliardaire, mécontent de son physique, paie cinq mille dollars la satisfaction de l'embellir un peu, que ne donnerait-il pas afin d'en changer tout à fait et d'acquérir à son moi – à sa cervelle – un corps nouveau, un habit plein de grâce, de vigueur et de jeunesse, à la place d'une vieille défroque[1] malingre[2] et repoussante ? – D'un autre côté, combien je sais de gueux qui livreraient leur anatomie splendide contre quelques années de ripailles[3] !

Et, remarque-le, Nicolas, cet achat d'un corps juvénile ne devrait pas seulement fournir des agréments de souplesse, de chaleur et d'endurance, mais aussi l'avantage énorme que, dans un jeune milieu, l'organe transféré se régénère et se rajeunit ! Oh, je ne suis pas le premier qui l'avance, et Paul Bert[4] admettait déjà la possibilité de greffer un organe sur plusieurs corps consécutifs, à mesure que chacun de ceux-ci aurait vieilli. De sorte que, par une suite de rajeunissements, il prévoyait qu'on pût faire vivre indéfiniment, à l'intérieur de constitutions successives, un même estomac, un même cerveau. C'était déclarer qu'une personnalité peut vivre indéfiniment au moyen d'une série d'avatars, un voyage à travers différentes carcasses dépouillées à propos.

La découverte à faire dépassait mes espérances. Je ne poursuivais pas seulement le choix d'une tournure sympathique : je tenais le secret de L'IMMORTALITÉ.

Maurice Renard, *Le Docteur Lerne, sous-dieu*, chapitre X « L'opération circéenne », 1908.

1. Vieux vêtement 2. De faible constitution. 3. Repas de fête durant lesquels on mange et on boit beaucoup. 4. Médecin et physiologiste français du XIXe siècle.

Questions

1. Comment l'oncle de Nicolas justifie-t-il ses expériences scientifiques ? Répondez à la question à partir de l'analyse des arguments et des exemples.
2. Repérez les connecteurs logiques. Comment traduisent-ils la progression du raisonnement de l'oncle ? Qu'en déduisez-vous ?

4/5 Les limites de la science

Un chirurgien russe travaille sur le rajeunissement des organismes. Il trouve un chien dans la rue et décide de lui greffer l'hypophyse et les testicules d'un homme mort afin d'approfondir ses recherches. Mais le chien se transforme en un homme grossier et alcoolique.

– Que le diable m'emporte… Cela faisait cinq années que j'étais là, à extirper des hypophyses des cerveaux… Vous savez quel travail j'ai fait, c'est inconcevable pour l'intelligence. Et voilà que, maintenant, la question se pose : à quoi bon ? Pour transformer un beau jour le plus adorable des chiens en une ordure à vous faire dresser les cheveux sur la tête.

– C'est quelque chose d'extraordinaire.

– Entièrement d'accord avec vous. Voilà, docteur, ce qui arrive lorsque le chercheur, au lieu de suivre à tâtons un chemin parallèle à celui de la nature, viole la question et soulève le rideau : tiens, le voilà, ton Bouboulov, et bon appétit !

– Philippe Philippovitch, mais si c'était le cerveau de Spinoza ?

– Oui ! jappa Philippe Philippovitch. Oui ! À condition que le chien n'ait pas la malchance de crever sous mon bistouri. Or, vous avez vu de quel genre d'opération il s'agissait. En un mot, moi, Philippe Transfigouratov, je n'ai jamais rien accompli de plus difficile de ma vie. Il est possible de greffer l'hypophyse de Spinoza ou de quelque autre farceur du même style et de concocter à partir d'un chien un être supérieur. Mais pourquoi diable ? Voilà la question. Expliquez-moi, je vous prie, pourquoi l'on devrait fabriquer artificiellement des Spnioza alors que n'importe quelle bonne femme peut en produire un n'importe quand. Après tout, la dame Lomonossov n'a-t-elle pas accouché de son illustre rejeton à Kholmogory ? Docteur, l'humanité s'en occupe elle-même, et du fait de l'évolution, produit obstinément chaque année, sur fond de toutes sortes d'ordures, des dizaines de génies transcendants, qui seront les ornements de la planète. Maintenant vous comprenez, docteur, pourquoi j'ai dénigré vos conclusions au sujet de l'histoire de la maladie de Bouboulov. Ma découverte, que vous admirez tant, ne vaut pas un sou… Pas d'objections, Ivan Arnoldovitch, j'ai déjà compris. Je ne parle jamais en l'air, vous le savez parfaitement. D'un point de vue théorique, c'est intéressant. Bon, d'accord. Les physiologistes seront fous de joie.

Mikhaïl Boulgakov, *Cœur de chien*, 1925, traduit du russe par Vladimir Volkoff, © Éditions Livre de poche, 1999.

Mikhaïl Boulgakov

1891-1940

Médecin et écrivain russe d'origine ukrainienne. Il connait le succès mais subit la censure du régime de Staline. Sa nouvelle *Cœur de chien* sera achevée en 1925, mais ne sera publiée en URSS qu'en 1987.

Adaptation théâtrale de *Cœur de chien* par Alexander Raskatov, 2014.

Questions

1. Comment l'écriture traduit-elle le doute du chirurgien ?
2. Relevez ses arguments. Qu'en pensez-vous ?

La science peut-elle être l'objet de débats ?

Emmanuelle Charpentier

Née en 1968

Microbiologiste, généticienne et biochimiste française, membre de l'Académie des sciences et de l'Académie des technologies, elle a reçu le prix Nobel de chimie en 2020 avec Jennifer Doudna pour leur découverte sur le ciseau génétique.

5/5 Le ciseau génétique

Cet article présente une technique élaborée par deux chercheuses et pour laquelle elles ont obtenu le prix Nobel de chimie.

La Française, 51 ans, et l'Américaine, 56 ans, deviennent les sixième et septième femmes à remporter un Nobel de chimie depuis 1901.

Une révolution des sciences moléculaires

« La possibilité de couper l'ADN où l'on veut a révolutionné les sciences moléculaires. Seule l'imagination peut fixer la limite de l'utilisation de l'outil », a salué le jury Nobel.

En juin 2012, Emmanuelle Charpentier et Jennifer Doudna et des collègues décrivent dans la revue *Science* un nouvel outil capable de simplifier la modification du génome. Le mécanisme s'appelle Crispr/Cas9 et est surnommé « ciseaux moléculaires ».

Aller plus loin que la thérapie génique

La thérapie génique consiste à insérer un gène normal dans les cellules qui ont un gène défaillant, comme un cheval de Troie, afin qu'il fasse le travail que ce mauvais gène ne fait pas. Mais Crispr va plus loin : au lieu d'ajouter un gène nouveau, l'outil modifie un gène existant.

Il est facile d'emploi, peu coûteux et permet aux scientifiques d'aller couper l'ADN exactement là où ils le veulent, pour par exemple créer ou corriger une mutation génétique et soigner des maladies rares.

Une avancée controversée

La technique est toutefois encore loin d'être infaillible et fait craindre les apprentis-sorciers, comme ce scientifique chinois qui a fait scandale en l'utilisant sur des embryons humains au cours d'une fécondation in vitro qui a donné naissance à des jumelles. Il a tenté de créer chez elles une mutation de résistance au VIH, mais les « ciseaux » Crispr ont provoqué d'autres mutations par erreur, dont l'effet sur la santé reste inconnu.

« Le Prix Nobel de chimie attribué à une Française et une Américaine pour leur découverte des ciseaux moléculaires », entretien avec Emmanuelle Charpentier réalisé par la rédaction d'AlloDocteurs.fr et l'AFP, le 07 octobre 2020.

Questions

1. Expliquez en quoi cette découverte scientifique est un progrès mais également un danger pour l'humanité.
2. Relevez les caractéristiques de l'article de presse. Selon vous, ce type de texte est-il plus efficace qu'une fiction pour poser les termes d'un débat scientifique ?

À vous de jouer !

Mission : À la suite d'une erreur en laboratoire, un centaure, créature mi-homme, mi-cheval a été créé ! Certains scientifiques l'utilisent pour leurs recherches et envisagent de faire des expériences sur la créature, mais d'autres s'y opposent et portent plainte. Un procès s'ouvre. Vous jouez ce procès. L'avocat de la créature plaide la liberté totale. L'avocat des scientifiques demande que la créature reste un objet de recherche. Le ministère public demande que la créature soit cachée au public pour la protéger. Attention, il va falloir trancher !

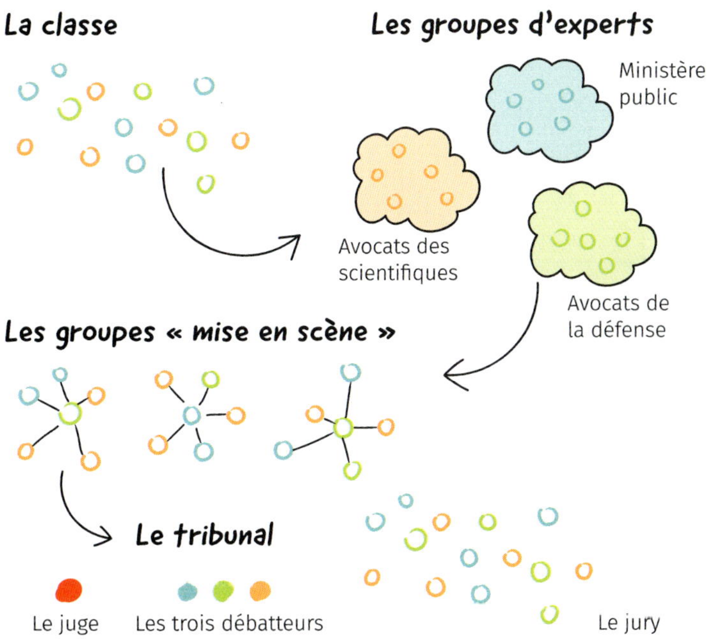

La méthode pas à pas

ÉTAPE 1 Devenir expert

Formez de petits groupes en fonction de la thèse que vous souhaitez défendre ou le rôle que vous pourriez incarner : l'avocat de la défense, l'avocat des scientifiques, le ministère public (▸ schéma : **groupes d'experts**).

Recherchez et listez tous les arguments pour défendre votre idée et précisez-les en trouvant des exemples pour chaque argument.

ÉTAPE 2 Scénariser le procès

Formez de nouveaux groupes (▸ schéma : **groupes « mise en scène »**) : il faut au moins un expert de chaque rôle dans le groupe. Imaginez la mise en scène et les dialogues entre les protagonistes.

Distribuez les rôles. Ajoutez aux trois débatteurs le juge qui distribue la parole et les jurés qui devront prendre une décision. Faites des essais de mise en scène et de mise en voix de vos arguments.

ÉTAPE 3 Jouer et voter

Installez la salle (▸ schéma : **tribunal**). Les jurés des différents groupes s'installent pour voter. Chaque groupe vient présenter sa scène. Le jury délibère et vote pour le meilleur orateur.

ÉTAPE 4 Faire le point

Identifiez les éléments importants pour remporter la victoire : efficacité des arguments, manière de les présenter, etc.

Boite à outils

Retrouvez le concours de plaidoiries du Mémorial de Caen sur LLS.fr/FTPPlaidoiries

Critères de réussite

Coopérer dans un groupe

☒ *Je fais les tâches que mon rôle implique.*

Jouer un rôle

☒ *Je reste dans mon rôle.*

☒ *J'adopte la posture de mon personnage.*

Synthétiser les connaissances

☒ *Je m'appuie sur l'expérience vécue pour faire le point.*

→ Autoévaluez-vous sur LLS.fr/FTPP135

Comment la fiction amène-t-elle à questionner nos valeurs ?

Amélie Nothomb

Née en 1967

Auteure de nombreux romans, sa dystopie *Acide sulfurique* a déclenché une polémique car le jeu télévisé qu'elle décrit se déroule dans un camp de concentration.

Vidéo

Retrouvez un extrait du film *Hannah Arendt et la banalité du mal* sur LLS.fr/FTPHannah

Numérique

Retrouvez l'article de Christopher R. Browning, « Des hommes ordinaires » sur LLS.fr/FTPBrowning

1/5 Téléspectateurs et responsabilité

Dans ce roman, *Concentration* est une émission de téléréalité. Des prisonniers, raflés dans la rue, sont filmés dans un camp. Ils vivent dans des conditions atroces. Chaque jour, deux prisonniers sont tués sous les yeux des téléspectateurs. Ils en parlent dans cet extrait.

– Je me demande quelles séquences intéressent le plus le public, dit MDA 802 pendant le dîner.

– Je suis sûr que ce sont les passages de mise à mort, dit un homme.

– C'est à craindre, enchaîna Pannonique.

– Les violences aussi, dit une femme. La schlague, les hurlements, ça doit les défouler.

– Certainement, dit MDA 802. Et les séquences « émotion » : là, ils doivent se pourlécher.

– Selon vous, demanda EPJ 327, qui sont les plus coupables ?

– Les kapos, répondit l'homme.

– Non : les organisateurs, intervint quelqu'un qui ne parlait jamais.

– Les hommes politiques qui n'interdisent pas une telle monstruosité, dit MDA 802.

– Et vous, Pannonique, qu'en pensez-vous ? interrogea EPJ 327.

Il y eut un silence, comme chaque fois que l'attention se dirigeait vers la jeune fille.

– Je pense que les plus coupables sont les spectateurs, répondit-elle.

– N'êtes-vous pas un peu injuste ? demanda l'homme. Les gens rentrent de leur journée de travail, ils sont épuisés, mornes, vidés.

– Il y a d'autres chaînes, dit Pannonique.

– Vous savez bien que le programme télévisé est souvent l'unique conversation des gens. C'est pour ça que tout le monde regarde les mêmes choses : pour ne pas être largué et avoir quelque chose à partager.

– Eh bien, qu'ils regardent tous autre chose, dit la jeune fille.

– C'est ce qu'il faudrait, bien sûr.

– Vous en parlez comme d'un idéal utopique, reprit Pannonique. Il ne s'agit que de changer de chaîne de télévision, ce n'est quand même pas très difficile.

– Je ne suis pas d'accord, déclara MDA 802. Le public a tort, c'est sûr. De là à dire que c'est lui le plus coupable ! Sa nullité est passive. Les organisateurs et les politiques sont mille fois plus criminels.

Amélie Nothomb, *Acide sulfurique*, Troisième partie, © Éditions Albin Michel, 2005.

Marianne Hoppe dans le rôle d'Antigone, à Berlin en 1940. Dès l'origine, en refusant d'obéir au roi pour sauver l'honneur de son frère, Antigone devient le symbole de la lutte contre la tyrannie. Elle est celle qui dit non.

Questions

1. Faites une lecture oralisée collective de l'extrait. Quel effet produit le discours direct ?
2. Relevez les arguments de Pannonique. Qu'en pensez-vous ?
3. Quels liens pouvez-vous faire entre Pannonique et Antigone ? Justifiez votre réponse.

2/5 Le destin tragique de la culture

Hanta a pour travail d'écraser des livres avec une grande presse. Depuis trente-cinq ans, il doit détruire la culture. Cette destruction finit par le rendre fou. Il s'acharne à sauver tous ces trésors.

Rainer Ehrt, *Bücherarche*, 2013, encre de Chine et acrylique sur papier.

Le lendemain, un flot de livres reliés pleine peau ruisselait par le plafond de ma cave, l'or des tranches et des titres faisait scintiller l'air... alors je remontai en courant et tombai sur deux gars ; ils finirent par m'avouer que, pas loin de Nové Straseci, il y avait une grange et tellement de livres dans la paille que les yeux vous en sortaient de la tête. Avec le bibliothécaire de l'armée, je partis à Straseci. Ce n'est pas une grange qui nous apparut dans les champs, mais trois, bourrées à craquer des livres de la Bibliothèque royale de Prusse. Après les premiers instants d'euphorie, on discuta de l'affaire et pendant toute une semaine, une file d'autos militaires emporta ces livres à Prague dans une aile du ministère des Affaires étrangères, pour les renvoyer ensuite, en des temps moins agités, là d'où ils étaient venus. Mais quelqu'un trahit cette cachette, on déclara la Bibliothèque prise de guerre, et les camions reprirent la route pour convoyer ces livres dorés sur tranche et en pleine peau jusqu'à la gare où ils restèrent toute une semaine, sous une pluie battante, dans des wagons ouverts... Quand vint le tour du dernier camion, une eau dorée, mêlée de suie et d'encre d'imprimerie dégoulinait des wagons, et moi, appuyé contre une lampe, j'étais pétrifié de ce que je voyais ; quand le dernier wagon s'évanouit dans le jour mouillé, sur mon visage les larmes se mêlaient à la pluie. Je vis un sergent de ville en sortant de la gare, je lui tendis mes mains croisées et l'implorais de me passer les menottes, les bracelets, la quincaillerie, comme on dit, car je venais de commettre un crime, un crime contre l'humanité. Il finit par m'emmener, mais au commissariat, non content de se payer ma tête, on menaça de me mettre au trou par-dessus le marché. Au bout de plusieurs années, je finis par m'habituer à charger des bibliothèques entières, de beaux livres reliés en cuir et en maroquin des châteaux et des maisons bourgeoises... J'en chargeais de pleins wagons, au trentième, le train s'ébranlait via la Suisse ou l'Autriche où on les vendait une couronne le kilo, et personne pour s'en étonner, personne pour en pleurer, pas même moi : je souriais en suivant des yeux le train qui emportait ces collections sans prix en Suisse et en Autriche, à une couronne le kilo.

Bohumil Hrabal, *Une trop bruyante solitude*, 1976, traduit du tchèque par Anne-Marie Ducreux-Palenicek, © Éditions Robert Laffont, 2015.

Bohumil Hrabal

1914-1997

Auteur tchèque très populaire dans son pays. Mêlant humour noir et absurde, ses romans invitent à une réflexion sur notre société.

Question

1. Expliquez le passage suivant : « je venais de commettre un crime, un crime contre l'humanité » (l. 25-26) en vous appuyant entre autres sur les métaphores présentes dans le texte.
2. À partir d'une analyse précise de l'image, quels liens pouvez-vous établir entre ce texte et le dessin ?

Comment la fiction amène-t-elle à questionner nos valeurs ?

Franz Kafka

1883-1924

Auteur tchèque, il a notamment écrit *Le Procès*, publié en 1925, et *La Métamorphose* en 1915. Ses œuvres sont assez sombres et torturées.

3/5 La difficulté de décider de la fin

Gregor Samsa, représentant de commerce, se réveille un matin transformé en cancrelat[1]. Son corps a changé, mais son esprit reste le même. Il doit alors affronter le regard horrifié de sa famille qui décide de l'enfermer dans sa chambre. Seul et malheureux, Gregor va dépérir.

« Mes chers parents », dit la sœur en frappant sur la table en manière d'introduction, « cela ne peut plus continuer comme cela. Si vous ne vous en rendez pas compte, j'en suis, quant à moi, convaincue. Je ne veux pas, devant cette horrible bête, prononcer le nom de mon frère et je me contente de dire : il faut nous débarrasser de ça. Nous avons essayé tout ce qui était humainement possible pour prendre soin de lui et pour le tolérer. Je ne crois pas que personne puisse nous faire le moindre reproche. »

« Elle a mille fois raison », dit le père à part lui. La mère, qui ne parvenait toujours pas à retrouver son souffle, se mit à tousser d'une voix caverneuse en tenant sa main devant sa bouche, avec une expression hagarde dans les yeux.

La sœur alla vivement vers sa mère et lui tint le front. Le père, à qui les paroles de sa fille semblaient avoir inspiré des idées plus précises, s'était redressé sur son siège, jouait avec sa casquette de service au milieu des assiettes qui étaient restées sur la table après le dîner des locataires et, de temps en temps, portait ses regards sur Gregor, qui restait immobile.

« Il faut chercher à nous en débarrasser », dit la sœur en s'adressant uniquement à son père, car la mère, à force de tousser, ne pouvait rien entendre, « cette chose-là peut encore vous mener tous les deux dans la tombe, cela ne tardera pas. S'il faut travailler dur comme nous le faisons tous, on ne peut pas avoir par-dessus le marché ce supplice perpétuel à la maison. D'ailleurs, je n'en peux plus. » Et elle fondit en larmes si violemment que ses pleurs coulaient sur le visage de sa mère ; Grete les essuyait d'un geste machinal de la main.

« Mon enfant ! » dit le père d'une voix apitoyée et en marquant une véritable compréhension, « mais que faire ? »

La sœur se contenta de hausser les épaules pour exprimer la perplexité qui, depuis qu'elle s'était mise à pleurer, avait remplacé sa précédente assurance.

« Si seulement il nous comprenait », dit le père comme une question, mais la sœur secoua violemment la main au milieu de ses larmes, pour signifier qu'il ne fallait pas y compter.

« Si seulement il nous comprenait », répéta le père – et en fermant les yeux, il exprimait qu'il partageait la convictions de sa fille sur l'impossibilité d'une telle hypothèse –, « s'il nous comprenait, on pourrait peut-être arriver à un accord avec lui. »

Franz Kafka, *La Métamorphose*, 1915, traduit de l'allemand par Bernard Lortholary, © Éditions Flammarion, 1999.

1. Blatte.

Questions

1. Étudiez les substituts nominaux de Gregor. Quel(s) effet(s) produisent-ils ?
2. Comment sont abordées les questions de la mort et de l'euthanasie dans cet extrait ?

Gustav Klimt, *Frise Beethoven*, détail de *Génie et poésie*, 1902.

4/5 Le prix du bonheur

Dans ce roman à l'humour noir et piquant, Jean Teulé dépeint la vie de la famille Tuvache, propriétaire d'un magasin qui vend à des gens désespérés du matériel en tout genre pour se suicider. Pourtant le fils, Alan, est différent. Il entreprend de changer radicalement le commerce et vend de l'espoir aux clients, sous l'œil médusé de ses parents.

– La vache, tout ça pour un masque à cent euros-yens !... Je dois reconnaître qu'il a le sens de la vente et qu'il n'économise pas sa salive, apprécie Mishima.

La jeune femme déconcertée regarde à droite et à gauche :

– Je ne me suis pas trompée ?... Je suis bien au Magasin des Suicides ?

– Ouh, là là, oubliez ce mot qui ne mène nulle part.

– Pourquoi il dit ça ? fronce des yeux, le père.

– La vie est ce qu'elle est. Elle vaut ce qu'elle vaut ! Elle fait ce qu'elle peut elle aussi avec ses maladresses. Faut pas trop lui en demander non plus à la vie. De là à vouloir la supprimer ! Autant prendre tout ça du bon côté. Et puis laissez ici cette corde et ce revolver zetable. Angoissée et paniquée comme vous êtes ces temps-ci, vous allez tirer dans le nœud coulant, ce sera n'importe quoi. C'est un coup à tomber du tabouret et se casser le zenou. Vous n'avez pas mal au zenou là ?

– J'ai mal partout.

– Oui mais au zenou ?

– Non, heu...

– Et bien à la bonne heure ! Continuez comme ça. Et que votre zenou s'active pour vous ramener dans votre tour avec ce visage de femme sur le masque. Si vous ne le faites pas pour moi faites-le pour elle. Quel est son nom ?

La cliente lève les paupières vers le miroir :

– Noémie Ben Salah Darjeeling.

– C'est zoli comme prénom, Noémie... Aimé Noémie. Vous allez voir, elle est sympa. Apportez son masque chez vous. Souriez-lui, elle vous sourira. Prenez soin d'elle, elle a besoin d'affection. Lavez-la, parfumez-la, habillez-la zoliment, qu'elle se sente mieux dans sa peau. Tentez de l'admettre. Elle deviendra votre amie, votre confidente, et vous serez inséparables. Qu'est-ce que vous allez rire ensemble !... Tout ça pour cent euros-yens. Ce n'est quand même pas cher. Allez, ze l'emballe. Ze vous la confie. Prenez-en le plus grand soin. Elle le mérite.

Pendant le bruit d'ouverture du tiroir-caisse, Mishima regrette :

– Il aurait quand même pu lui facturer et aussi la corde et le revolver...

– Tenez, choisissez un bonbon dans le bocal, sourit Alan.

– Ah bon ils ne sont pas ?... demande la cliente.

– Mais non ! Allez, adieu, la dame qu'a même pas mal au zenou !

Jean Teulé, *Le Magasin des Suicides*, © Éditions Juillard, 2007.

Jean Teulé

Né en 1953

Auteur de plus d'une vingtaine de romans, dont *Le Magasin des suicides*, et de bandes dessinées. Certaines de ses œuvres ont été adaptées au théâtre.

Questions

1. Comment Alan amène-t-il la cliente à retrouver goût à la vie ?
2. Quelle est, selon vous, la tonalité de l'extrait ? Justifiez votre réponse.

Comment la fiction amène-t-elle à questionner nos valeurs ?

Jean-Christophe Rufin

Né en 1952

Auteur français élu à l'Académie française en 2008. Médecin, il est l'un des pionniers de l'ONG Médecins sans frontières et a été le président d'Action contre la faim.

5/5 L'éthique et les progrès de la science

Juliette est une jeune militante écologiste. Elle participe à une mission qui vise à libérer des animaux enfermés dans un laboratoire. Malgré ses doutes, elle va aller au bout de son projet.

Alors, elle s'était attaquée aux rongeurs. Elle avait pensé qu'elle aurait affaire à des souris blanches, qui la dégoûtaient moins que les grises. Mais les bêtes qui grouillaient dans les longues cages plates n'étaient ni blanches ni grises. C'étaient des monstres, tout simplement. Certaines étaient sans poils, d'un rose écœurant, d'autres badigeonnées de vert, d'orange, de violet. Plusieurs rats avaient un regard vitreux, comme si leurs yeux énormes avaient été décolorés et vernis. Juliette se demanda un instant si la place de telles créatures était bien dans la nature. Elle imaginait des petites filles ouvrant leur armoire et tombant nez à nez avec de telles horreurs. À vrai dire, elle n'était pas prise au dépourvu par ses scrupules. Pendant la préparation de l'action, elle avait eu souvent l'occasion d'aborder la question avec Jonathan. Elle avait bien compris que la cause animale n'a rien à voir avec l'utilité des bêtes pour les humains. « Tous les êtres vivants ont des droits, qu'ils soient beaux ou repoussants, domestiques ou sauvages, comestibles ou non. » La leçon était assimilée. Elle avait ravalé son dégoût et laissé les rats aveugles disparaître vers l'extérieur, comme les chats avant eux. Elle s'était même efforcée d'en éprouver une égale satisfaction.

Mais maintenant, c'était le tour des singes. Et ils allaient soumettre les sentiments de Juliette à une épreuve autrement plus rude. Il y en avait cinq, tout petits, étonnamment humains dans leur mimique et leur regard. Ceux qui étaient enfermés deux par deux se tenaient enlacés comme de vieux couples. Quand Juliette les libéra, ils refusèrent de sortir. Elle était tentée d'aller les chercher au fond de leur cage mais elle se retint. S'ils l'avaient griffée ou mordue, ils auraient pu déchirer son gant et faire couler un peu de sang. Il ne fallait laisser aucune empreinte génétique. Elle leur laissa le temps de se décider et alla s'occuper du dernier animal.

C'était un petit ouistiti maigre qui tenait ses longs bras croisés sur le ventre. Son corps était intact, mais il avait, plantées dans le crâne, une dizaine d'électrodes. Elles lui faisaient comme la couronne de plumes d'un chef indien. Sitôt la cage ouverte, il bondit mécaniquement au-dehors et atterrit sur le sol carrelé de blanc. Il resta un long moment sans bouger, à fixer la porte extérieure ouverte. Un peu de vent s'était levé et se faufilait au ras du sol. La coiffe d'électrodes ondulait dans ce courant d'air. Juliette, qui avait bien résisté à l'horreur des animaux repoussants, se sentit moins assurée face à la détresse de cet être si familier.

Jean-Christophe Rufin, *Le parfum d'Adam*, chapitre I, © Éditions Gallimard, 2008.

La Planète des singes : Les Origines, film réalisé par Rupert Wyatt, 2011.

Questions

1. Identifiez les passages descriptifs et relevez les adjectifs qui caractérisent les animaux. Que disent-ils du regard que le personnage porte sur eux ?
2. Dans quel état d'esprit se trouve Juliette ? Appuyez-vous sur une étude précise des verbes et du lexique des émotions pour expliquer votre point de vue.

Tous responsables ?

Depuis la première émission de téléréalité française en 2001, *Loft Story*, ce type de programme a conquis de nombreuses chaines, remplaçant peu à peu des émissions culturelles variées. En tant que futur citoyen, il est légitime de s'interroger sur la responsabilité de chacun face à la culture.

Mission : Vous allez réaliser un tract pour défendre la place de la culture à la télévision.

The Truman Show, film réalisé par Peter Weier, 1998, avec Jim Carrey (Truman).

Depuis sa naissance, la vie de Truman Burbank se déroule sous l'objectif de centaines de caméras, et est suivie par les millions de téléspectateurs.

La méthode pas à pas

ÉTAPE 1 Faire le point

Définissez ce qu'est pour vous la culture. Quels objets culturels vous semblent importants ?

En groupe, partagez vos définitions et faites la liste des objets culturels évoqués.

ÉTAPE 2 Enquêter

Observez les programmes télévisés sur une semaine. Notez vos remarques sur la place qu'occupent les objets culturels que vous aimez ou que vous aimeriez voir.

Sont-ils suffisamment présents ? D'autres objet culturels dominent-ils les programmes ?

ÉTAPE 3 Réaliser le projet

Choisissez une position que vous pouvez défendre : souhaitez-vous rééquilibrer l'offre des programmes ? Faut-il davantage d'offre sur des sujets précis ? Etc.

Trouvez un slogan et des arguments afin de responsabiliser les téléspectateurs face à leurs choix.

ÉTAPE 4 Mettre en page le tract

En vous inspirant de plusieurs modèles de tract, réalisez le vôtre sur Canva (► Boite à outils). Jouez sur les types de phrases et la typographie afin d'avoir un impact sur l'opinion publique.

Boite à outils

- Des modèles de tracts sur LLS.fr/FTPTracts
- Créez votre tract avec Canva.com

Critères de réussite

Choisir des arguments

- ☒ Je choisis des arguments pour leur pertinence.
- ☒ Je travaille l'écriture des arguments (concision, types de phrase...).

Mise en page

- ☒ J'organise ma page de façon cohérente.
- ☒ Je travaille les couleurs et les typographies.

→ Autoévaluez-vous sur LLS.fr/FTPP141

Les questions morales peuvent-elles émerger de l'écriture et de la littérature ?

→ La littérature, comme tout art, permet une exploration du monde qui nous entoure. Elle amène à le regarder sous d'autres angles, à travers d'autres yeux que les nôtres. Mais peut-elle aller jusqu'à prendre en charge les questions morales et éthiques de nos sociétés ?

Exposer les problèmes et les situations : morale, histoire et société

→ La littérature s'inscrit dans une histoire. À chaque époque, les artistes font émerger les questions qui se posent à l'humanité et révèlent les dilemmes auxquels nous sommes confrontés.

→ Ainsi, dans *Dialogues de Monsieur le baron de Lahontan et d'un sauvage dans l'Amérique*, Nicolas Gueudeville expose les préoccupations de son époque. En imaginant le choc culturel que vivent ces deux personnages, il met en perspective les partis pris de la société occidentale (► **texte 1**). C'est cette forme dialoguée que choisiront parfois les philosophes des Lumières (► **texte 4**). Ces textes ont une visée didactique, c'est-à-dire qu'ils cherchent à enseigner quelque chose au lecteur.

→ L'auteur confronte le lecteur à l'Histoire ou à l'actualité revisitée par le détour de l'imaginaire. Il donne l'occasion d'une nouvelle expérience par le biais de personnages (► **texte 3**), de sociétés nouvelles ou de mondes étranges qui entrent en écho avec le nôtre (► **texte 2**). Parfois, c'est en actualisant un mythe que les questions morales émergent de l'imagination de l'artiste (► **texte 5**). Les histoires réécrites donnent du sens à notre vécu et à la manière dont les sociétés fonctionnent.

À vos carnets !

Des personnages de fiction confrontés à un dilemme moral, vous en connaissez ?

Choisissez une œuvre personnelle ou bien parmi celles du corpus de votre manuel et mettez-vous à la place du personnage.

Choisissez une situation qu'il vit dans l'histoire, imaginez ce qu'il pense et les émotions qu'il ressent. Écrivez son journal intime et relatez ce qu'il vit.

LLS.fr/CarnetDeLecture

Éthique scientifique

→ Si les scientifiques eux-mêmes prennent parfois la parole pour avertir des dangers de leur propre découverte (► **textes 1 et 5**), la fiction met en scène ces questions éthiques. Elle ouvre alors le débat sur des questions vives qui se posent à l'humanité entière. La reprise du mythe de Prométhée, dans ce qu'il expose de la quête universelle de l'immortalité, est d'ailleurs récurrente dans ces fictions (► **texte 2**). L'Homme, explorant sans limite son pouvoir sur la nature, finit par croire qu'il est lui-même un dieu. L'univers fictionnel expose donc parfois les aberrations que nous n'osons imaginer et les rendent crédibles (► **textes 3 et 4**). Les pouvoirs de la science sont alors mis en débat.

Moi, les autres, nos responsabilités

→ La question de notre responsabilité personnelle est finalement au centre de ces œuvres. Ces dernières mettent en relief les responsabilités collectives bien sûr (► **textes 2 et 3**) mais également nos responsabilités individuelles (► **textes 1 et 4**). Elles montrent le pouvoir que nous avons de prendre des décisions qui peuvent changer le monde. Ainsi, la jeune militante du roman de Jean-Christophe Rufin met-elle tout en œuvre pour aller au bout de ses convictions (► **texte 5**).

→ Les thèmes variés que la science explore sont pris en charge par les fictions qui permettent au lecteur de s'imaginer dans diverses situations. Il peut alors expérimenter des possibles, envisager l'avenir et décider de son destin.

→ En somme, ces œuvres engagent chacun à se projeter dans le monde et à y devenir acteur.

Numérique

Retrouvez la synthèse en version audio sur LLS.fr/FTP142

Questions de responsabilité

- Collective
- Individuelle

La littérature confronte le lecteur à ses propres choix

Questions de science

- Bienfait de la science
- Danger de la science
- Pouvoir de la science

La fiction interprète la réalité scientifique et anticipe les problèmes

Éthique et littérature

Les questions morales peuvent-elles être prises en charge et traitées par l'écriture et la littérature ?

Questions de société

- Choix politiques
- Dilemmes
- Choix de société

La littérature permet de prendre de la distance

Bande dessinée, science et morale

Dans un monde ravagé par la guerre et le fascisme, un résistant, V, tente d'ébranler le pouvoir.

1. Relevez les caractéristiques de cette planche et comparez-la à d'autres bandes dessinées ou mangas.
2. Ce style vous plait-il ? Pourquoi ?

Alan Moore et David Lloyd, *V pour Vendetta*, page 97, Urban Comics Vertigo, 2017.

Le comics nait aux États-Unis dans les années 70. Ce sont de petits fascicules dont les histoires, souvent subversives, permettent l'émergence d'une bande dessinée pour adulte.

Alan Moore est un scénariste et auteur célèbre de ce type de bande dessinée. Avec *V pour Vendetta*, il entre dans l'histoire des comics britanniques.

Dans votre carnet LLS.fr/CarnetDeLecture

→ Proposez d'autres styles de bande dessinée à partir d'auteurs ou de genres que vous lisez, ou encore à partir des conseils d'autres élèves.

→ Expliquez ce qui vous plait dans la représentation, les couleurs et bien sûr... les histoires !

À vos carnets !

Choisissez un livre ou un film dans le thème et faites-en une présentation originale pour la classe ! Vous pouvez par exemple faire un *booktube* ou encore une bande-annonce en utilisant le logiciel Animato.com !

LLS.fr/CarnetDeLecture

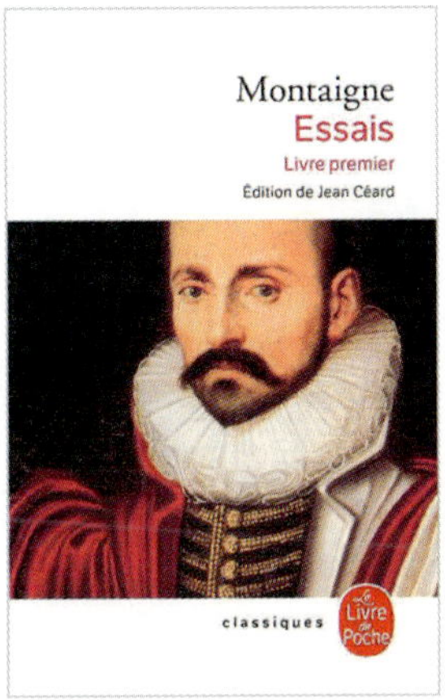

Michel de Montaigne, *Essais*, livre I, chapitre XXX, « Des cannibales », 1595

Dans cet ouvrage, il est question de la découverte de l'Amérique et des Indiens du Brésil.

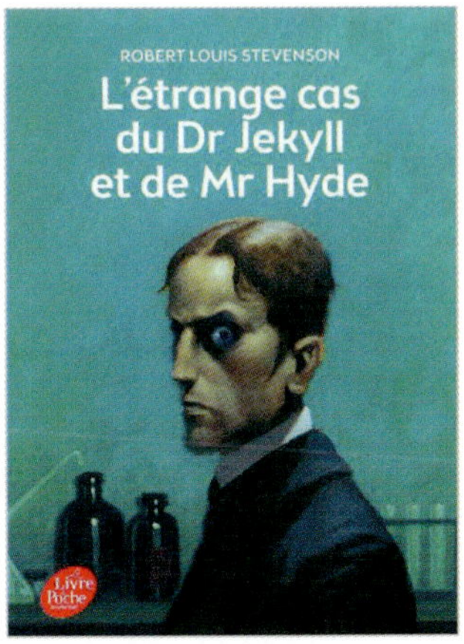

Robert Louis Stevenson, *L'Étrange Cas du Dr Jekyll et de M. Hyde*, 1886

À Londres, au XIXe siècle, un étrange individu du nom de Edward Hyde rôde la nuit dans les rues. Grâce à une potion de son invention, le docteur Jekyll parvient à se dédoubler et crée ainsi M. Hyde.

The Island, Michael Bay, 2005

Lincoln Six-Echo et Jordan Two-Delta font partie des Produits d'une immense colonie très surveillée. Leur seul objectif : gagner le droit d'aller sur l'Ile qui serait le seul lieu à avoir échappé à une catastrophe écologique. Lincoln commence à se questionner sur sa vie.

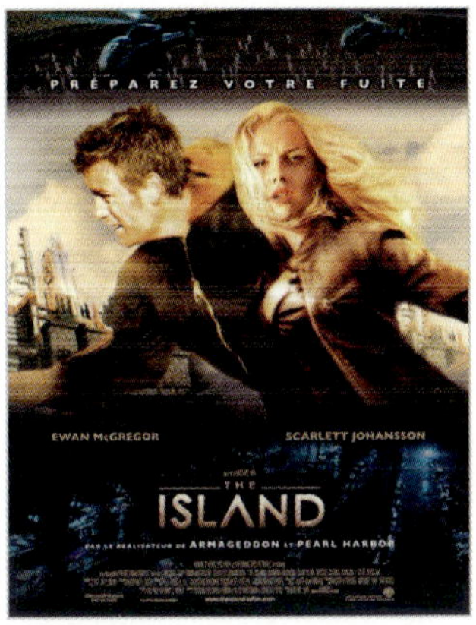

H. G. Wells, *L'île du docteur Moreau*, 1896

Après un naufrage, Edward Pendrick est recueilli sur une ile par le docteur Moreau. Mais le lieu est peuplé de créatures monstrueuses mi-humaines, mi-animales.

Jack Kirby et Stan Lee, *Captain America : l'intégrale 1964-1966*, tome 1

Captain America, de son vrai nom Steve Rogers, est le fruit d'une expérience scientifique. Un justicier chargé de défendre les valeurs du monde libre. Un super-héros sans super pouvoir, mais doté d'une grande force et maniant avec brio son bouclier.

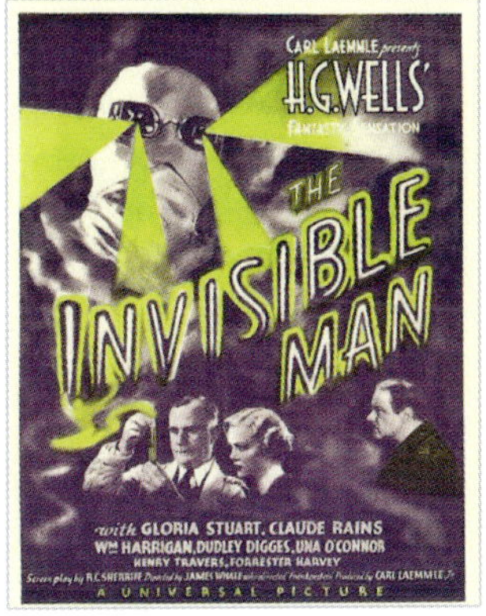

L'Homme invisible, James Whale, 1933

Jack Griffin est un scientifique qui a inventé une formule permettant de le rendre invisible. Le problème ? Il n'a pas l'antidote… Il va chercher de quelle façon inverser les effets, mais son comportement se met à changer.

La déontologie dans mon univers professionnel

Mission : La vie dans le monde professionnel n'est pas toujours facile, vous avez vous-même pu vous retrouver face à des situations difficiles ou délicates.
Afin de faire le point sur votre environnement professionnel, réalisez la charte déontologique de votre métier !

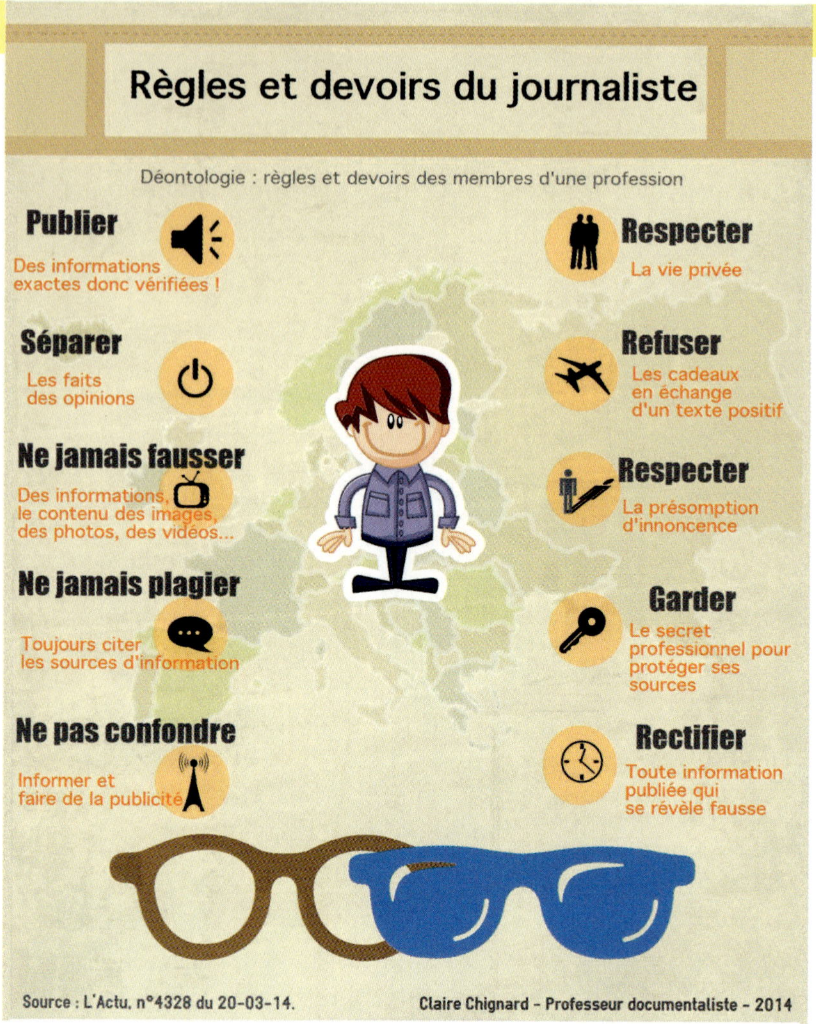

Exemple de présentation d'une charte : la charte du journalisme.

ÉTAPE 1 Définir la déontologie

Menez une réflexion sur la déontologie à partir de la définition du **document 1** et des questions que soulève le **document 2**.

À l'aide de vos réponses, définissez ce qu'est la déontologie.

ÉTAPE 2 Faire le point sur votre métier

Créez un nuage de mots concernant les compétences professionnelles et psychosociales requises pour votre futur métier.

Pour cela, rendez-vous sur le site Onisep.fr et recherchez votre métier dans les fiches métiers.

Regardez les qualités nécessaires et listez celles que vous estimez indispensables.

Utilisez le logiciel en ligne NuagesDeMots.fr et mettez vos idées en commun avec celles des autres élèves de la classe.

ÉTAPE 3 Tous en scène !

1. Réfléchissez à ce qui peut rendre votre futur métier difficile : répertoriez les difficultés vécues ou observées en stage concernant les rapports humains (avec les patients, les clients, le public, les collègues, les supérieurs hiérarchiques, etc.)

2. Avez-vous été témoin de situations difficiles résolues par votre maitre de stage ? Quels ont été les facteurs de réussite ?

3. Jouez avec vos camarades les situations de stage problématiques et leurs résolutions.

ÉTAPE 4 Préparer l'affiche

En vous aidant de votre nuage de mots listant les qualités nécessaires et des éléments de résolution identifiés précédemment, récapitulez tout ce qui peut apparaitre dans votre charte.

Faites des catégories sur le modèle de la charte ci-dessus ou à l'aide des liens proposés dans les documents.

ÉTAPE 5 Finaliser

Réalisez l'affiche de la charte déontologique de votre futur métier.

Faites un projet de présentation.

En salle informatique, à l'aide de l'outil Canva.com, mettez en forme votre charte déontologique.

Pour vous aider

- Découvrez le site de l'ONISEP sur LLS.fr/FTPONISEP
- Pour le nuage de mots, rendez-vous sur LLS.fr/FTPP147

Le code de déontologie est un document ou ensemble de documents qui régit une profession dans son intégralité sur les attitudes et comportements adéquats. Il vise donc à déterminer les agissements inacceptables dans l'exercice de la profession en question. Il en existe pour de nombreuses professions : policiers, médecins et métiers de la santé, avocats, architectes, magistrats… Dans ces métiers, le code de déontologie est d'une importance capitale. Ainsi, le non-respect des règles qu'il contient peut aboutir à des conséquences juridiques, voire dans les cas extrêmes, à la perte du droit de participer à l'exercice de sa profession.

DOC 1 **Code de déontologie d'une profession**

Edenred.fr.

DOC 2 **Gaston Lagaffe et le travail**

Quelques chartes qui vous concernent :
- La charte de la laïcité LLS.fr/FTPlaicite
- La charte des droits des lycéens (extrait ci-dessous) LLS.fr/FTPLyceens

Répondre à une question d'analyse

Compétences : L'objet d'étude de Terminale s'articule autour de trois grandes compétences :

- découvrir ce que la littérature et les arts apportent à la connaissance du monde contemporain ;
- construire un raisonnement personnel en organisant ses connaissances et en confrontant des points de vue ;
- formuler sa pensée et l'exprimer de manière appropriée pour prendre part à un débat d'idées.

Vous allez ici travailler ces compétences à partir d'un exercice qui consiste à répondre à une question d'analyse.

Sujet :

Comment l'écriture permet-elle de montrer le dilemme auquel est confronté la narratrice ?

DOC 1 Marx et la poupée

Maryam a six ans lorsqu'elle fuit l'Iran avec sa mère pour rejoindre son père exilé en France. La petite fille raconte comment elle se bat entre héritage culturel et intégration dans son nouveau pays.

– Je triomphe. Je suis la langue des Lumières et de Molière.
– Je suis la langue de tes premières années.
– Ne l'écoute pas. Cette langue est celle du passé qui n'est plus.
– Souviens-toi de ton terreau.
– Apprends-moi et oublie le reste.
– Le persan est l'archet qui fait vibrer ton corps.
– C'est la langue de l'exil, de l'arrachement, du traumatisme.
– Je suis peut-être une vieille femme boitante que la vie a rejetée, le bruit de ma canne et de ma jambe lourde que je traîne est insupportable mais ce bruit te poursuivra toute ta vie si tu ne me prends pas la main.
– Oublie cette vieille folle bégayante et laisse-la balbutier son charabia. Je t'offrirai un monde d'intégration, de reconnaissance, de réussite.
– Je t'offrirai la réconciliation et l'apaisement.
– C'est faux ! Elle t'empêchera d'avancer.
– Je suis le pont entre tes deux patries.
– Elle sent la mort.
– Si tu m'oublies, tu t'oublieras.
– Foutaise ! Ton salut est dans le français.
– Tu aimes dessiner, non ? Parcours du bout de ton crayon mes lettres de l'alphabet : c'est comme dessiner.
– Tu aimes lire, non ? Laisse de côté ces arabesques puériles et suis-moi, je te ferai traverser mes océans littéraires.
– Je me tairai mais je te poursuivrai en silence.
– Sois du côté des vainqueurs. Sors de ces histoires de fantômes.
– Je ne suis pas la langue de ta mère, je suis ta mère dans la langue.
– Écoute-moi ça : ça ne veut rien dire. Je te l'ai dit, ce n'est que du charabia.
– Tu reviendras vers moi, vers mes lettres ondulantes, vers ma musique douce et plaintive, vers ma poésie aussi.
– Pour qui se prend-elle ? Tu ne reviendras nulle part. Tu avanceras droit devant.
– Tu reviendras, je le sais. Je te laisse pour l'instant dans ta conquête flamboyante du français.

Alors le français enveloppe la petite fille de son manteau royal de lys et d'élite. Ils marchent ensemble vers un grand édifice de liberté, d'égalité et de fraternité. Des bouts de papier dansent au-dessus de leur tête : bulletins scolaires élogieux, félicitations méritées, poèmes applaudis tourbillonnent joyeusement et accompagnent leurs pas.

Le persan, assis un peu à l'écart sur un banc, les regarde s'éloigner. Vieille femme pensive, encerclée d'une épaisse solitude, balayant du bout de sa canne quelques feuilles et déchets et les vieux rêves du passé.

Maryam Madjidi, *Marx et la poupée*, Éditions Nouvel Attila, 2017.

La méthode pas à pas

Numérique

Retrouvez un sujet type Bac sur LLS.fr/FTP149

ÉTAPE 1 S'approprier le texte et le sujet

Construire un raisonnement personnel

Lisez le texte et notez à la fin de votre lecture les réflexions qui vous viennent en tête : ce à quoi il vous fait penser, les émotions éventuelles qu'il suscite, etc.

Lisez ensuite le sujet et analysez les mots-clés : écriture, dilemme, narratrice.

Reformulez le sujet en identifiant le dilemme en question.

ÉTAPE 2 Faire le point sur les éléments de réponse

Organiser ses connaissances

Relisez le texte en cherchant à identifier les procédés d'écriture qui permettent de répondre.

Pour chacun d'eux,

- notez un exemple précis ;
- identifiez clairement ce qu'il apporte à la réponse.

Vous pouvez faire une liste, un tableau ou un schéma comme celui présenté ci-dessous pour vous aider.

ÉTAPE 3 Préparer la réponse

Formuler sa pensée

Formulez clairement la réponse à la question en une phrase et choisissez les procédés d'écriture les plus pertinents à présenter.

ÉTAPE 4 Rédiger

Exprimer sa pensée de manière appropriée

Reprenez les éléments de l'étape 2 en les expliquant le plus clairement possible.

Intégrez des citations du texte et nommez les procédés d'écriture que vous avez identifiés.

Pour rédiger le paragraphe, vous pouvez vous reporter à la page ► **Méthode** **Répondre aux questions sur les textes** ► **p. 152.**

Formuler le dilemme : ....

....

....

....

....

....

....

Procédé	Procédé	Procédé ....
Exemple	Exemple	Exemple ....
→ Cela veut dire	→ Il sert à	→ Exprime ....

Les épreuves écrites du Bac

Le sujet : un corpus de documents

→ L'épreuve de français du Bac professionnel est une épreuve ponctuelle qui a lieu au mois de juin.

→ Elle porte sur l'objet d'étude de la classe de Terminale « Vivre aujourd'hui : l'humanité, le monde, les sciences et la technique ». Celui-ci s'articule autour de trois grandes compétences :

- découvrir ce que la littérature et les arts apportent à la connaissance du monde contemporain ;
- construire un raisonnement personnel en organisant ses connaissances et en confrontant des points de vue ;
- formuler sa pensée et l'exprimer de manière appropriée pour prendre part à un débat d'idées.

→ Le sujet est constitué d'un corpus de documents en lien avec l'objet d'étude. Il peut comporter des textes de diverses natures (essai, littérature d'idées, article de presse, etc.) et une iconographie (reproduction de tableau, dessin de presse, photographie, etc.).

Astuces !

Lorsque vous lisez les textes du corpus, prenez le temps de vous arrêter sur chaque texte :

- notez d'une phrase ce que vous en pensez et ce à quoi il vous fait penser (d'autres lectures, des situations vécues, etc.) ;
- identifiez son thème principal ;
- soulignez ce qui vous plait, vous étonne, vous questionne.

Vous pouvez vous servir de cette première lecture pour les questions de lecture et pour l'exercice d'écriture.

Évaluation des compétences de lecture

→ Cette partie vise à vérifier la capacité du candidat à lire et à interpréter des textes. On demande au candidat de s'appuyer sur la langue et sur les éléments de style des documents.

Évaluation des compétences d'écriture

→ Cette partie permet à l'examinateur d'évaluer les capacités d'écriture mais également la réflexion du candidat. Il s'agit donc de mettre en avant à la fois la connaissance de l'objet d'étude, la diversité des exemples, mais aussi de soigner la valeur des arguments, la cohérence et l'organisation des idées, et enfin la clarté et la justesse de la langue.

→ Les examinateurs sont particulièrement attentifs à :

- l'invention (richesse des propos, diversité des arguments) ;
- l'organisation (la rigueur du raisonnement) ;
- l'expression écrite (orthographe, grammaire, conjugaison, ponctuation).

Numérique

Retrouvez la présentation des sujets Bac sur LLS.fr/FTPMethodeBac

La synthèse d'un corpus

La synthèse de documents

→ La synthèse de documents est un exercice fréquent en enseignement professionnel, dans les concours de la fonction publique et à l'épreuve de « Culture générale et expression » du BTS. Elle est toujours en lien avec le thème du programme étudié.

→ L'objectif est de vérifier la capacité du candidat à comprendre des textes de différentes natures (juridiques, argumentatifs, informatifs), à les mettre en relation et à nuancer les idées. Il s'agit aussi d'une épreuve de langue française durant laquelle le candidat doit montrer qu'il est capable de rédiger un texte ordonné, clair et précis.

→ La synthèse doit donc être concise, neutre et ordonnée.

Les étapes pour réaliser une synthèse

- Lisez tous les documents et les paratextes pour trouver des points communs.
- Reformulez l'idée principale de chaque texte.
- Définissez le thème général du corpus.
- Confrontez les documents : chercher comment ces idées se nuancent, se complètent ou au contraire se contredisent.
- À partir de ce travail, rédigez une question qui sera la problématique, en lien avec le thème du programme.
- Élaborez un plan pour répondre à cette question. Attention : **tous** les documents doivent être utilisés.
- Rédigez la synthèse sur la copie.
- Relisez pour vérifier les enchainements, les transitions, mais aussi la langue.

L'élaboration d'un plan

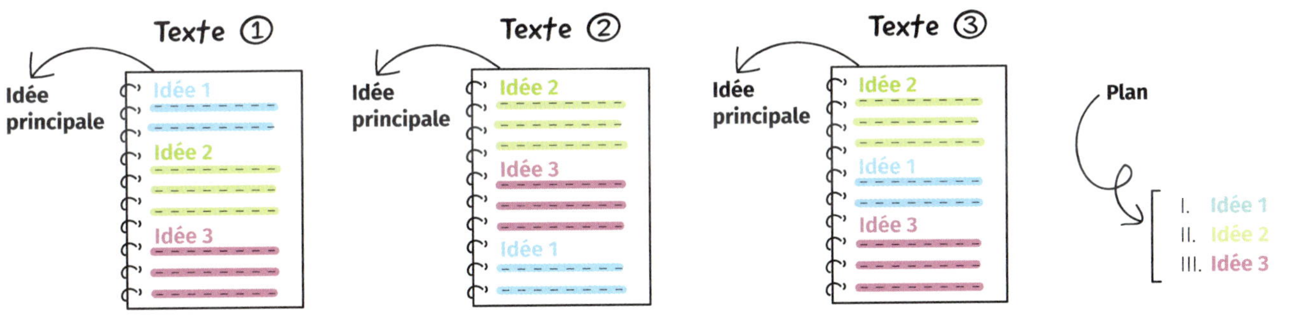

S'approprier la méthode

La synthèse de documents peut vous aider à travailler votre cours de français et à le réviser. C'est le but de cet exercice. Vous allez créer un corpus tel qu'il peut être proposé à l'examen du Bac et en faire la synthèse.

1. ●○○ Constituer un corpus
Parmi les documents travaillés en classe, choisissez-en deux qui vous semblent pertinents à mettre en lien par leur thème, les questions qu'ils posent, etc. Indiquez leur source. Ajoutez une iconographie ou un document personnel. Formulez l'idée principale de chaque document.

2. ●●○ Formuler une problématique
Justifiez votre choix de corpus. Formulez ensuite une problématique à laquelle votre corpus permet de répondre.

3. ●●● Construire un plan
À partir du travail précédent, et en vous aidant de la méthode ci-dessus, construisez votre plan.

4. ●●● Rédiger une introduction et une conclusion
Aidez-vous de la fiche méthode Rédiger une argumentation : l'introduction et la conclusion (► p. 156).

5. ●●● Rédiger la synthèse
Vous pouvez maintenant rédiger votre synthèse.

Répondre aux questions sur les textes

Il faut commencer par **lire l'ensemble du corpus** en notant vos impressions et ce qu'évoquent pour vous les documents.
Faites ensuite le point sur vos connaissances sur le sujet, puis lisez les questions pour bien comprendre ce que l'on vous demande en surlignant les **mots-clés**.
Ensuite seulement, **relisez** les textes pour répondre.

Répondre à une question d'analyse de texte

Voici la question posée sur cet extrait :
Comment l'écriture montre-t-elle l'évolution des sentiments de Colin ?

→ Votre réponse doit être organisée. Vous avez donc autant de paragraphes que de procédés d'écriture.

→ Votre réponse doit être constituée de quatre temps par procédé d'écriture. Vous devez :

- **annoncer** la réponse ;
- **nommer** le procédé utilisé ;
- **citer le texte** entre guillemets ;
- justifier votre réponse en donnant une **interprétation** à ce procédé.

→ Soignez également l'écriture du paragraphe en utilisant des **connecteurs** qui montrent la logique de votre paragraphe.

→ L'examinateur vérifie avant tout votre capacité à rendre compte de votre interprétation du texte.

Colin avala sa salive. Sa bouche lui faisait comme du gratouillis de beignets brûlés.
« Bonjour ! dit Chloé…
– Bonj… Êtes-vous arrangée par Duke Ellington ? » demanda Colin… Et puis il s'enfuit, parce qu'il avait la conviction d'avoir dit une stupidité.
Chick le rattrapa par un pan de sa veste.
« Où vas-tu comme ça ? Tu ne vas pas t'en aller déjà ? Regarde !… »
[…]
« Zut… Zut… et Bran !… Peste diable bouffre. Vous voyez la fille là ?…
– Chloé ?…
– Vous la connaissez ?… dit Colin. Je lui ai dit une stupidité, et c'est pour ça que je m'en allais. »

Boris Vian, *L'Écume des jours*, Chapitre 11, 1946.

Exemple **Exemple de réponse rédigée**

Dans un premier temps, on peut dire que Colin est **subjugué** par Chloé.

En effet, dès le premier contact, il est **incapable de finir ses phrases**, comme le montre l'utilisation de **nombreux points de suspension**. **« Bonj… »** (l. 4) ou **« Zut… Zut.. et Bran !… »** (l. 12). On peut dire qu'**il perd ses mots**.

Ensuite…

Mettre en lien l'objet d'étude et les documents du corpus

→ Lorsqu'une question propose de mettre en relation un ou plusieurs documents du corpus avec l'**objet d'étude**, c'est le moment de **faire le lien** entre les idées développées dans les documents du corpus et votre travail de l'année.

→ Vous pouvez **élargir** la réflexion entamée par les documents du corpus grâce au lexique étudié en classe durant l'année.

→ Ces **mots-clés** vous permettront d'appuyer les propos introduits par les documents du corpus à des idées plus générales sur l'objet d'étude.

Au brouillon :

- Analysez le ou les documents concernés par la question.
- Surlignez les éléments qui permettent de répondre.
- Observez si les documents se répondent, s'opposent ou se complètent.
- Faites le point sur vos connaissances.
- Listez le vocabulaire que vous pouvez utiliser, le thème, etc.
- Faites la synthèse.

Sur la copie :

- Rédigez une phrase d'introduction qui reprend la question.
- Allez à la ligne à chaque nouvel élément.
- Citez le ou les documents.
- Faites une phrase de conclusion qui répond précisément à la question.

S'approprier la méthode

1. ●○○ Donnez un titre à cet extrait.
2. ●●○ Dans le texte, repérez un procédé d'écriture. Nommez-le et citez précisément le texte.
   Quel effet produit-il sur vous, lecteur ?
   Quel sens donnez-vous à ce procédé ?
3. ●●○ Vous êtes examinateur pour l'épreuve de français du Bac pro. Quelle question d'analyse de texte pouvez-vous poser aux candidats à partir de cet extrait ?
4. ●●● Comment pouvez-vous mettre en relation cet extrait avec l'objet d'étude « Vivre aujourd'hui : l'humanité, le monde, les sciences et la technique » ? Utilisez le vocabulaire étudié en classe.

Dans *Le Meilleur des mondes*, la société s'organise en castes. Chaque caste porte le nom d'une lettre grecque (Alpha, Bêta, etc.), des castes supérieures aux plus basses. Voici le discours d'un enfant Bêta.

« Les enfants Alphas sont vêtus de gris. Ils travaillent beaucoup plus dur que nous, parce qu'ils sont si formidablement intelligents. Vraiment, je suis joliment content d'être un Bêta, parce que je ne travaille pas si dur. Et puis, nous sommes bien supérieurs aux Gammas et aux Deltas. Les Gammas sont bêtes. Ils sont tous vêtus de vert, et les enfants Deltas sont vêtus de kaki. Oh, non, je ne veux pas jouer avec les enfants Deltas. Et les Epsilons sont encore pires. Ils sont trop bêtes pour savoir… »

Aldous Huxley, *Le Meilleur des mondes*, traduit de l'anglais par Jules Castier, Éditions Plon, 1932.

Rédiger une argumentation : trouver des idées

Partir de ce que l'on sait

→ La recherche d'idées est souvent la partie la plus importante car c'est sur elle que repose votre devoir. Elle se fait toujours au brouillon.

→ Relisez bien les documents du corpus et relevez les éléments qui peuvent permettre de répondre à la question posée.

- Interrogez, de la même manière, les documents étudiés en classe au cours de l'année.
- Interrogez votre propre expérience et vos connaissances personnelles : lectures, cinéma, visites au musée et connaissances venant d'autres disciplines.

> Selon vous, l'expression des émotions passe-t-elle nécessairement par la parole ?
>
> Vous répondrez à cette question, dans un développement argumenté d'une quarantaine de lignes, en vous appuyant sur les documents du corpus, sur vos lectures de l'année et sur vos expériences personnelles.
>
> Sujet de l'épreuve de français du Bac professionnel, 2019.

Organiser ses idées avec une carte mentale ou un remue-méninges

→ Vous pouvez utiliser une **carte mentale** (appelée aussi carte heuristique). C'est une carte simple mettant au centre les mots-clés de la question, avec une branche par idée.

→ Une autre technique consiste à réaliser un **remue-méninges** (*brainstorming*) en procédant par association d'idées.

Exemple

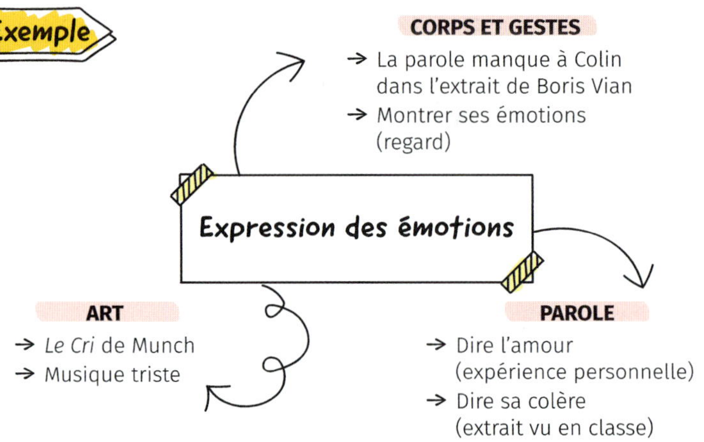

Enrichir son lexique

→ Pour chaque mot-clé du sujet, formez un nuage de mots. Ce **vocabulaire** pourra vous servir pour rédiger votre devoir et enrichir votre lexique. Ainsi, le mot « pomme » peut évoquer le fruit, mais aussi la chute, l'agriculture, la connaissance, la santé, New York, etc.

Numérique

Retrouvez un nuage de mots sur le lexique de l'émotion sur LLS.FR/FTP154

Trier ses idées

→ Une fois vos idées trouvées, il vous suffit maintenant de les regrouper en deux à trois thèmes. Vous pouvez utiliser des surligneurs pour visualiser vos regroupements.

→ Indiquez ensuite pour chaque thème quelle est l'idée principale et quelles sont les idées secondaires. Regroupez le tout sur une nouvelle feuille de brouillon… et voilà, votre plan est fait !

Rédiger une argumentation : choisir un plan

Le plan dialectique

Le type de plan le plus connu est le plan dialectique (celui-ci mime un dialogue, établit un débat sur la question) :

- thèse ;
- antithèse ;
- synthèse.

→ Dans la **thèse**, vous défendez un point de vue.

→ Dans l'**antithèse**, vous apportez des arguments pour défendre une opinion apparemment opposée à la première.

→ Dans la synthèse, vous **nuancez** les deux premières parties en **dépassant la contradiction**.

→ Avec ce plan, il faut faire attention à ne pas se contredire entre les deux premières parties. Ainsi, si la question est « Les progrès scientifiques améliorent-ils la vie humaine ? », on ne peut pas proposer un plan **1.** *Oui, ils l'améliorent* **2.** *Non, ils ne l'améliorent pas.*
En revanche, on peut proposer un plan du type **1.** *Certains progrès scientifiques améliorent la vie de l'homme* **2.** *mais ils peuvent aussi contraindre sa vie.*

I. Thèse
- Argument + exemple
- Argument + exemple

II. Antithèse
(thèse opposée ou décallée)
- Argument + exemple
- Argument + exemple

III. Synthèse
(nuance du propos)
- Argument + exemple
- Argument + exemple

Le plan thématique

Le plan thématique est souvent le plus simple à mettre en œuvre dans un devoir argumentatif car il permet de répondre à une **question ouverte**.
Comme son nom l'indique, il met en évidence deux à trois thèmes relatifs au sujet dont vous parlez.

→ Dans la **première partie**, vous abordez le sujet dont vous parlez sous un premier angle.

→ Cela vous amène à aborder le même sujet sous un deuxième angle, qui constitue la **deuxième partie**. Éventuellement, ce deuxième angle vous amènera vers un troisième angle pour une **troisième partie** facultative.

Exemple • Pour un sujet comme « Les voyages forment-ils la jeunesse ? », on pourrait dire que **1.** *les voyages permettent de découvrir de nouveaux pays,* mais aussi que **2.** *les voyages permettent de se connaitre soi-même.*

I. Thème ❶ (ou idée 1)
- Argument + exemple
- Argument + exemple

II. Thème ❷ (ou idée 2)
- Argument + exemple
- Argument + exemple

III. Thème ❸ (ou idée 3)
- Argument + exemple
- Argument + exemple

S'approprier la méthode

1. ●○○ Selon vous, le théâtre de l'absurde est-il porteur d'une réflexion sur la condition humaine ? Reformulez cette question sous forme de problématique.
2. ●●○ Reprenez la problématique obtenue dans la question 1. Quel type de plan pourriez-vous utiliser ?
3. ●●● Proposez un plan permettant de répondre à votre problématique.
4. ●●● Rédigez maintenant l'introduction et la conclusion de votre devoir, en vous aidant de la fiche méthode Rédiger l'introduction (► p. 156).

Rédiger une argumentation : l'introduction et la conclusion

À quel moment les rédiger ?

→ L'introduction et la conclusion sont des moments-clés de l'évaluation des compétences d'écriture puisque c'est avec ces mots que votre examinateur prend contact puis congé. Il est important de les soigner particulièrement, et donc de travailler leur rédaction au brouillon.

→ **Elles ne peuvent être rédigées qu'une fois le plan choisi**, donc à la fin de la phase de brouillon.

Rédigez-les en même temps car elles doivent se répondre. Cela vous aidera à vérifier la cohérence de votre travail.

1 **Le sujet**
- Je le lis, je surligne les mots clés

2 **Le brouillon**
- Je cherche les idées et les exemples

3 **La problématique**
- Je la pose sous forme de question

4 **Le plan**
- J'organise mes idées en plan structuré au brouillon

5 **L'introduction et la conclusion**
- Je les rédige au brouillon

6 **La rédaction**
- Je recopie l'introduction
- Je rédige mon développement en m'aidant de mon plan
- Je recopie la conclusion

7 **La relecture**
- Je relis toute ma copie et je corrige les erreurs

Rédiger l'introduction

L'introduction comporte trois parties :

→ une phrase d'**entrée en matière** présente ce dont vous allez parler. C'est une phrase d'accroche qui doit donner envie à votre examinateur de lire la suite. Vous pouvez utiliser un sujet d'actualité, des données chiffrées, ou encore une citation bien choisie. Si vous êtes vraiment en panne d'idées, vous pouvez utiliser une formule du type *Le sujet nous invite à parler de...*

→ **une problématique**, qui pose la question que vous allez résoudre par votre argumentation. Elle commence souvent par *En quoi... ?*, *Pourquoi... ? Dans quelle mesure... ?*

→ **l'annonce du plan**. Cette annonce doit être très claire. Vos pouvez utiliser des formules du type :

- *Dans un premier temps..., Dans un second* temps...*
- *Dans une première partie,... Dans une deuxième* partie,... Dans une troisième partie...*
- *Il s'agit de s'intéresser d'abord à... Nous verrons ensuite comment...*

*Comment choisir entre deuxième ou second ? La réponse ici LLS.FR/FTPVoltaire

Rédiger la conclusion

La conclusion comporte deux, parfois trois parties.

→ la première partie récapitule ce que vous avez démontré dans votre devoir, c'est une synthèse ;

→ la deuxième partie répond à la problématique. C'est le moment où vous pouvez donner votre avis en vous engageant personnellement, c'est-à-dire en utilisant la première personne du singulier ;

→ la troisième partie, facultative, ouvre votre devoir sur un sujet proche ou une œuvre artistique.

Rédiger une argumentation : écrire un paragraphe

Organiser la page

1 **phrase** pour introduire la partie

1 **paragraphe** = 1 argument + 1 exemple qui illustre ou prouve le propos

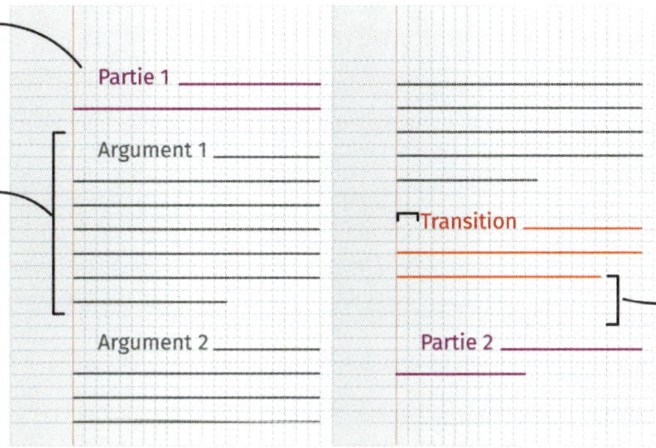

Je passe **à la ligne** pour passer à la seconde partie

Exemple **Début d'un paragraphe pour répondre au sujet de 2019**

Le sujet : Selon vous, l'expression des émotions passe-t-elle nécessairement par la parole ?

Introduction du thème du paragraphe. La parole est un moyen pour exprimer une émotion et cela semble d'ailleurs assez naturel : on parle de la fonction expressive du langage.

Explication / précision En effet, la langue offre toute une palette de mots pour dire ce que l'on ressent. Dans le texte 1 du corpus, par exemple, Boris Vian utilise toute une gamme d'expressions pour rendre compte de l'amour naissant de Colin.
Il utilise par exemple la métaphore de la « musique militaire » pour évoquer la force avec laquelle son cœur bat pour elle, ou encore…

Intégrer un exemple

→ Choisir sa citation

Dans un texte du corpus, ou un texte que vous avez appris par cœur en classe, vous pouvez choisir un bref extrait qui illustre parfaitement votre propos.

→ Insérer sa citation

Une citation se fait toujours entre guillemets.
Si elle est trop longue, vous pouvez la couper en insérant des crochets intégrant des points de suspension […] pour indiquer la coupure. Indiquez aussi la source.
Ex. : « Dans la glace on pouvait voir à qui il ressemblait […]. Sa tête était ronde, ses oreilles petites, son nez droit, son teint doré. » (Boris Vian, *L'Écume des jours*). Attention, pensez à souligner le titre des œuvres.

→ Analyser sa citation

Il faut ensuite expliquer son choix en ajoutant des commentaires qui permettent d'éclairer la citation. Cette partie peut se placer avant ou après la citation.

Exemple **Utiliser un texte du corpus**

Dans cet extrait de *L'Écume des jours*, le champ lexical du toucher associé à celui du corps permet de saisir que l'émotion des personnages se passe des mots. Colin, en effet, « sentait ses doigts frais sur son cou » (l. 20), Chloé « appliqua, d'un geste ferme et déterminé, sa tempe sur la joue de Colin » (l. 25). C'est la rencontre des corps, les doigts, le cou et la joue ici, qui met les personnages en relation et évoque la rencontre amoureuse. Ainsi, les paroles sont inutiles et « un abondant silence » vient clore la scène…

Titre de l'œuvre souligné

MÉTHODE BAC

Améliorer sa copie

Retravailler son brouillon

Retravailler son brouillon ne signifie pas qu'on a échoué et que le premier travail est mauvais, bien au contraire ! Cela permet d'améliorer son texte.

→ **Vérifiez** que votre travail répond aux consignes. Relisez une fois encore le sujet et confrontez-le à votre réponse. Répondez-vous à la question dans la conclusion ?

→ **Développez** votre travail :
- justifiez chaque argument par un exemple ;
- expliquez chaque argument, prouvez ce que vous avancez, précisez-en les éventuelles incidences. Vous pouvez maintenant rédiger ;
- soignez les transitions entre les grandes parties du devoir.

Réécrire

Lorsque vous vous entrainez pour l'examen, vous pouvez travailler l'écriture de votre copie. Vous gagnerez ainsi en efficacité le jour J.

→ **Observez** le brouillon.
Qu'en pensez-vous ? Ressemble-t-il aux vôtres ? À l'aide de ce texte et de vos propres brouillons, répertoriez les différentes opérations possibles pour réécrire un texte.

Exemple **Voici un exemple qui vous aidera à comprendre la méthode.**

Version 1	La parole ne suffit pas pour exprimer des émotions, parfois même la parole est de trop. On voit que colin n'a pas besoin de parler pour montrer à Chloé qu'il l'aime. C'est le contacte des corps qui met les personnages en relation.
Premier travail sur le texte	La parole ne suffit pas **toujours** pour exprimer des émotions ~~parfois même la parole est de trop~~. **Dans le texte du corpus**, ~~On voit que~~ **par exemple**, colin n'a pas besoin de parler pour montrer à Chloé qu'il l'aime. C'est le contacte des corps qui met les personnages en relation.
Second travail sur le texte	La parole ne suffit pas **toujours** pour exprimer des émotions. **Dans le texte du corpus**, **par exemple**, **c'est le contact des corps qui met les personnages en relation**. **Ainsi**, Colin n'a pas besoin de parler pour montrer à Chloé qu'il l'aime.

Numérique

Parcourez l'exposition *Brouillons d'écrivains* et comparez vos brouillons à ceux de Flaubert !
LLS.fr/FTPFlaubert

La contraction de texte

→ La contraction de texte, souvent aussi appelée résumé, est un exercice fréquemment utilisé dans les études supérieures.

→ Il est souvent proposé des textes d'une longueur d'environ 1000 mots à contracter au quart, avec une marge de 10 %.
Votre résumé fait donc idéalement 250 mots, avec une tolérance de 225 à 275.

Les règles à suivre

→ **Respecter l'énonciation**
Utilisez le même temps verbal dominant, la même personne, le lieu, le temps.

→ **Respecter la thèse**
Respectez les idées principales de l'auteur, sans les déformer ni donner votre avis.

→ **Respecter la composition et le mouvement**
Il faut garder l'ordre des idées, leur hiérarchie et leur importance.

Exemple **Voici un exemple qui vous aidera à comprendre la méthode.**

Texte initial : Victor Hugo, *Les Misérables*. Passage de la mort de Gavroche. 57 mots

> À force d'aller en avant, il parvint au point où **le brouillard de la fusillade** devenait transparent. Si bien que **les tirailleurs de la ligne** rangés et à l'affût derrière leur levée de pavés, et **les tirailleurs de la banlieue** massés à l'angle de la rue, **se montrèrent soudainement quelque chose qui remuait dans la fumée**.

Le résumé doit faire entre 13 et 15 mots.

> **Alors que** Gavroche avançait dans **la fumée du champ de bataille**, **il fut repéré** par les **soldats**.

Nous arrivons ici à 17 mots.

Je cherche donc des synonymes ou je contracte encore des expressions.

> **Comme** Gavroche avançait dans **la fumée de la bataille**, il fut repéré par les soldats.

15 mots

Quelques astuces supplémentaires

→ Vous ne devez pas utiliser les mêmes mots que l'auteur, il faut utiliser des synonymes.

→ À la fin de la copie, vous devez indiquer précisément le nombre de mots utilisés.
Attention, chaque mot compte, même les petits mots comme les déterminants ou les prépositions !

→ Pour compter les mots facilement, écrivez 10 mots par ligne !

S'approprier la méthode

1. ●○○ Lisez l'extrait ci-contre.
2. ●●● Contractez cet extrait en 33 mots, avec une marge de 10 % (30 à 36 mots).

Depuis que, en l'an 2000, le séquençage du génome est devenu possible, rapide et relativement bon marché, deux mondes se sont en effet ouverts sous nos yeux : un océan de connaissances, qui nous permettra de mieux saisir « qui » nous sommes, façon Gulzada la New-Yorkaise, et surtout de diagnostiquer, parfois de corriger, les mutations à l'origine des très nombreuses maladies génétiques répertoriées, comme celle dont souffre Manon. Mais cet océan a aussi créé un gigantesque marché potentiel, celui d'une espèce humaine « améliorée » grâce à l'ingénierie génétique, celle qui a « fabriqué » Lulu et Nana. Un pied a déjà été mis dans chacun de ces mondes. Avant de poser le second, discuter collectivement de ce que cela entraîne pour l'humanité aurait du sens… Et pas qu'en petit comité.

Olivier Pascal-Mousselard, « Génome, le grand vertige »,
Télérama n° 3701, décembre 2020.

Les propositions subordonnées

Observer

- Examinez les quatre phrases suivantes et décrivez les modifications que vous constatez. Quelles nuances de sens sont perceptibles ?
- Distinguez dans chacune d'elles proposition principale et proposition subordonnée.
- Repérez les mots qui introduisent les subordonnées : quels effets ont-ils sur les verbes ?
- Quelles phrases expriment une condition ? une concession ?

1. Au cas où la pollution ne cesserait pas, la Terre continuerait de se réchauffer.
2. Bien que la Terre se réchauffe, la pollution se poursuit.
3. Si la pollution se poursuit, la Terre se réchauffera.
4. La Terre arrêtera de se réchauffer, à condition que la pollution ne se poursuive pas.

Expérimenter

- Conjuguez le verbe mis entre parenthèses dans chacune des phrases suivantes, qui expriment soit une hypothèse, soit une concession, comme dans cet exemple qui illustre une condition :
Des responsables affirment que ***si*** *les pesticides sont utilisés raisonnablement, ils n'ont pas d'effet nocif.*

1. Mais **si** les pesticides (continuer) à être employés massivement, l'impact sur la santé sera dramatique.
2. On éviterait des catastrophes, **si** les dirigeants (écouter) sérieusement les écologistes.
3. Les insectes pourront être préservés, **à condition que** les humains (vouloir) les protéger.
4. Toutes les abeilles mourront, **à moins que** des lois (pouvoir) réglementer l'agriculture.
5. **Au cas où** trop d'espèces (disparaitre), l'humanité serait elle-même en danger.
6. **Bien que** les jeunes (prendre) conscience de l'urgence climatique, trop de gouvernements restent sourds à leurs inquiétudes.

Faire le point

- Les certitudes sont plutôt rares. Le langage comporte beaucoup de suppositions (des hypothèses, des conditions) et de limitations (des restrictions, des concessions).
- La **condition** et la **concession** peuvent s'exprimer grâce à des **propositions subordonnées**. Le mot qui les introduit en fait varier les **temps et modes verbaux**.

Subordonnées de condition	Subordonnées de concession
› Introduites par : **si, à partir du moment où**. Le verbe de la subordonnée est à l'**indicatif**.	› Introduites par : **même si**. Le verbe de la subordonnée est à l'**indicatif**.
Ex. Si l'air se réchauffe, la glace fond. Si l'air se réchauffait trop, la glace fondrait complètement.	*Ex. Même si les habitudes changent, cela ne suffit pas à résoudre tous les problèmes.*
› Introduites par : **à condition que**, **à moins que**, **en supposant que**. Le verbe est au **subjonctif**.	› Introduites par : **bien que**, **quoique**. Le verbe de la subordonnée est au **subjonctif**.
Ex. L'avenir est sombre, à moins que l'homme soit plus sage.	*Ex. Bien qu'on ait conscience des risques, on change peu nos habitudes.*
› Introduites par : **au cas où**. Le verbe de la subordonnée est au **conditionnel**.	› Introduites par : **quand bien même**. Le verbe de la subordonnée est au **conditionnel**.
Ex. Il reste de l'espoir, au cas où tous les États s'uniraient.	*Ex. Quand bien même Mars serait vivable, ça ne résoudrait rien.*

Appliquer

Ex. 1 ●○○ **Dans les phrases suivantes exprimant la condition, identifiez le mode et le temps du verbe souligné.**

1. Si l'eau vient à manquer, la survie est en jeu.
2. À partir du moment où nous sommes tous liés, nous devons nous entraider.
3. Des solutions existent, à condition que tous veuillent les mettre en œuvre.
4. L'air des villes peut redevenir respirable, pourvu que les véhicules polluants y soient interdits.
5. Au cas où l'on réussirait à inverser les tendances, le futur s'éclaircira.

Ex. 2 ●○○ **Dans les phrases suivantes exprimant la concession, identifiez le mode et le temps du verbe souligné.**

1. Même si le plastique jetable est interdit, il en restera toujours trop dans les océans.
2. Bien que les fast-foods aient envahi le monde, il est recommandé de manger sainement.
3. Quoiqu'on dise, l'écologie est incontournable.
4. Quand bien même on réduirait fortement l'empreinte carbone, cela ne résoudrait pas tout.

Ex. 3 ●○○ **Dans les phrases suivantes qui expriment l'hypothèse, conjuguez les verbes principaux mis entre parenthèses aux modes et temps qui conviennent, selon le degré de possibilité indiqué.**

1. Éventualité :

a. Si on empoisonne les abeilles, elles (mourir).

b. Si on sauve les pôles, on (avoir) de la chance.

2. Potentialité :

a. Si tous les insectes disparaissaient, les oiseaux ne (trouver) plus à se nourrir.

b. Si les pôles fondaient, le niveau des mers (monter).

3. Irréel du présent :

a. Si les ressources étaient infinies, cela se (savoir).

b. Si les richesses étaient mieux partagées, il y (avoir) moins de drames.

4. Irréel du passé :

a. Si nous avions mieux écouté les peuples anciens, nous (profiter) de leur sagesse.

b. Si l'humanité avait été plus respectueuse de la nature, elle (éviter) bien des catastrophes.

Ex. 4 ●●● **Lisez cet extrait d'une lettre attribuée au chef indien Seattle, répondant en 1854 au gouverneur de l'État du Dakota qui proposait l'achat de son territoire. Identifiez dans ce texte toutes les expressions de l'hypothèse.**

Si la fraîcheur de l'air et le murmure de l'eau ne nous appartiennent pas, comment peut-on les vendre ? […] Nous faisons partie de la terre et elle fait partie de nous. […]

Cette eau scintillante qui descend dans les ruisseaux et les rivières n'est pas seulement de l'eau, c'est le sang de nos ancêtres. Si nous vous vendons notre terre, aimez-la comme nous l'avons aimée. Prenez-en soin comme nous l'avons fait et traitez les bêtes de ce pays comme vos sœurs. Car si tout disparaissait, l'homme pourrait mourir dans une grande solitude spirituelle. […] Toutes les choses sont reliées entre elles.

Nous ne comprenons pas pourquoi les bisons sont tous massacrés, pourquoi les chevaux sauvages sont domestiqués, ni pourquoi les lieux les plus secrets des bois sont lourds de l'odeur des hommes, ni pourquoi encore la vue des belles collines est gardée par les « fils qui parlent ».

Que sont devenus les fourrés profonds ? Ils ont disparu. Qu'est devenu le grand aigle ? Il a disparu aussi. C'est la fin de la vie et le commencement de la survivance.

Attribué à Seattle (chef indien), 1854.

Ex. 5 ●●● **S'approprier les notions**

a. En autonomie ou en groupe, imaginez une réponse à la lettre du chef Seattle, dans laquelle le gouverneur exprime un grand nombre de conditions et quelques concessions.

Attention à respecter les caractéristiques de la lettre officielle dans la mise en page et les formulations.

b. Transformez en phrases complètes hypothétiques ou concessives les slogans brandis lors de marches pour le climat : « pas de nature, pas de futur », « rien faire, c'est suicidaire », « pollution, solutions », « les calottes sont cuites », « non-assistance à planète en danger ».

Les discours direct et indirect

Observer

→ Dans cet extrait, les deux langues de la narratrice (le français et le persan) se disputent pour avoir sa préférence. Transformez ce dialogue en récit, en commençant par « La langue française affirma... ».

– Je triomphe. Je suis la langue des Lumières et de Molière.
– Je suis la langue de tes premières années.
– Ne l'écoute pas. Cette langue est celle du passé qui n'est plus.
– Souviens-toi de ton terreau.
– Apprends-moi et oublie le reste.
– Le persan est l'archet qui fait vibrer ton corps.
– C'est la langue de l'exil, de l'arrachement, du traumatisme.
– Je suis peut-être une vieille femme boitante que la vie a rejetée, le bruit de ma canne et de ma jambe lourde que je traîne est insupportable mais ce bruit te poursuivra toute ta vie si tu ne me prends pas la main.

Maryam Madjidi, *Marx et la poupée*, 2017.

Expérimenter

→ Lisez les deux versions à voix haute. Les effets sur le lecteur sont-ils les mêmes ? Décrivez tous les changements opérés pour effectuer cette transposition des paroles.

Faire le point

→ Dans un récit, le narrateur peut **rapporter les paroles des personnages** de plusieurs manières.

→ Les deux principales sont le **discours direct** et le **discours indirect** : le premier procédé retranscrit les paroles telles qu'elles ont été prononcées, le deuxième intègre ces paroles dans le récit du narrateur, en les adaptant à la forme du récit.

Paroles rapportées au discours direct	Paroles rapportées au discours indirect
› Les paroles sont **citées** exactement, avec leurs marques d'oralité. Il y a une rupture entre le récit et les paroles.	› Les paroles sont prises en charge par le narrateur, donc **modifiées**, sans marques d'oralité. Il y a une continuité du récit.
› Intérêt : des paroles **authentiques**, un texte vivant.	› Intérêt : un récit fluide, **ininterrompu**, possibilité de **résumer** les paroles.
› Inconvénient : **le récit est interrompu** (actions et descriptions coupées par les paroles).	› Inconvénient : les paroles sont restituées dans le **style neutre** du récit.
Ex. « Et vous, demain, vous reviendrez par ici, hein ? » demanda-t-elle.	*Ex. Elle lui demanda s'il serait encore présent le lendemain.*
› **Verbe introducteur de paroles fréquent**.	› **Verbe introducteur de paroles obligatoire**.
› Ponctuation pour introduire le discours direct (**deux-points, guillemets, tirets**).	› Absence de ponctuation des paroles. Présence de **conjonctions de subordination**.
› Ponctuation **expressive** des paroles (points d'exclamation, d'interrogation, de suspension).	› Présence de **ponctuation du récit** (virgules, points-virgules, points).
› **Marques grammaticales du discours** (pronoms et déterminants de 1e et 2e personne, indices de temps et lieux : ancrés dans l'énonciation).	› **Marques grammaticales du récit** (temps verbaux en concordance avec le verbe principal, indices de 3e personne, indices de temps et lieux adaptés au récit : coupés de l'énonciation).

Appliquer

Ex. 1 ●○○ **Indiquez si les paroles sont rapportées au discours direct ou au discours indirect. Justifiez votre réponse.**

1. Le témoin affirma qu'il n'avait rien vu ni entendu de particulier.
2. « Je vous assure, Monsieur le Juge, cet homme était toujours très poli ! »

Ex. 2 ●○○ **a. Pour chacun des passages soulignés, indiquez de quelle manière sont rapportées les paroles, en identifiant les temps verbaux employés. b. Quel est l'intérêt du type de discours employé ?**

La fumée des pipes, l'odeur forte de tous ces hommes montaient dans l'air chargé d'alcool ; et elle [Gervaise] étouffait, prise d'une petite toux.
« Oh ! c'est vilain de boire ! » dit-elle à demi-voix.
Et elle raconta qu'autrefois, avec sa mère, elle buvait de l'anisette, à Plassans [...].
« Tenez, ajouta-t-elle en montrant son verre, j'ai mangé ma prune ; seulement je laisserai ma sauce, pasque ça m'ferait du mal. »

Émile Zola, *L'Assommoir*, Chapitre 2, 1877.

Ex. 3 ●●○ **Dans les énoncés suivants, transformez tous les discours directs en discours indirects.**

1. Elle demanda : « Que faites-vous ici ? »
2. Elle demanda : « Quand cela s'est-il passé ? »
3. Elle demanda : « Comment dois-je faire ? »
4. Elle demanda : « Est-ce que tu viendras demain ? »
5. Elle demanda : « Vous avez aimé ce film ? »

Ex. 4 ●●○ **Même exercice. Soulignez les verbes de parole.**

1. « Vous passerez dans mon bureau lundi », lui ordonna la directrice.
2. « Je n'ai pas bien compris ce que tu m'as dit hier », lui avoua-t-il.
3. « Quand tu seras grand, me disait mon père, tu comprendras. »
4. « Pensez-vous venir demain ? » demandèrent nos amis.
5. Il s'éloigna en clamant haut et fort : « Je serai de retour avant dimanche, ça c'est sûr ! »

Ex. 5 ●●○ **Réécrivez les phrases suivantes en transposant les paroles des personnages au discours indirect.**

1. Julien demanda : « Y a des emplois dans cette région ? »
2. « Pas b'soin de main-d'œuvre, ici ? » répéta-t-il.
3. « Notre tour est venu, lança-t-il avec force. Maintenant c'est à nous d'avoir le pouvoir et la richesse ! »
4. « Justement, continua Irène, c'est pas facile avec ce froid... Les pauv' petits, ils pleurent, ils sont malades, c'est terrible... »
5. « Mais c'est pas possible, toute cette misère ! » s'exclama-t-il.

Ex. 6 ●●● **Employez des verbes de parole.**

Dans l'extrait suivant, dirigez chaque acteur en ajoutant un verbe introducteur de paroles adapté, enrichi d'une expression qui précise le ton des paroles, ou le type de voix, le débit, les mimiques, etc.

Maude, 70 ans, a rencontré Harold, 18 ans, alors qu'elle cherchait un endroit pour planter un petit arbre qu'elle avait découvert en ville, « coincé dans un pot de ciment, asphyxié par le gaz ». Ils se rendent ensemble dans la forêt.

MAUDE – J'aime le contact de la terre, et son odeur. Pas vous ?
HAROLD – Je ne sais pas.
MAUDE – Quelle merveille, toute cette vie autour de nous ! Rien que des êtres vivants. [...]
MAUDE – Venez, je veux vous montrer quelque chose. (*Ils s'avancent et s'arrêtent auprès d'un grand arbre.*) Qu'est-ce que vous dites de cet arbre ?
HAROLD – Il est grand.
MAUDE – Attendez d'être en haut.
HAROLD – Vous n'allez pas grimper ?
MAUDE – Et pourquoi non ? Je le fais à chaque fois que je viens ici. Venez.

Colin Higgins, *Harold et Maude*, 1971, traduit de l'anglais par Jane Fillion, 1984, © Éditions Gallimard.

Ex. 7 ●●● **S'approprier les notions**

En autonomie ou en groupe, imaginez une suite au texte de l'exercice 6. Veillez à varier les verbes introducteurs des paroles et le ton des répliques. Vous pouvez faire intervenir un autre personnage de votre choix.

Les modes et les modalités

Observer

→ Lisez l'extrait, puis relisez-le sans les mots en **violet**.

- Quelle différence cela produit-il ?
- Qu'apportent les mots et les procédés en **violet** à l'argumentation de l'auteur ?

→ Observez les expressions surlignées en **orange**.

- Quel rôle jouent-elles ?
- Quelle valeur a la forme interrogative ?

Nous avons cru devoir raconter en détail l'histoire de Claude Gueux, parce que, **selon nous**, **tous** les paragraphes de cette histoire **pourraient** servir de têtes de chapitre au livre où **serait** résolu le **grand** problème du peuple au dix-neuvième siècle.
Voyez Claude Gueux. Cerveau bien fait, cœur bien fait, **sans nul doute**. Mais le sort le met dans une société si mal faite, qu'il finit par voler ; la société le met dans une prison si mal faite, qu'il finit par tuer.
Qui est **réellement** coupable ? **Est-ce lui** ? **Est-ce nous** ?

Victor Hugo, *Claude Gueux*, 1834.

Expérimenter

→ À partir de ce début du même texte de Victor Hugo, soyez l'avocat du personnage principal, Claude Gueux : complétez le passage en ajoutant des mots qui renforcent votre vibrante défense de ce « pauvre ouvrier » et de sa famille. Imaginez également d'autres procédés que pourrait utiliser un avocat.

→ Partagez vos discours en les oralisant. Quels sont les discours les plus convaincants ? Tentez de nommer les techniques efficaces dans ces discours.

Il y a sept ou huit ans, un homme nommé Claude Gueux, pauvre ouvrier, vivait à Paris. Il avait avec lui une fille qui était sa maîtresse, et un enfant de cette fille. […] L'ouvrier était capable, habile, intelligent, fort maltraité par l'éducation, fort bien traité par la nature, ne sachant pas lire et sachant penser. Un hiver, l'ouvrage manqua. Pas de feu, ni de pain dans le galetas. L'homme, la fille et l'enfant eurent froid et faim. L'homme vola. Je ne sais ce qu'il vola, je ne sais où il vola. Ce que je sais, c'est que de ce vol il résulta trois jours de pain et de feu pour la femme et pour l'enfant, et cinq ans de prison pour l'homme.

Victor Hugo, *Claude Gueux*, 1834.

Faire le point

→ Un énoncé est rarement neutre. Seuls les textes à prétention scientifique et juridique qui visent la généralité sont objectifs.

Ex. L'eau bout à 100 °C.

→ À l'inverse, les argumentations, qui cherchent à **influencer** l'autre, sont empreintes d'une grande **subjectivité** (ce qui appartient au sujet, c'est-à-dire la personne : ses pensées, ses opinions, ses sentiments, sa vision, etc.). Il en est de même avec la plupart des récits, en particulier dans les propos des personnages. Nombreux sont les moyens linguistiques servant à **exprimer un point de vue**. On les appelle des **modalisateurs** (► tableau ci-contre).

Les modalisateurs les plus fréquents

- Des **verbes**, personnels ou impersonnels, qui traduisent **l'opinion** (la certitude, le doute, l'interrogation) ou les **sentiments** (la peur)
  → *Je suis sûr que / Je suppose que, je me demande si, il me semble que, il est possible que / Je crains que, j'ai peur que, je redoute, etc.*
- Des **groupes prépositionnels** pour **situer** le jugement
  → *À mon avis, pour moi, selon moi, d'après moi, etc.*
- Des **adverbes ou locutions adverbiales**, qui renforcent la **subjectivité** → *Certainement, absolument / apparemment, vraisemblablement, peut-être, presque, légèrement, bizarrement, incroyablement, vaguement, comme, à peine, à peu près, un peu, quelque peu, etc.*
- Des **modes et temps verbaux** : le conditionnel, le subjonctif : **doute**, **éventualité**, **souhait**, **regret**
  → *On dirait que, il paraitrait que, qu'il vienne, etc.*
- Des **adjectifs et des noms**, **positifs** ou **négatifs**
  → *sublime, une déesse / étrange, verdâtre, criard, un diable*
- Des **figures de style**, pour un jugement **mélioratif** ou **péjoratif**
  → *métaphores, comparaisons, hyperboles*
- Des **formes interrogatives ou exclamatives** pour **animer l'énoncé**
  → *Est-ce possible ? / Quelle honte !*
- Des marques dans la **ponctuation** (guillemets), dans la **graphie** (italique,
- majuscules) ou dans la **prosodie**/**prononciation**, pour **accentuer** un élément (parfois ironiquement).
  → *Cette « respectable assemblée »*
  → *Il n'est PAS facile à vivre.*
  → *In-fer-nal !*

Appliquer

Ex. 1 ●○○ **Classez tous les modalisateurs suivants selon qu'ils expriment la certitude ou le doute.**

- incontestablement
- il se peut que
- affirmer
- à la manière de
- semble-t-il
- on dirait
- certainement
- sans aucun doute
- une espèce de
- se peut-il que ?
- invraisemblable
- pressentir
- singulièrement
- assurément
- perplexe
- en réalité
- comment savoir ?
- ambigu

Ex. 2 ●●○ **Dans le portrait suivant, relevez en les distinguant nettement tous les modalisateurs destinés à toucher le lecteur et l'entrainer vers une interprétation fantastique.**

Dédain, ironie, cruauté, se lisaient sur ce visage d'une incroyable beauté cependant. En vérité, plus on regardait cette admirable statue, et plus on éprouvait le sentiment pénible qu'une si merveilleuse beauté pût s'allier à l'absence de toute sensibilité.

Prosper Mérimée, *La Vénus d'Ille*, 1837.

Ex. 3 ●●● **S'approprier les notions**

À la manière des candidats au concours d'éloquence *Eloquentia*, préparez, en autonomie ou en groupe, un bref discours persuasif mobilisant de multiples modalisateurs, sur l'un des sujets suivants :

- L'apparence est-elle importante ?
- Peut-on rire de sujets graves ?

Les reprises nominales et pronominales

Observer

1. Gilgamesh et Enkidu étaient deux géants. Gilgamesh et Enkidu s'affrontèrent au centre de la place. C'était la grande place d'Uruk. La place d'Uruk était envahie par les habitants. Les habitants assistèrent au combat entre Gilgamesh et Enkidu. Le combat fut terrible.

2. Gilgamesh et Enkidu, les deux géants, s'affrontèrent au centre de la grande place d'Uruk envahie par les habitants, qui assistèrent au terrible combat entre les ennemis.

L'Épopée de Gilgamesh, 2100 av. J.-C., traduit par Raymond-Jacques Tournay et Aaron Shaffer, Éditions du Cerf, 1994.

→ Donnez votre avis sur le texte 1 : est-il agréable à lire ?

→ En quoi la rédaction du texte 2 est-elle différente ? Indiquez quels changements apparaissent par rapport au texte 1, en observant précisément les mots et les phrases.

→ Quel texte a votre préférence ? Pourquoi ?

Expérimenter

→ Améliorez chacun des cinq passages suivants pour les rendre plus fluides :

1. Avant sa rencontre avec Enkidu, Gilgamesh est un roi cruel et autoritaire. Gilgamesh tyrannise ses sujets. Gilgamesh persécute ses sujets sans raison, pour le seul plaisir de les dominer.
2. Les dieux créent Enkidu pour opposer à Gilgamesh un rival. Le rival doit freiner Gilgamesh.
3. Un corps à corps oppose les deux géants. Au cours du corps à corps, les deux géants deviennent amis.
4. Les dieux décident de faire mourir Enkidu car la force d'Enkidu, alliée à la force de son ami, devenait une menace pour les dieux.
5. Gilgamesh est anéanti par la perte de son ami. Gilgamesh parcourt le monde. Gilgamesh recherche le secret de la vie éternelle car Gilgamesh craint de mourir comme son ami.

→ Comment avez-vous amélioré ces textes ?

Faire le point

→ Le mot « texte » vient du latin *texere* qui signifie « tisser ». On peut dire qu'il est fait de fils qui s'entrecroisent, à l'horizontale et à la verticale. Pour être efficace, il doit être solide et net, sans trous ni nœuds. Cela assure la cohérence du texte.

→ Assurer le meilleur « tissage » possible consiste à la fois à varier le vocabulaire et à construire des phrases complexes. Les principales reprises sont celles du nom : on se sert alors de pronoms, ou d'autres noms.

Les reprises pronominales

› Un **pronom personnel** de 3e personne
→ *Ulysse échoua sur une plage. **Elle** lui était inconnue.*

› Un **pronom démonstratif**
→ *Le héros épuisé avait besoin de sommeil. **Celui-ci** s'empara aussitôt de lui.*

› Un **pronom possessif**
→ *Ulysse aperçut un très vieux chien : c'était **le sien**.*

› Un **pronom relatif**
→ *La place d'Uruk, **où** s'affrontèrent les géants, était pleine de curieux.*

› Un **pronom adverbial**
→ *Le monstre manifesta des signes de faiblesse. Le héros **en** profita.*

› Un **pronom indéfini**
→ *Parmi les compagnons d'Ulysse, **certains** pleuraient.*

Les reprises nominales

› Le **même nom**, précédé d'un **déterminant plus précis**
→ *un pays étranger : **ce** pays*

› Un **synonyme** (même sens)
→ *le milieu de la place : le **centre**, le **cœur** de la place*

› Un **hyperonyme** (mot générique)
→ *les épées, les arcs et les flèches, les poignards : les **armes***

› Une **périphrase** (expression développée)
→ *Ulysse : **le héros aux mille ruses, roi d'Ithaque***

Appliquer

Ex. 1 ●○○ **Associez à chaque suite de mots l'un des noms suivants : un mythe, la ruse, la guerre, un adversaire.**

1. l'ingéniosité, l'intelligence, l'astuce 2. un ennemi, un opposant, un rival, un concurrent 3. le combat, la lutte, l'affrontement, la bataille 4. un récit ancien, un conte, une légende, une fable.

Ex. 2 ●●○ **a. Repérez toutes les reprises des noms ou Groupes nominaux soulignés. b. Indiquez quelles précisions apportent ces nouveaux éléments (information, description, jugement du narrateur, etc.).**

1. La forêt des Cèdres est un lieu effrayant situé très loin de la grande ville. Enkidu parle avec crainte de cette zone maléfique gardée par un monstre redoutable, un territoire que personne n'a jamais pu conquérir.
2. L'*Odyssée* raconte le retour d'Ulysse dans sa patrie : un périple long et périlleux au cours duquel le héros de Troie perd tous ses compagnons. Ce fabuleux récit met en scène un combattant féroce déterminé à vaincre ses ennemis et à reconquérir son trône, mais aussi un être très humain doué d'une grande sensibilité.

Ex. 3 ●●○ **Retrouvez à quel nom correspondent les périphrases suivantes.**

1. La Ville éternelle 2. La Ville Lumière 3. La cité phocéenne 4. La Ville rose 5. La capitale des Gaules 6. Le Nouveau Monde 7. La Grosse Pomme.

Ex. 4 ●●○ **Dans le texte suivant, repérez toutes les reprises, nominales et pronominales, des mots soulignés.**

Une île bâtie par des artistes. Tout y est miraculeusement produit à partir de rien. Les maisons semblent reliées entre elles par un architecte invisible. Tout est blanc comme neige et cependant plein de couleurs. La ville entière ressemble au décor d'un rêve : un rêve né de la pierre. À chaque pas, le paysage change. Hydra est comme un rocher posé sur une scène tournante.

Ex. 5 ●●○ **Pour le texte suivant, placez dans les pointillés des reprises nominales et pronominales correspondant aux mots soulignés.**

Au cinquième chant de l'*Odyssée*, Ulysse vient d'échouer sur les rivages des Phéaciens. ... est nu, épuisé, sale, aphone, meurtri par la mer et les rochers ... lui ont arraché la peau des mains. ... s'endort accablé d'épuisement sous un amas de feuilles tout en craignant de finir « *en proie et en pâture des bêtes sauvages* ». Le matin venu ... n'ose se signaler que de loin aux jeunes filles ...'il rencontre sur le rivage, tant il a honte de son apparence, « *tuméfié, raviné par le sel de la mer* ». Mais la belle Nausicaa aux bras blancs, ...'il implore à distance en contant son infortune, se fait fort de ... conduire au palais de son père, le roi Alcinoos, malgré l'apparence hideuse, hirsute et menaçante ... présente cet .... .

Romain Graziani, « Migrants : écoutons la leçon d'Ulysse », *Le Monde*, septembre 2015.

Ex. 6 ●●○ **Même exercice.**

« L'épopée de Gilgamesh » est la plus ancienne histoire écrite connue au monde. ... texte a été tracé sur des tablettes d'argile, ... plusieurs ont été brisées et perdues. On ... découvre une écriture cunéiforme ... est ... de la civilisation sumérienne.
Gilgamesh a échoué dans sa première quête d'immortalité, mais ... est devenu célèbre pour les bienfaits ...'il a accomplis ensuite dans son royaume. Cette ... est une forme d'éternité.
Une épopée est un long ... poétique dans ... des héros, des ... surhumains, accomplissent des exploits.

D'après *L'Épopée de Gilgamesh*, vers 2100 av. J.-C., traduit par Raymond-Jacques Tournay et Aaron Shaffer, Éditions du Cerf, 1994.

Ex. 7 ●●● **S'approprier les notions**

a. En autonomie ou en groupe, trouvez des synonymes et des périphrases pour chacun des mots suivants (thèmes abordés dans le manuel) :

l'humanité, la littérature, un dilemme, l'éthique, la folie, l'écologie, l'engagement, la science, un livre.

b. Employez-les dans des paragraphes.

Exprimer les émotions

Observer

- Lisez les deux strophes et indiquez à quels champs lexicaux appartiennent les mots soulignés.
- Classez ces mots dans deux catégories opposées.
- Ces mots sont-ils courants ou rares ? Quel est l'effet produit par leur emploi ?

Le mai le joli mai en barque sur le Rhin
Des dames regardaient du haut de la montagne
Vous êtes si jolies mais la barque s'éloigne
Qui donc a fait pleurer les saules riverains

Guillaume Apollinaire, « Mai », *Alcools*, 1913.

Sous le pont Mirabeau coule la Seine
Et nos amours
Faut-il qu'il m'en souvienne
La joie venait toujours après la peine

Guillaume Apollinaire, « Le pont Mirabeau », *Alcools*, 1913.

Expérimenter

1. Cherchez à remplacer les mots soulignés du poème par des expressions synonymes (de même sens). Cherchez des synonymes supplémentaires pour ces mots.
2. Trouvez-leur des antonymes (mots de sens contraire).

Faire le point

- Les **émotions** sont nombreuses et la langue est très riche pour les exprimer. Elle offre une large palette de **mots** et d'**expressions** pour traduire les nuances les plus subtiles des sensations et des sentiments.
- Pourtant, il arrive que nous ayons l'impression de manquer de mots pour dire ce que nous ressentons.
- Voici des listes de termes et d'expressions correspondant à des sensations courantes, positives ou négatives :

Bonheur, joie, amour	Douleur, tristesse, colère
› l'allégresse ; l'enthousiasme ; l'euphorie › l'extase ; la griserie ; la jouissance › la joie ; le plaisir ; le ravissement ; › la sérénité ; la confiance › l'affection ; l'estime ; la tendresse › la fascination ; la passion › la reconnaissance ; la sympathie › l'entrain ; l'hilarité › l'optimisme ; la liesse ; la gaité › exulter ; enivrer ; se délecter ; égayer › charmer ; enchanter ; adorer ; admirer	› le chagrin ; la peine ; le tourment › la déception ; le désespoir ; la détresse › la frustration ; l'amertume ; l'animosité ; la rancune › la mélancolie ; la morosité ; la nostalgie › la contrariété ; le dépit › la fureur ; l'indignation › l'abattement ; la consternation › accabler ; déplorer ; affliger ; navrer
Expressions imagées	
› voir la vie en rose › être aux anges › croquer la vie à pleines dents › rire comme un bossu › être comme un poisson dans l'eau › être gai comme un pinson › être au septième ciel	› broyer du noir › avoir une tête d'enterrement › avoir le vague à l'âme › pleurer comme une madeleine › être malheureux comme les pierres › toucher le fond › être triste comme un bonnet de nuit

Appliquer

Ex. 1 ●○○ **Lisez ces deux vers de Grand Corps Malade et remplacez les mots soulignés par des synonymes courants puis plus rares.**

Roméo kiffe Juliette et Juliette kiffe Roméo.
Le père de Roméo est vénèr, il a des soupçons.

Ex. 2 ●●○ **a. Complétez les phrases suivantes avec des noms exprimant l'amour ou le bonheur. b. Échangez avec les autres élèves pour étoffer la liste des synonymes.**

1. Le poète Apollinaire est en ... devant le paysage printanier et les femmes qu'il aperçoit.
2. Au concert, les fans sont en ... devant leur idole.
3. Ce sont mes amis, j'ai beaucoup d'... pour eux.
4. Les adeptes de cette secte ressentent une véritable ... pour leur gourou.
5. Quand j'écoute ma musique préférée, j'éprouve une immense ...
6. Le projet de mes rêves m'emplit d'...

Ex. 3 ●●○ **a. Complétez les phrases suivantes avec des noms exprimant la peine ou la colère. b. Échangez avec les autres élèves pour étoffer la liste des synonymes.**

1. J'ai ressenti une cruelle ... en découvrant la réalité.
2. Après les terribles intempéries, c'est la ... dans le village.
3. Être interdits de sortie crée une vive ...
4. Les mensonges éhontés de l'accusé suscitent l'... du public.
5. La perte d'un être cher nous plonge dans l'...

Ex. 4 ●●● **a. Lisez cet extrait de roman et indiquez quels sentiments sont éprouvés par les personnages. b. Justifiez votre réponse en relevant les différents champs lexicaux qui les expriment.**

Elle eut pitié de cette pauvre créature, arrêtée à la porte d'entrée, et qui évidemment n'osait pas lever la main jusqu'à la sonnette. Mme de Rênal s'approcha, distraite un instant de l'amer chagrin que lui donnait l'arrivée du précepteur. Julien, tourné vers la porte, ne la voyait pas s'avancer. Il tressaillit quand une voix douce lui dit tout près de l'oreille :
– Que voulez-vous ici, mon enfant ?
Julien se tourna vivement, et frappé du regard si rempli de grâce de Mme de Rênal, il oublia une partie de sa timidité. Bientôt, étonné de sa beauté, il oublia tout, même ce qu'il venait faire. Mme de Rênal avait répété sa question.
– Je viens pour être précepteur, madame, lui dit-il enfin, tout honteux de ses larmes qu'il essuyait de son mieux.
Mme de Rênal resta interdite ; ils étaient fort près l'un de l'autre à se regarder. Julien n'avait jamais vu un être aussi bien vêtu, et surtout une femme avec un teint si éblouissant, lui parler d'un air doux. Mme de Rênal regardait les grosses larmes, qui s'étaient arrêtées sur les joues si pâles d'abord et maintenant si roses de ce jeune paysan. Bientôt elle se mit à rire, avec toute la gaieté folle d'une jeune fille ; elle se moquait d'elle-même et ne pouvait se figurer tout son bonheur.

Stendhal, *Le Rouge et le Noir*, 1830.

Ex. 5 ●●● **S'approprier les notions**

En autonomie ou en groupe, réécrivez le début du roman de Camus, *L'Étranger*, en y ajoutant l'expression des sentiments et émotions que peut ressentir le personnage principal.

Aujourd'hui, maman est morte. Ou peut-être hier, je ne sais pas. J'ai reçu un télégramme de l'asile : « Mère décédée. Enterrement demain. Sentiments distingués. » Cela ne veut rien dire. C'était peut-être hier.
L'asile de vieillards est à Marengo, à quatre-vingts kilomètres d'Alger. Je prendrai l'autobus à deux heures et j'arriverai dans l'après-midi. Ainsi, je pourrai veiller et je rentrerai demain soir. J'ai demandé deux jours de congé à mon patron et il ne pouvait pas me les refuser avec une excuse pareille. Mais il n'avait pas l'air content. Je lui ai même dit : « Ce n'est pas de ma faute. » Il n'a pas répondu. J'ai pensé alors que je n'aurais pas dû lui dire cela. En somme, je n'avais pas à m'excuser. C'était plutôt à lui de me présenter ses condoléances. Mais il le fera sans doute après-demain, quand il me verra en deuil. Pour le moment, c'est un peu comme si maman n'était pas morte. Après l'enterrement, au contraire, ce sera une affaire classée et tout aura revêtu une allure plus officielle.

Albert Camus, *L'Étranger*, 1942, © Éditions Gallimard, 2005.

Les connecteurs

Observer

- → Lisez ces trois phrases.
- → Quelle(s) relation(s) peuvent-elles entretenir les unes par rapport aux autres ?
- → Quel est le rôle de chacune dans une argumentation ?

1. L'argent contribue au bonheur.
2. Pouvoir acquérir tout ce que l'on désire procure un intense plaisir.
3. Pour certaines personnes, acheter une voiture de luxe ou s'offrir des voyages extraordinaires dans des contrées exotiques rend la vie extrêmement agréable.

Expérimenter

→ Rédigez un paragraphe composé de ces trois phrases, en choisissant de les placer dans l'ordre qui vous semble le plus pertinent, et en introduisant entre elles des mots de liaison.

Faire le point

Pour **convaincre** ou **persuader**, on peut passer sous silence la logique de la pensée. Mais l'**argumentation** est nettement plus percutante et efficace si elle s'appuie sur des liens qui éclairent le sens des énoncés. Ces mots qui organisent et articulent le raisonnement sont appelés des **connecteurs**.

Première partie	Deuxième partie	Dernière partie	Opposition / concession	Conséquence
› *D'abord* › *Tout d'abord* › *Premièrement* › *En premier lieu* › *D'une part* › *D'un côté*	› *Et* › *Puis* › *Ensuite* › *Deuxièmement* › *En second lieu* › *D'autre part* › *De l'autre* › *D'un autre côté* › *Par ailleurs*	› *Enfin* › *Finalement* › *En définitive* › *En dernier lieu* › *En conclusion* › *En fin de compte* › *Bref* › *Ainsi* › *C'est ainsi que*	› *Mais* › *Au contraire* › *Cependant* › *Pourtant* › *Or* › *Toutefois* › *En revanche* › *Alors que* › *Tandis que* › *Au lieu de* › *En réalité* › *En vérité* › *En fait* › *Sauf que* › *Certes* › *Bien que* › *Quoique* › *Néanmoins* › *Malgré, malgré tout* › *En dépit de* › *Même si*	› *Donc* › *Par conséquent* › *En conséquence* › *C'est pourquoi* › *Voilà pourquoi* › *Aussi* › *Alors* › *Si bien que* › *Si … que* › *De (telle) sorte que* › *Tellement … que* › *Au point que*
Illustration	**Addition**	**Cause**		
› *Par exemple* › *C'est le cas de* › *Ainsi* › *Notamment* › *En particulier* › *Comme*	› *Aussi* › *De même* › *Également* › *De plus* › *En outre* › *De surcroît* › *Qui plus est*	› *En effet* › *Car* › *Parce que* › *Puisque* › *Étant donné que* › *Vu que* › *Comme* › *À cause de* › *Du fait de* › *En raison de* › *Grâce à* › *D'ailleurs*		

Appliquer

Ex. 1 ●○○ **a. Cherchez l'intrus dans cette liste de connecteurs. b. Indiquez quelle relation ils expriment.**

En effet, car, comme, puisque, pourtant, parce que.

Ex. 2 ●○○ **Même exercice.**

Cependant, mais, or, toutefois, c'est pourquoi, certes, en revanche, en réalité, au contraire, néanmoins.

Ex. 3 ●●○ **Lisez les phrases suivantes. Classez-les selon qu'elles expriment une thèse, un argument ou un exemple. Puis réécrivez-les en les articulant à l'aide de connecteurs appropriés.**

1. Les vraies sources de joie ne s'achètent pas.
2. Vivre des relations humaines harmonieuses semble plus satisfaisant que posséder une grosse fortune.
3. L'argent ne fait pas le bonheur.

Ex. 4 ●●○ **Lisez cet extrait d'un entretien de Jean-Louis Étienne sur son parcours scolaire. Placez des connecteurs pertinents à la place des pointillés.**

Ayant été orienté vers une filière technique, vers un travail manuel, je n'imaginais pas à quinze ans que j'allais devenir aventurier et explorateur ! ... je ne m'interdisais pas de rêver. ... j'étais resté marqué par certains récits d'aventure de ma jeunesse. ... quand Éric Tabarly m'a demandé d'être son coéquipier à bord du « Pen Duick VI », lors de sa course autour du monde dans les années 1970, je ne me suis pas posé de questions !

Il y a des rencontres qui vous font avancer, profs ou non-profs. Pour moi, c'est la rencontre avec ce chirurgien à Toulouse, qui était aussi un universitaire, qui m'a forgé. ... cet homme m'a fait confiance, en me laissant opérer tous les jours à ses côtés alors que j'étais interne. ... d'autres m'ont cassé. Par ..., j'étais bon en rédaction, ... nul en orthographe. En ..., j'étais dyslexique et dysorthographique. ... je l'ai appris très tardivement, en devenant père à mon tour, ... ce handicap est transmissible ... mon fils en a hérité. Je conseille aux jeunes de dépasser les moments de doute ou de découragement. ... on progresse par seuils, il ne faut jamais l'oublier. Il faut ... un ancrage dans la réalité. ... se répéter que le hasard, cela s'organise. ... on est maître de son destin.

« Les 20 ans de Jean-Louis Étienne : comment il est devenu explorateur », *L'Étudiant*, 2016.

Ex. 5 ●●● **Exprimez l'opposition : lisez cet extrait de poème de Victor Hugo sur le travail des enfants en France au XIXe siècle. À partir de ce texte, rédigez une série de phrases qui met en regard deux mondes : celui qui est dénoncé et celui qui devrait prévaloir.**

Ex. Les enfants travaillent alors qu'ils devraient jouer.

Où vont tous ces enfants dont pas un seul ne rit ?
Ces doux êtres pensifs que la fièvre maigrit ?
Ces filles de huit ans qu'on voit cheminer seules ?
Ils s'en vont travailler quinze heures sous des meules ;
Ils vont, de l'aube au soir, faire éternellement
Dans la même prison le même mouvement.
Accroupis sous les dents d'une machine sombre,
Monstre hideux qui mâche on ne sait quoi dans l'ombre,
Innocents dans un bagne, anges dans un enfer,
Ils travaillent. Tout est d'airain, tout est de fer.
Jamais on ne s'arrête et jamais on ne joue.
Aussi, quelle pâleur ! la cendre est sur leur joue.
Il fait à peine jour, ils sont déjà bien las.

Victor Hugo, « Melancholia », *Les Contemplations*, 1856.

Ex. 6 ●●● **S'approprier les notions**

En autonomie ou en groupe, réfléchissez au sujet suivant : *Qu'est-ce qu'une vie réussie ?*

Dans un tableau, énoncez deux thèses opposées, comportant chacune deux ou trois arguments illustrés d'un exemple au moins. Enfin, indiquez les connecteurs servant à articuler l'argumentation.

A

Absurde : courant littéraire et philosophique qui questionne l'existence.

Accumulation • ***Figure de style*** **:** énumération d'éléments appartenant à une même catégorie, pour créer un effet d'amplification.

Acrostiche : poème dont la première lettre de chaque vers forme un mot à la verticale.

Alexandrin : vers de douze syllabes, composé de deux hémistiches de six syllabes avec une césure (pause) à la sixième syllabe.

Allégorie • ***Figure de style*** **:** consiste à donner un visage ou un aspect concret à une réalité abstraite. → *Marianne est l'allégorie de la France.*

Allitération • ***Figure de style*** **:** répétition d'un son consonne.

Anaphore • ***Figure de style*** **:** répétition d'un mot ou d'une expression en début de vers, de groupe de mots, de proposition ou de phrase.

Anthologie : recueil de textes ou d'extraits littéraires sélectionnés autour d'une thématique commune.

Antihéros ou antihéroïne : personnage qui n'a pas les caractéristiques d'un héros traditionnel (le courage, l'intelligence, l'accomplissement d'exploits, etc.).

Antiphrase : phase ironique qui dit le contraire de ce qu'elle laisse entendre.

Antithèse • ***Figure de style*** **:** rapprochement de deux éléments opposés.

Antonyme : mot de sens contraire à un autre.

Apologue : court récit allégorique à but didactique.

Apostrophe : figure de rhétorique par laquelle l'orateur interpelle directement une personne ou une chose personnifiée.

Assonance • ***Figure de style*** **:** répétition d'un son vocalique (voyelle).

Auteur ou auteure : personne réelle qui a écrit un livre (à ne pas confondre avec le **Narrateur**).

C

Cadre spatio-temporel : lieu et époque où et durant laquelle se déroule l'histoire.

Calligramme : poème écrit de manière à ce que le texte forme un dessin.

Caractérisation directe : portrait physique et psychologique d'un personnage.

Caractérisation indirecte : c'est au lecteur de construire le portrait du personnage grâce aux indices laissés par l'auteur (gestes, langage, attitudes, émotions, etc.).

Cartel : petit panneau présentant une œuvre d'art.

Catégories grammaticales : classement d'un mot selon sa nature : nom, verbe, adjectif, adverbe, etc.

Champ lexical : ensemble de mots qui se rapportent à un même thème.

Chute : fin inattendue dans un poème ou une nouvelle.

Classicisme : mouvement littéraire du XVIIe siècle caractérisé par le respect de règles et codes d'écriture.

Comparaison • ***Figure de style*** **:** procédé qui consiste à rapprocher deux éléments (le comparé et le comparant) à l'aide d'un outil de comparaison (comme, tel que, etc.).

Concession : admettre en partie la thèse adverse pour mieux la réfuter ensuite.

Connecteur logique : terme qui établit un lien logique (cause, conséquence, but, etc.) entre deux énoncés. Il souligne la cohérence du texte argumentatif.

Connotation : sens qui vient s'ajouter au sens premier d'un mot (► **Dénotation**).

Convaincre : chercher à emporter l'adhésion de l'interlocuteur à l'aide d'arguments logiques, rationnels (► **Persuader**).

D

Décasyllabe : vers de dix syllabes.

Déduction : raisonnement partant d'une vérité générale pour démontrer des conséquences particulières.

Délibération : peser le pour et le contre pour prendre une décision.

Dénotation : sens premier d'un mot, tel qu'il apparait dans le dictionnaire (► **Connotation**).

Dénouement : résolution du nœud de l'intrigue.

Dérivation : procédé de formation des mots par ajout de préfixes et/ ou de suffixes.

Désignation : identité d'un personnage (nom, âge, catégorie sociale, etc.).

Destinataire : personne(s) à qui l'on s'adresse.

Dilemme : alternative contenant deux propositions construites.

Discours direct : propos rapportés tels qu'ils auraient pu être formulés oralement (ponctuation du dialogue).

Discours indirect : propos rapportés dans une proposition subordonnée.

Discours indirect libre : propos reformulés par le narrateur ou la narratrice et rapportés sans marque de subordination ni verbe introducteur.

Discours rapporté : transcription des paroles dites par une autre personne. Le discours peut être reproduit tel quel (► **Discours direct**), retranscrit par la subordination (► **Discours indirect**) ou rapporté de façon intermédiaire (► **Discours indirect libre**).

Dystopie : fiction décrivant une société nocive pour ses citoyens.

E

Ellipse : dans un récit, fait de passer sous silence certains événements par un saut dans le temps.

Émotion : réaction corporelle et affective.

Enjambement : en poésie, lorsqu'un groupe syntaxique déborde sur le vers suivant de façon symétrique.

Éponyme : adjectif pour qualifer un personnage donnant son nom à l'œuvre. → *Dom Juan*

Éthique : ensemble de conceptions morales.

Excipit (ou Explicit) : fin du récit.

Expansion du nom : apporte une information supplémentaire au nom auquel elle se rapporte (par exemple : une qualité, un lieu, une apparence, etc.).

Explicite : qui est exprimé clairement.

Externe (focalisation) : raconter de manière neutre, sans avoir accès à l'intériorité des personnages.

F

Fable : court récit, souvent en vers, qui illustre une moralité.

Fabuliste : auteur de fables.

Focalisation : œil au travers duquel on raconte le récit (► **Externe**, **Interne**, **Omniscient**).

Forme d'un texte : type de texte : pièce de théâtre, article, dialogue, poème, bande dessinée, etc.

G

Genre littéraire : qui détermine la forme d'écriture (récit, théâtre, poésie, argumentation).

H

Hyperbole • *Figure de style* : exagération, amplification de la réalité.

I

Imitation : reproduction volontaire.

Implicite : qui n'est pas exprimé clairement, qui est sous-entendu (► **Explicite**).

Incipit : début du récit.

Innutrition : inspiration inconsciente.

Interne (focalisation) : raconter à travers les yeux d'un seul personnage.

Interpellation (procédés de l') : adresses au lecteur pour le convaincre ou le persuader (anaphore, question rhétorique, pronoms de 2e personne, etc.).

Intrigue : ensemble des événements qui forment l'action d'une pièce de théâtre.

L

Lyrisme : registre s'appuyant sur l'expression des sentiments personnels, à la première personne.

M

Manifeste : proclamation écrite du programme d'un groupe.

Manuscrit : écrit à la main.

Mélioratif : lexique positif, valorisant.

Métaphore • *Figure de style* : association de deux réalités sans élément de comparaison.
→ *Le train serpente entre les montagnes.* (Métaphore)
→ *Le train avance comme un serpent entre les montagnes.* (Comparaison)

Modalisation : ensemble de procédés qui marquent un jugement de l'énonciateur ou énonciatrice.

Moralité : enseignement à tirer d'une fable.

Mot composé : mot complexe, formé de plusieurs radicaux.

Mot dérivé : mot complexe formé par l'ajout de préfixes et / ou suffixes à un radical.

Mythe : récit mettant en scène les grandes questions de l'humanité.

N

Narrateur ou narratrice : personnage qui raconte l'histoire (à ne pas confondre avec l'**Auteur** ou l'**Auteure**). On distingue le narrateur interne (un personnage du récit) du narrateur extérieur au récit.

Note d'intention : texte structuré d'une page pour présenter un projet auprès d'un partenaire et le convaincre de son intérêt en vue d'obtenir son soutien.

O

Ode : éloge poétique adressé à la personne ou à la chose que l'on célèbre.

Octosyllabe : vers de huit syllabes.

Omniscient(e) (focalisation) : raconter en connaissant tout d'une scène, voire plus que les personnages.

Oxymore • ***Figure de style*** **:** rapprochement de deux termes opposés dans un groupe de mots. → *une obscure clarté* (Corneille, *Le Cid*)

P

Parnasse : courant littéraire de la deuxième moitié du XIXe siècle caractérisé par une poésie intellectuelle et la recherche de l'art pour l'art.

Pathétique : tonalité qui suscite la pitié.

Pause : description ou commentaire qui suspend le récit.

Péjoratif : lexique négatif, dévalorisant.

Périphrase • ***Figure de style*** **:** remplace un élément par une expression.

Personnification • ***Figure de style*** **:** donne des caractéristiques humaines à un élément non humain.

Persuader : chercher à emporter l'adhésion de l'interlocuteur en utilisant les émotions (► **Convaincre**).

Photogramme : image photographique d'un film.

Plaidoyer : discours pour défendre une personne ou une idée.

Poème en prose : inventé au XIXe siècle, poème sans vers ni rimes qui suscite un effet poétique par son travail sur les sonorités.

Poètes maudits : poètes incompris. Désigne aussi un livre de Verlaine.

Préface : texte en début de livre pour le présenter.

Préfixe : élément placé avant le radical pour former un mot dérivé (► **Suffixe**).

Procédés d'écriture : moyens de l'auteur pour élaborer son texte : figures de style, catégories grammaticales, ponctuation, etc.

Q

Quatrain : strophe de quatre vers.

Question rhétorique • ***Figure de style*** **:** fausse question dont la réponse est évidente ou implicite. Elle a une valeur argumentative.

R

Radical : noyau d'un mot, auquel peuvent se greffer les suffixes et les préfixes.

Réalisme : mouvement littéraire de la 2e moitié du XIXe siècle dont l'objectif est de faire vrai en décrivant scènes et personnages vraisemblablement.

Récit : narration d'événements réels ou fictifs, dans le passé.

Réquisitoire : discours pour prouver la culpabilité de quelqu'un ou l'absence de valeur d'une thèse.

Rhétorique : art de s'exprimer, d'organiser son discours.

Rime féminine : rime terminée par un « e ».

Rime masculine : rime terminée par une lettre autre qu'un « e ».

Romantisme : mouvement artistique de la première moitié du XIXe siècle fondé sur l'expression du moi, le lyrisme, les sentiments, le renouveau des règles et des codes.

S

Sensation : impression produite sur les cinq sens.

Sentiment : perception physique, intellectuelle ou affective.

Situation d'énonciation : contexte de production d'un énoncé (Qui parle ? À qui ? Où ? Quand ? Pourquoi ?).

Sizain : strophe de six vers.

Spleen : ennui, mélancolie, sans origine précise.

Sonnet : forme poétique fixe composée de deux quatrains et de deux tercets. D'origine italienne, il est adopté notamment par les poètes et les poétesses de la Renaissance.

Stances : strophes poétiques organisées de façon similaire, à la tonalité lyrique ou élégiaque.
→ *les stances de Rodrigue dans* Le Cid

Suffixe : élément placé après le radical pour former un mot dérivé (► **Préfixe**).

Synonyme : mot de sens identique.

T

Tercet : strophe de trois vers.

Thèse : en argumentation, désigne l'idée que l'on défend.

Tonalité : procédés qui provoquent un effet sur le lectorat ou le public (comique, tragique, pathétique, etc.).

Tragique : qualifie un texte dans lequel les personnages sont condamnés par la fatalité.

Type de phrase : interrogative, injonctive, déclarative ou exclamative.

U

Utopie : société idéale.

V

Vernissage : inauguration d'une exposition.

Vers libre : inventé à la fin du XIXe siècle, vers qui ne se repère que par le retour à la ligne, sans décompte des syllabes.

CRÉDITS

Couverture et rabats : File Upload Bot/Wikimedia, Bridgeman/ADAGP, Thesupermat/Wikimedia, Lionel Belluteau, Freepik

Début du manuel : 2 Freepik, 5 Freepik, 6 Freepik, 7 Freepik, 8 Philippe Huguen/AFP, Luisa Ricciarini/Bridgeman, 9 Pawel Kuszynski, 10 Bridgeman, Abaca Press/Alamy 11 Ehrt/AKG

Thème 1 : 13 IamAlwaysHere/Wikimedia, 14 Fæ/Wikimedia, FaleBot/Wikimedia, Rais67/Wikimedia, Karima Mondon, Maxinvestigator/Wikimedia, Mother of Humanity/Wikimedia, 15 Facug/Wikimedia, 16 DcoetzeeBot/Wikimedia, Christie's Images/Bridgeman/ADAGP, 17 Bridgeman/ADAGP, Ursula Le Guin/ Oregon State University/Wikimedia, 18 Homoatrox/Wikimedia, Casterman, 19 MGM Television/Wikimedia, Larry D. Moore/Wikimedia, 20 http ://ibrahim.id/ Wikimedia, Centre Pompidou/Georges Meguerditchian/RMN/ADAGP, 21 Philippe Legendre-Kvater/Wikimedia, 22 Juerg Mueller/Scanpix/Wikimedia, 23 Lionel Belluteau, Elena Torre/Wikimedia, 24 MantovaniGallimard/Opale, Jastrow/Wikimedia, 25 DIC/France 3/Wikimedia, BEIC/Wikimedia, 26 Bert Nienhuis/ Wikimedia, 27 My Box Productions/Christophel, 28 Photograph by United Press International/Wikimedia, Maxinvestigator/Wikimedia, 29 Gallimard Jeunesse, 30 AKG, 31 GreenMeansGo/Wikimedia, Fernand Michaud/Gallica, 32 Racconish/Wikimedia, 33 Pmx/Wikimedia, 34 Opale/Bridgeman, Christophe Charbonnel/ Thomas Bayart, 35 Guise/Wikimedia, agefotostock/Alamy, 36 Ctuongngoc/Wikimedia, Nguyen Vu Phuoc, 37 Roberta F./Wikimedia, Fine Art Images/ Bridgeman/ADAGP, 38 Kalki/Wikimedia, 12019/Pixabay, 41 Freepik, 42 Philippe Huguen/AFP, Hemis/AFP, 44 Prisma Archivo/Alamy, 45 Huemor Designs, Glenat, 46 Luisa Ricciarini/Bridgeman

Thème 2 : 49 C215/ADAGP, 50 Adam Cuerden/Wikimedia, Adam Cuerden/Wikimedia, Thierry Le Mage/RMN, simisi1/Pixabay, pascallelay/Pixabay, Paris 16/Wikimedia, 51 Bridgeman, 52 Bridgeman, branislavpudar/Shutterstock, 53 Kill Taupe, 54 Abaca Press/Alamy, Pawel Kuszynski, 55 Yves Tennevin/ Wikimedia, Rich Carey/Shutterstock, 56 Basso Cannarsa/Opale/Leemage, AngryBrush/Shutterstock, 57 anncapictures/Pixabay, 58 Briand/Wikimedia, ramdanidjamel/Pixabay, 59 Boris Dupont/Wikimedia, Virgin - Umbrella-Rosenblum Films Production/Christophel, 60 Jan Arkesteijn/Wikimedia, Musée Carnavalet/Paris Musées, 61 Ulf Andersen/Getty, 62 CBS Television/Wikimedia, InverseHypercube/Wikimedia, 63 Glenat, 64 Arthur Knight/Homoatrox/ Wikimedia, Pawel Kuszynski, 65 Gage Skidmore/Wikimedia, Warner Bros.-Village Roadshow Pictures-Amblin Entertainment-De Line Pictures-DreamWorks/ Christophel, 66 Lucie Elisabeth Fluorit/Wikimedia, Heritage Images/Getty, 67 Jacques Demarton/AFP, Paris Games Week, 68 Julien Falsimagne/Leextra/ Leemage, 70 Justass/Wikimedia, Lewenstein/Wikimedia, 72 Kalki/Wikimedia, 73 SOPA Images/Getty, 74 Christopher Michel/Wikimedia, 75 Pixy, 77 Freepik, 78 John J. Emery Endowment/The Edwin and Virginia Irwin Memorial/Bridgeman, Christie's Images/Bridgeman 80 Bridgeman/ADAGP, 81 PVDE/Bridgeman, Skokloster Castle/Wikimedia, Lewis Wickes Hine/Wikimedia, 82 Oleksandr Rupeta/Alamy

Thème 3 : 85 Bridgeman, 86 Stefano Garau/Shutterstock, Redfern Gallery/Bridgeman, Alexas_Fotos/Pixabay, pixel2013/Pixabay, CCI/Bridgeman, Fotografin/ Pixabay, 87 SRAB Films - Rectangle Productions - Lyly Films/Christophel, 88 JLPC/Wikimedia, AKG, 89 Dencey/Wikimedia, Pawel Kuczynski, 90 David Monniaux/ Wikimedia, Musée du Prado/Wikimedia, 91 Chris Anthony Diaz/Wikimedia, Flammarion, 92 Guise/Wikimedia, AKF/Prisma, 93 Gerald Bloncourt/Bridgeman/ ADAGP, 94 Thesupermat/Wikimedia, 95 Fine Art Images/Bridgeman/ADAGP, Thesupermat/Wikimedia, 96 Deelight/Wikimedia, 97 Sergey.prokopenko/ Wikimedia, Coldcreation/Wikimedia, 98 RomanM82 /Wikimedia, 99 Graciela Sacco, 100 Jeff G./Wikimedia, The Print Collector/Alamy, 101 KaterBegemot/ Wikimedia, 102 Slowking4/Wikimedia, Christie's Images/Bridgeman/ADAGP, 103 cactusbones/Flickr, Zedede/Wikimedia, 104 Claude Truong-Ngoc/Wikimedia, Giancarlo Costa/Bridgeman, 105 Samuel Boivin/Nurphoto/AFP, 106 Guise/Wikimedia, 107 WikiPedant/Wikimedia, Henry Miller/Dorothy's gallery, 108 Yann/ Wikimedia, Béatrice Soulé/Roger-Viollet, 109 Bogdangiusca/Wikimedia, AKG, 110 Erling Mandelmann/Wikimedia, Bridgeman, 111 Freepik, 113 Freepik, 114 Slowking4/Wikimedia, Rlbberlin/Wikimedia, Oxxo/Wikimedia, Abaca Press/Alamy, 116 GermaineImage/Germaine Van Parys/AKG, 117 Canopé, IFLA, Wikimedia/Anaëlle Dos Santos, 119 Bridgeman

Thème 4 : 121 PictureLux/The Hollywood Archive/Alamy, 122 David Shankbone/Wikimedia, Allison Joyce/Intermittent/Getty, Jorgen Mcleman/Shutterstock, Marekuliasz/Shutterstock, Vitalii Vodolazskyi/Shutterstock, wk1003mike/Shutterstock, 123 Index Fototeca/Bridgeman, 124 MPI/Intermittent/Getty, 125 Jan Arkesteijn/Wikimedia, Paille/Flickr/Wikimedia, 126 Astrid di Crollalanza, World Image Archive/Alamy, 127 Mathiasrex/Wikimedia, 128 Thesupermat/ Wikimedia, 129 Petit à petit, 130 Triggerhippie4/Wikimedia, Science Photo Library/AKG, 131 Materialscientist/Wikimedia, Wally Gobetz/Flickr, 132 Kasskass/ Wikimedia, 133 Materialscientist/Wikimedia, Bertrand Sfotleth, 134 Emmanuelle Charpentier, Lightspring/Shutterstock, 136 Michaël Bemelmans/ Wikimedia, SZ Photo/Scherl/Bridgeman, 137 Hanahamplova/Wikimedia, Ehrt/AKG, 138 Wilfredor/Wikimedia, 139 Erich Lessing/AKG, Garitan/Wikimedia, 140 Claude TRUONG-NGOC/Wikimedia, AA Film Archive/Alamy, 141 Bridgeman, 143 Freepik, 144 Urban Comics, 146 Claire Chignard, 147 Dupuis/Dargaud-Lombard, 2021, Ghibli International/Christophel, http ://education.gouv.fr/MENJS

Méthode : 155 Archives Charmet/Bridgeman, 158 Bibliothèque municipale de Rouen/Thierry Ascencio-Parvy

Direction éditoriale : Julia Poirier.
Assistance éditoriale : Clémentine Gauthier.
Maquette : Alejandra Adeikalam, Joëlle Dutreilly et Julie Meister.
Mise en page : Joëlle Dutreilly, avec la participation d'Alexia Vicente.
Infographie : Joëlle Dutreilly.
Iconographie : Mélina Boyer, Clémentine Gauthier et Marthe Statius.
Couverture : Alejandra Adeikalam et Carine André.
Retouches photo : Anaëlle Dos Santos.
Relecture correction : Isabelle Dorland, Joachim Estevez, Nathalie Massin et Laure Sanoner.
Avec la participation de : Émilie Blanchard, Joachim Estevez et Raphaël Taieb.
Remerciements : Jean-Sébastien Baklouti, Jonathan Banon, Vincent Bourgeois, Arnaud Cetoute, Mellie Chapatte, Maximilien Derrier, Laura Dinin, Maxime Pech, Julien Seznec, Thomas Schell, Clément Teyssier et Li Wang pour leur travail sur la version numérique. Philippe Guillaume, Véronique Joly, Élodie Maupay et Pierre-Michel Sailhan pour leur aide. Alix Rondeau pour sa présence. Gurvan Cornec, Leïla et Yaël Thieurmel pour leurs trouvailles.

Dépôt légal : mai 2021.
ISBN : 978-2-37760-928-4.
Imprimé en France par BLG.

Lelivrescolaire.fr Éditions
14 rue Rhin et Danube
69009 Lyon
contact@lelivrescolaire.fr